本书是国家社科基金青年项目"'村改居'社区的空间重构与协同治理研究"（项目批准号：17CSH015）的结项成果

空间重构
"村改居"社区的协同治理实践

Spatial Reconstruction
Collaborative Governance Practice of
"Village to Residential" Communities

茹婧 著

中国社会科学出版社

图书在版编目（CIP）数据

空间重构："村改居" 社区的协同治理实践 / 茹婧著. — 北京：中国社会科学出版社，2024.11. — ISBN 978-7-5227-4349-3

Ⅰ. D669.3

中国国家版本馆 CIP 数据核字第 202457JQ73 号

出 版 人	赵剑英
责任编辑	侯聪睿
责任校对	夏慧萍
责任印制	张雪娇
出　　版	中国社会科学出版社
社　　址	北京鼓楼西大街甲 158 号
邮　　编	100720
网　　址	http://www.csspw.cn
发 行 部	010-84083685
门 市 部	010-84029450
经　　销	新华书店及其他书店
印　　刷	北京明恒达印务有限公司
装　　订	廊坊市广阳区广增装订厂
版　　次	2024 年 11 月第 1 版
印　　次	2024 年 11 月第 1 次印刷
开　　本	710×1000　1/16
印　　张	22
插　　页	2
字　　数	284 千字
定　　价	138.00 元

凡购买中国社会科学出版社图书，如有质量问题请与本社营销中心联系调换
电话：010-84083683
版权所有　侵权必究

目 录

第一章 导论 ··· 1
  第一节 研究背景与研究意义 ··· 1
  第二节 文献综述：空间视域下的社区研究 ····························· 4
  第三节 概念界定 ··· 31
  第四节 理论基础与分析框架 ··· 39
  第五节 研究内容与研究思路 ··· 49
  第六节 研究方法 ··· 52

第二章 从伦理空间到治理空间：城乡社区的空间转型与治理谱系 ··· 54
  第一节 伦理治理：传统中国乡村治理的空间谱系 ················· 55
  第二节 中国共产党对乡村社会空间的介入与整合 ················· 60
  第三节 改革开放初期乡村空间的制度革新 ··························· 63
  第四节 "村改居"社区空间转型与社区自主性的生成 ··········· 67
  小　结 ··· 74

第三章 生态空间：从 GDP 主义到绿色空间治理的切换 ············ 76
  第一节 空间治理的实践谱系与生态空间观的兴起 ················· 77
  第二节 生态空间与社区发展治理的内在关联 ······················· 84

第三节　"村改居"社区生态空间治理的实践路径 …………… 87
　　第四节　"村改居"社区生态治理机制瓶颈 ………………… 100
　　小　结 ……………………………………………………………… 108

第四章　生产空间：混合产业空间治理的结构性张力 ………… 112
　　第一节　加工业"三合一"空间的进与退 …………………… 113
　　第二节　蜀绣产业的转型困境与商家联盟再造 ……………… 125
　　第三节　生态治理下社区绿道经济的规划与搁浅 …………… 129
　　第四节　社区生产结构的转型与治理资源匮乏的内在张力 … 132
　　小　结 ……………………………………………………………… 136

第五章　居住空间：社区差异化治理与空间融合 ……………… 139
　　第一节　社区居住空间的样态变革与分类治理策略 ………… 141
　　第二节　失地农民居住空间分异与治权失衡 ………………… 144
　　第三节　商品房小区的产权差异与治理示范 ………………… 158
　　第四节　散居空间的非农化与治理瓶颈 ……………………… 162
　　第五节　社区居住空间的公共服务与治理模式 ……………… 165
　　小　结 ……………………………………………………………… 169

第六章　文化空间：社区公共文化勃兴与共识形塑 …………… 173
　　第一节　文化空间构建的时代挑战 …………………………… 175
　　第二节　蜀绣"非遗"：从产业化到生活化的转向 ………… 180
　　第三节　集体记忆构建：社区共同体的精神整合 …………… 190
　　第四节　文化资本的生产：社区营造下自组织培育与社区
　　　　　　治理转向 ……………………………………………… 198
　　小　结 ……………………………………………………………… 205

第七章　服务空间：社区党群联动与功能重建 ……… 208
- 第一节　社区空间重塑：从伦理秩序到混合秩序 ……… 209
- 第二节　党群服务中心空间布局的标准化与亲民化 ……… 213
- 第三节　社区公共能量馆：社区组织的空间重塑 ……… 220
- 第四节　空间规划与社区能动：服务空间的生产路径 ……… 223
- 小　结 ……… 233

第八章　网格空间：社区技术治理与风险规控 ……… 236
- 第一节　社区网格化的空间生产与治理实践 ……… 237
- 第二节　网格化空间的社区治理困境 ……… 253
- 第三节　找回社会：社区网格化治理的空间革新路径 ……… 260
- 小　结 ……… 268

第九章　空间正义与以人为本："村改居"社区的协同治理体系构建 ……… 271
- 第一节　空间协同：人本空间的互构式治理 ……… 274
- 第二节　主体协同：跨越边界的多元共治 ……… 284
- 第三节　机制协同：党建引领"一核多元"的整合式治理 ……… 293
- 第四节　技术协同：线上线下融合的智慧化治理 ……… 300
- 小　结 ……… 306

第十章　结语：迈向美好生活的"村改居"社区治理 ……… 309
- 第一节　结论与讨论 ……… 309
- 第二节　创新与不足 ……… 314

参考文献 ……… 319

附　录　社区访谈提纲 ……… 342

第一章

导　论

第一节　研究背景与研究意义

一　研究背景

改革开放四十多年来，中国社会经历了"时空压缩"式的现代化转型，从城乡对立、区域不均衡发展，到国家出台城乡统筹、城乡融合、乡村振兴等一系列发展治理策略①，国内空间布局发生了巨大转变，引发了城乡空间板块激烈变革。空间变革并非简单的空间本身变革，而是包含了一整套要素、单元与体系的系统变革。从要素层面而言，意指在城镇化进程中，土地不再作为基本的生产资料，农耕社会逐渐终结。从单元层面而言，则意味着从以建制村为基础单位的治理体制转变为区域化的社区治理体制，以农业为主导的村落分割空间被功能化后再整合，从而满足服务产业转型的需要。要素与单元的变革导致了体系的变化，国家空间治理体系也从自上而下的行政—空间治理模式慢慢向上下结合的分化—空间治理模式转变。处于这空间激烈

---

① 茹婧：《空间、治理与生活世界——一个理解社区转型的分析框架》，《内蒙古社会科学》2019 年第 2 期。

变革的时代，社区作为人民群众最基础的生活单元，其治理效能的好坏不但关系到国家治理体系基础能否夯实，更关乎人民美好生活何以可能的政治许诺。

作为一种转型的空间形态，"村改居"社区所引发的空间生产为一场具有深刻意义的社会结构和生活世界的重构提供了可能。"村改居"社区的空间社会关系剧烈分化和重构的同时，也引发基层治理的风险与挑战。如何破除不确定性社会、个体化社会下的治理难题，如何实现分化空间中治理主体的协同性和治理模式的动态适应性，如何再造快速城市化和后单位社会下的集体主义主体意识，如何构筑异质空间中的生活共同体和实现人们对美好生活的向往，成为当今社区治理现代化发展路径需要回应的议题。本书的目标是以空间社会学为理论关照，通过对四川省成都市的"村改居"社区治理实践的实证研究，探讨社区空间与治理的互构共生关系，反思当前"村改居"社区的空间生产样态及其治理困境，建构以人为本的社区协同治理体系。

二 研究意义

（一）学术价值

一是丰富空间社会学的研究对象，使之更具现实关怀和本土问题意识。自改革开放以来，城乡空间发生了巨大的变革，其中包含了空间利益分化、空间诉求多元化、空间流动常态化所带来的挑战。但早期的空间社会学主要针对的是城市和农村空间，对"村改居"社区这一单元并没有给予足够的关注。事实上，"村改居"社区是透视中国城乡转型的主要窗口，从实践上体现了与西方"资本化空间"不同的"空间生产复调"的路径，既包含了对资本的高效利用，也体现了对资本的有效制约，即是从农村空间向城市空间的物理性转型，同时也包含着传统农村社会的惯习，是一个诸多力量相互博弈与相互牵制的场域。中国式现代化走出了一条迥异于西方现代化的道路，城乡社区空间重构也正是中国式现代化的重要组成部分。对过渡型社区空间进行深入研究，进一步梳理中国过渡性社区空间的生产机制，不但能够拓展空间社会学的研究维度，同时也可以为后发国家城市提供经验。此外，通过对"村改居"社区的空间重构的经验研究，有助于加深对社会主义城市空间正义如何可能这一命题的理解。

二是拓宽社区研究的分析框架和理论视野。现有社区空间分析多关注权力关系、行动者抗争、社会关系变革、阶层分化、秩序建构等，空间与治理的关系探讨不足，遮蔽了社区演变的多重面向。本书运用一个整合多种空间属性的分析框架，透过空间的治理属性嵌入空间的物理属性和社会属性，去提高其治理性的社区转型实践考察，将社区空间分为六大维度：生产空间、生活空间、生态空间、文化空间、服务空间、网格空间，有利于拓宽社区空间的分析框架和研究维度。同时，分析社区不同类型的空间结构形态与治理之间的相互塑造关系，是理解社区变迁的重要路径。在社区空间生产和重构的不同历史阶段，空间治理性嵌入空间自然性和社会性中发挥功能，生成了不同时代的动态的社区空间治理策略，逐渐实现了以 GDP 为中心的发展空间到生态与生活共融的治理空间的转变，研究将与已有的"行政消解自治""行政吸纳自治""控制的自治""去空间的治理"等社区治理理论进行对话。

（二）应用价值

为"村改居"社区的治理创新提供可资借鉴的经验样本。本书以成都市市级示范"村改居"社区 F 社区为个案展开研究。近年来，为实现"以人为本"的精细化治理，创造高品质、有温度的社区生活共同体，成都市开启了从顶层设计创新到"还权赋能归位"社区治理理念普及，从政府加大购买服务力度到社会组织积极参与社区治理，从社区营造本土化实践到公园城市社区探索等党建引领下的城乡社区发展治理创新实践。本书考察和提炼社区的空间生产过程、结构样态及治理创新实践和治理困境，进一步建构以人为本的社区空间协同治理机制，为西部"村改居"社区治理创新实践提供借鉴，在实践上对强化"村改居"社区的"党政领导下的社区协同治理导向"和赋能社区社会治理共同体具有启示意义。

第二节　文献综述：空间视域下的社区研究

一　国外空间视域下的社区研究

总体而言，国外的社区问题意识源自西方资本主义的空间扩张引发的现实问题。早期的空间观依旧是传统的自然空间观。在自然空间观的认知框架中，人是内嵌于空间之中；或者说，农业时代的自然空间不是我们作为行动主体去改造的对象，而是依赖的对象。空间是静默的，是有着自身运行规律的，甚至是神圣的，所有的存在都在被给定的、先在的空间中展开。空间是我们行动展开的基本前提，也寄托着不同空间生活民众的基本情感。涂尔干在《原始宗教生活的基本形式》一书中指出："空间本没有左右、上下、南北之分。很显然，所有这些区别都来源于这个事实：即各个地区具有不同的情感价值，既然单一文明中的所有人都以同样的方式来表现空间，那么显而易见的是，这种划分形式及其所依据的情感价值也必然是同样普遍的，这在很大程度上意味着，它们起源于社会。"[①] 空间的情感性意味着人与空间的关联是直接的，是没有中介物异化的空间。近代空间的资本化与理性

[①] ［法］爱弥尔·涂尔干：《宗教生活的基本形式》，渠东、汲喆译，世纪出版集团、上海人民出版社2006年版，第12页。

化导致了传统的人与自然交互的直接性被瓦解,特别是从乡村向城市的转型中,空间不再作为人类生产与生活所依赖的客观存在物,而是成为被资本与技术不断改造的对象。

资本对空间的改造可追溯到19世纪马克思主义对土地级差地租、城市居住模式和城乡空间对立的研究。① 在马克思看来,资本从农村向城市转变是资本通过流动自我升值的重要手段。首先体现在空间的地租差异上,"在土地所有制处于支配地位的一切社会形式中,自然联系还占据优势。在资本处于支配地位的社会形式中,社会、历史所创造的因素占优势。不懂资本便不懂地租。不懂地租则完全可以懂资本"②。在资本主义工业社会,土地位置是影响级差地租的主要因素,同时决定了资本流动的主要方向。"由于农业与工业的分离,由于大生产中心的形成,而农村反而相对孤立化,所以又会使土地的地理位置的差别扩大。"③ 其次,土地的资本化瓦解了传统的乡村社会,城市化是一个社会空间重组的过程。恩格斯在《英国工人阶级状况》中以当时英国工业中心曼彻斯特为例,说明了差异性空间的存在,工人阶级被排斥在城市的大街之外,而资产阶级则生活在更加优越的环境之内。④ 恩格斯在《论住宅问题》中指出,资本对于人类居住空间的异化会加剧民众对资本主义的反抗,只要消灭资本主义生产方式这件事一开始,那就不是给每个工人一间归他所有的小屋子的问题,而完全是另一回事了。也只有在现代居住空间等基本要素得到满足之后,每个人都有充分的闲暇去获得历史上遗留下来的文化——科学、艺术、社交方式等——中一切真正有价值的东西。由此看出,"空间"问题在经典马克

---

① 王海荣:《空间理论视阈下当代中国城市治理研究》,博士学位论文,吉林大学,2019年,第11页。
② 《马克思恩格斯全集》第46卷,人民出版社2003年版,第45页。
③ 《马克思恩格斯全集》第25卷,人民出版社1974年版,第733页。
④ 《马克思恩格斯全集》第2卷,人民出版社2005年版,第326—327页。

思主义理论体系中还处于竞争资本主义阶段的隐形逻辑之中，空间只是被视为历史发生、进行的自然场域，而不是历史进程中的主体性力量，不具有任何其他色彩。① 后进的研究者如齐美尔，将空间与人类生存模式的转变联系在一起，进一步思考现代功能化的都市空间是如何改造人类的心灵与交往方式的，空间被理解为相互作用形成的物质环境。新的都市空间对人类社会风险主要表现为自然和现代性之间的断裂，即城市与乡村生活所形成的差异，其主要原因在于客观文化对主观文化形成了吞没之势，主观文化产生的动能消退，人的主体性在城市生活中趋于泯灭。② 相对于都市与村落空间改造的主体性危机而言，当务之急不在于去都市生活的主体性如何可能这一追问，而是要先关注空间与人的关系问题。

社会行动与空间的辩证法表明了空间既是我们行动的中介，同时也限制了我们多样化行动的展开，因此在研究者看来，对空间不能拘泥于形而上学式的理解，并将康德作为认知的先验范畴的空间转变为一个现实的实践场域。研究者侧重于将空间作为一种结构化的生态，从生态视角重新解读空间的社会关系，最有代表性的就是美国的芝加哥学派。芝加哥学派诞生于 19 世纪末 20 世纪初，其问题意识源自美国社会所经历的一系列移民与整合问题。移民犯罪、融入等诸多问题困扰着美国，芝加哥学派以芝加哥为据点对城市移民和移民融入做出回应。结构化的生态视角意味着，空间是一种生态圈，在这种生态圈中，不同种族、不同文化、不同生活习惯的诸多民众混居。人类生态学侧重于从环境的选择、分配与适应能力对人类的影响着眼，研究人与人之间的空间关系与时间关系，而芝加哥学派的代表性人物帕克更

---

① 王海荣：《空间理论视阈下当代中国城市治理研究》，博士学位论文，吉林大学，2019 年，第 13 页。
② ［德］齐美尔：《桥与门——齐美尔随笔集》，涯鸿、宇声译，上海三联书店 1991 年版。

是进一步指出，生态学视角下地域单位的社会不过是一个区域，在现代社会，人类彼此间的空间关系源于竞争与选择，空间关系是社会关系的外化，当空间发生变化意味着社会物质基础也会相应改变，如不能调整空间适配关系，就会引发诸多的政治与社会问题。不同的社会群体会根据自身的种族、收入、家庭背景，为了空间而参与竞争，进而决定城市的结构、人口和机构的地域分布。① 整体而言，芝加哥学派的城市社区空间结构理论，较有代表性的是伯吉斯的同心圆理论、霍伊特（Homer Hoyt）的扇形理论、哈里斯（Chauncy Harris）和厄尔曼（Edward Ullman）的多核心模式。芝加哥学派的空间社会学有着自身的问题意识和研究脉络，注重生物性的空间建构，这样的中观研究存在着两个问题，首先，宏观上没有进一步指出产生社区空间问题的根本原因是资本主义的异化；其次，相关研究很多只是对现象的解释和对策研究，将人置于社区空间，忽视了人的能动性和主体性对空间的塑造。

如果说在美国芝加哥学派的生态圈视角理解中，空间还是在不同主体行动中不断生产的对象，那么近代欧洲则更强调一种总体性力量对空间的建构。自 21 世纪中期以来，随着西方马克思主义焦点的转移，空间不再被视为一种容器，而是作为权力运行的中介物，不断实现主客体反复生产的新场域。在总体性空间生产视域下又形成了两个代表性研究进路，一是如何实现对资本总体性力量抵抗的空间社会学，二是作为对理性规训空间的解剖的微观权力空间社会学。在第一个问题，"如何实现对资本总体性力量进行抵抗的空间社会学"研究中，资本主义空间的批判沿袭了马克思主义的批判进路，即将微观的、此在的"日常生活"作为研究对象，其中代表人物是法国哲学家列斐伏尔。

---

① 王海荣：《空间理论视阈下当代中国城市治理研究》，博士学位论文，吉林大学，2019 年，第 14 页。

从早期的现代性日常生活批判到后现代的都市社会日常生活的空间批判构成了列斐伏尔空间社会学的主线。列斐伏尔的空间社会学包含具体的空间，并将空间放置在行动中、结构中去理解，从社会基底如生产方式、生产关系等视角中去理解，进而实现了对空间决定的客观论与空间认知的主观立场的双重超越，空间被视为"既不是由一群物体或一种（感觉的）资料的集合所构成，也不是由像一个包裹一样用各种内容加以充满的一个虚空所构成，并且它也无法被还原为一种强加于现象、事物、物理实体的（形式）"①。从唯物史观出发，在列斐伏尔看来，资本主义从农业时代的自然空间，到工业社会空间，进而步入现代的都市空间生产，形成了建设—破坏的循环。城市空间是资本的外化，深入渗透我们每一个人的日常生活，日常生活不断受资本主义消费制度所宰制。②对资本空间的抵抗就要从日常生活出发。空间作为日常生活的居所，是社会主义建设的基本单元，社会主义建设的前提就是生产出社会主义的空间。对于资本主义"千城一面"的单调乏味的城市空间，需要不断地进行千差万别的日常生活革命。③在第二种作为对理性规训空间的解剖的微观权力空间社会学研究中，研究者将空间作为一种权力中介，去思考微观空间秩序是如何运作的，以及空间权力对人的构建问题，代表性的研究者是法国哲学家福柯。福柯对于空间的思考，侧重于透视现代社会空间是如何在权力的宰制下成为规训人的工具。福柯将监狱、医院、学校、军营、工厂等作为其研究权力如何铸造空间的观测点，在他看来，现代空间的秩序背后存在着

---

① Henri Lefebvre, *The Production of Space*, translated by Donald Nicholson–smith, Malden, MA: Blackwell Publishing, 1991, p. 27；转引自郑震《空间：一个社会学的概念》，《社会学研究》2010 年第 5 期。

② 茹婧：《空间、治理与生活世界——一个理解社区转型的分析框架》，《内蒙古社会科学》2019 年第 2 期。

③ Cf. Henri Lefebvre, *The Production of Space*, translated by Donald Nicholson–Smith, London Blackwell Ltd., 1991, pp. 53–55.

微观权力的精细运作，权力将空间不断地功能化、区隔化，进而重构社会秩序，但这是以牺牲人的能动性和主体性为代价的。现代社会的空间是权力与知识的合谋，"权力只有在空间中才能够生产知识并通过知识去发挥效能，正是通过建构起一个特定的空间，权力和知识才可能作为一个关系的整体去建构身体"①。需要指出的是，相较于美国空间社会学的实证研究方法，欧洲关于空间的思考更具有人文关怀，认为空间不只作为中介物，更侧重对人的塑造。这一思想体现了对人的异化与主体性丧失的担忧。

20世纪60年代欧美国家出现的城市危机以及20世纪70年代列斐伏尔对于社会空间的发现，促使新城市社会学派批判芝加哥学派有关城市通过竞争与演替而自动达至社会平衡的观点。作为新城市社会学的旗手，卡斯泰尔质疑传统城市社会学的科学性。他认为，传统城市社会学的"理论对象"和"真实对象"都不确定，并指出沃思提出的"城市生活方式"并不是由城市环境造成的，而"是市场经济和现代社会理性化进程的产物"。在其代表作《城市问题》中，卡斯泰尔力图用结构马克思主义的观点来分析城市社会，认为城市空间是社会结构的表现，社会结构是由经济系统、政治系统和意识形态系统组成的。哈维则承袭了列斐伏尔的空间生产理念，并将地理学与马克思主义结合起来，从以资本积累和阶级斗争为中心的角度探讨资本主义的空间生产问题，并进一步指出全球化资本造就的"不平衡地理的发展"，认为只有消除资本积累与传统权力的控制，日常生活的形态才能回归正常。② 在《希望的空间》中，哈维注重对"财富和权力的地理悬殊加速形成了长期不平衡地理发展的"③ 都市的考察，指出资本的空间扩张

---

① 郑震：《空间：一个社会学的概念》，《社会学研究》2010年第5期。
② [美]戴维·哈维：《希望的空间》，胡大平译，南京大学出版社2006年版，第19—70页。
③ [美]戴维·哈维：《希望的空间》，胡大平译，南京大学出版社2006年版，第145页。

生产出了近郊的"私托邦"和城市的"门控社区",由此造成了社区的种族隔离和权利剥夺,但这正是孕育革命的"希望空间",试图集结"差异空间中多样性力量"去争取城市权利,通过地方重建抵制全球化的资本运作,以"建立一个根除贫困、社会不公和治愈灾难性环境的城市"①。在提出"新城市社会学"的美国社会学家 J. 沃顿(John Walton)看来,欧美城市已经普遍发生危机,而危机的缘由在于福利国家的政策重新将空间分割,造成的后果就是促成产业转型,但带来诸多移民,并导致上层人士逃离,由此造成商业萎缩、失业加剧、贫困严重等诸多问题。

新韦伯学派城市社会学在承认与批判新马克思城市社会学的基础上,以个体行动为出发点,发现不同群体在争夺住房资源时会分化为不同的社会阶层,城市住房空间是考察社会阶层分布的重要视角。② 其中具有代表性的研究包括帕尔的"报酬—分配"系统,桑德斯德消费空间结构理论以及雷克斯、莫尔的住房结构研究。但由于新韦伯主义空间研究仅将城市作为独立的研究对象,并未像新马克思主义那样将城市作为资本主义空间生产的重要组成部分来思考,因而其理论缺乏足够的批判性。

20 世纪中后期,随着城市的空间重构,由美国扩展到拉美、南非、中东、俄罗斯、保加利亚的城市隔离社区成为欧美学者关注的焦点。有关隔离社区的研究主要集中在隔离社区的概念界定、类型、形成的原因及影响方面。第一,关于隔离社区的概念认定,由于地理学、城市规划学、社会学等学科视角不同而导致不同的认识。总体来说,隔离社区至少具有两个意思:一是 Spatial Seg‑regation,Rapo‑so,E. J. Blakely 和 M. G. 和 Snyder 提出的早期物理意义上的"空间

---

① David Harvey,*Rebel Cities*,London:Verso,2012,p.138.
② 顾朝林编著:《城市社会学》,东南大学出版社 2000 年版,第 179 页。

隔离"的隔离社区，即由门禁、围墙等形成的空间封闭社区；二是后期社会心理层面的"社会隔离"（Social Segregation）的隔离社区，社会隔离社区又分为三种类型，即区位性隔离社区、自愿性隔离社区和非自愿性隔离社区。① 第二，有关隔离社区的形成原因。Coy 指出，其原因主要包括宏观层面的工业化、市场化、全球化所产生的时代背景和需求。Mckenzie 指出，其原因主要包括中观层面的产业结构升级、政府城市规划、房地产市场的差异化。沃尔特·法尔在考察了波士顿北端的一个意大利人聚居区后指出，尽管该社区十分破败，但许多意大利移民包括经济条件好的意大利移民愿意移居到这儿的原因在于该社区保留着浓厚的意大利文化色彩，有助于他们对该地区的族群认同和情感依附。② Low，Manzi，Smith - Bowers，Blandy 强调居民的个体需求满足。第三，有关隔离社区所带来的影响和后果。Blakely，Snyder 和 Low 认为，这种隔离社区有助于产生高度的社区认同感和社区安全感。Manzi，Smith - Bowers 认为，这种隔离社区能满足人们对私有化、特殊兴趣和自我管理城市空间的需求。Rowl，Flint 认为，这种隔离社区还有利于提升所在地区的土地价值以及城市的发展和社会的融合。Blakely，Snyder，Taylor，Tickamyer，Rowl，Flint，Thuillier，Stark 和 Vesselinov 却指出其消极影响，认为社区隔离阻碍了社区内部的社会交往，削弱了社区认同感，导致了公共空间的私有化，加剧了阶层分化，降低了对政府提供公共服务的需求，最终降低了城市的整合度。理查德·森尼指出这类同质性的"纯化社区"（Purified Communities）将不利于人际交往的多样性，导致少数种族下层人士逐

---

① 甄智君、梁鹏：《转型城市中的空间重构及治理重构：国外隔离社区研究综述》，《公共管理研究》2009 年第 1 期。

② Walter Firey, *Land Use in Central Boston*, Westport Connecticut: Greenwood Press Publishers, 1975, pp. 99 – 103.

渐丧失与外界社会的"接触点"①。空间隔离所引发的城市社会的断裂与分立，空间重构便成为新都市社会学②研究的重点，体现了发达国家20世纪60年代以来城市的变化③，其中以"混合居住模式"为主的异质性社区成为消除隔离社区的新社会空间。

城市公共空间一直是城市运动和集体记忆发生的重要场所。城市权是列斐伏尔1968年在《城市的权利》一书中首次提出的概念，最近被社会运动、思想家和一些进步的地方当局重新提出，呼吁采取行动，将城市恢复为一个共同创造的空间——一个生活的地方，远离商品化和资本主义在过去两个世纪对社会互动和全球城市空间不平等现象的日益增长的影响。城市权利理论在世界上激发了许多社会运动，特别是在中东。Rana Habibi Rana Habibi S. 在中东新自由主义城市的背景下，讨论空间生产、空间集体使用和城市权利三重概念。研究指出，在今天的新自由主义城市，占领集体空间有利于公民参与公共空间的创造，并导致公共空间集体使用的增加，从而扩大市民对城市的权利。④ 波哥大的公共空间政策，经常被认为有利于促进包容性，Juan Pablo Galvis 批判性地探讨了波哥大在公共空间政策中阐明平等的内容，考察了社区治理计划的两个案例，指出社区为实现官方平等愿景所使用的逻辑和方法，为将街头小贩和无家可归者排除于该地区提供了理由，以此探讨了地方阶级政治中排斥的表达，解释了当代城市政策中的"后复仇主义"转向，同时将其生产锚定在社区治理的

---

① Richard Sennett, *The Uses of Disorder: Personnal Identity and City Life*, London: Faber Press, 1996, p. 194.
② 主要为新马克思主义。
③ 黄晓星：《"上下分合轨迹"：社区空间的生产——关于南苑肿瘤医院的抗争故事》，《社会学研究》2012年第1期。
④ Rana Habibi Rana Habibi S., "Mohsen Habibi Elmira Jamei Elmira Jamei", in *Space Production in Times of Neoliberalism*, Urban Challenges in the Globalizing Middle - East Publisher: Springer, 2021.

地方过程中。① 强烈的社区意识与改善福祉、增加安全感、参与社区事务和公民责任有关。人们对更广泛的建筑环境如何影响社区意识的兴趣日益浓厚，但对于社区意识与公共空间质量之间的关系却缺乏实证研究。Jacinta Francis，Billie Giles – Corti，Lisa Wood 和 Matthew Knuiman 采用定量研究方法调查了澳大利亚西部珀斯市的公共开放空间、社区中心、学校和商店四个公共空间与居民的社区意识之间的关系，以及这些公共空间与居民的社区城市群之间的关系，研究表明，邻里商铺感知品质与社区意识显著正相关，这种关系似乎不受人们使用这些空间频率的影响。高质素的公共空间可能是加强居民社区意识的重要环境。②

对邻里空间和社会关系的研究一直是关注的焦点。20世纪60年代开始的社区组织浪潮表明，人们有时会为了保护自己的社区免受外部威胁而战斗。最近，新城市主义的支持者正在重新提出这样一个想法，即邻里的空间设计可以增强当地社区的实力，Yodan Rofe 对城市空间形态分析的三种方法进行了评价，指出"成像环境"和"非对应理论"描述了关于家庭和工作场所的位置决定，以及在空间中重复出现的动态模式、遭遇和回避；"形态或形态发生理论"探讨了社会对空间的安排，它描述了土地被改造、建造和维护以建立定居的过程。③ 已经有大量关于邻里概念和定义的文献，但很少有资料明确地以历史和文化比较的方式，深入探讨邻里规模问题。Emily Talen 提出

---

① Juan Pablo Galvis, "Remaking Equality: Community Governance and the Politics of Exclusion in Bogota's Public Spaces", *International Journal of Urban and Regional Research*, Vol. 38, No. 7, 2014.

② Jacinta Francis, Billie Giles – Corti1, Lisa Wood and Matthew Knuiman, "Creating Sense of Community: The Role of Public Space", *Journal of Environmental Psychology*, Vol. 32, No. 4, 2012.

③ Yodan Rofe, "Space and Community – The Spatial Foundations of Urban Neiborhoods: An Evaluation of Three Theories of Urban form and Social Structure and Their Relevance to the Issue of Neighborhoods", *Berkeley Planning Journal*, Vol. 10, No. 1, 1995.

了五种基于大小的邻里类型：小群体和面对街区；超过一个街区，但仍然面对面；像一个大高中；佩里的邻里；邻里扩大。较小的社区可能会优先考虑社会联系，而较大的社区强调服务性。每个范畴内的例子都是跨文化和跨时间的，有许多规律性的大小的邻里跨越一个以上的时间周期和一个以上的地区。① Alannah Berson 探讨了不列颠哥伦比亚省的温哥华一个社区的社会关系，通过戈夫曼关于面具、团队和地区的理论，探讨了中产阶级化、想象社区和阈限事件是如何分离和联合众议院成员的不同部分的，它着眼于房子的个人建立团队身份，通过空间要求的做法加强掩饰身份。通过一个地点和时间的人口变化，试图找出如何通过个人和团体努力控制共享空间的邻居和邻里成员的想法正在发生变化。② Dewi Koesoemawati 的研究旨在探讨社会凝聚力的空间层面，研究目的是确定 pendhalungan 社区作为社会凝聚力潜力的具体特征，并了解 pendhalungan 社区城市空间整合的概念。采用定性与定量相结合的研究方法，基于对 pendhalungan 社区文化的考察，指出，城市空间整合具有平均高度和不对称分布形式，城市空间在大熔炉中没有形成一个连续的空间形态和一个分裂的空间形态，这种特殊的模式提高了空间整合高价值，支持了社会凝聚力。③

有关城市空间治理中的公民参与成为当代城市社会学的考察重点。来自城市实地研究的关于治理的文献强调，伙伴关系和联盟是治理进

---

① Emily Talen, "In Support of the Unambiguous Neighborhood: A Proposed Size Typology", *Journal of Urbanism International Research on Placemaking and Urban Sustainability*, Vol. 11, No. 2, 2018.

② Alannah Berson, "Liminal Social and Physical Spaces: Aspects of Identity and Socialization Patterns in a Neighborhood House", *Journal for Undergraduate Ethnography*, Vol. 8, No. 1, 2018.

③ Dewi Koesoemawati, "Social Cohesion of Pendalungan Community and Urban Space Integration in Jember", *International Journal of Politics Culture and Society*, Vol. 8, No. 1, 2016.

程的核心特征,新的伙伴往往包括社区组织。Jonathan Murdoch, Simone Abram 批判性地审视了农村地区社区参与的重要性,研究发现在住房建造领域,对住房需求的计算是从中央流向地方政府的,在这个过程中,地方对发展的看法往往会被边缘化,因此,尽管向治理的转变可能为社区在某些领域的参与开辟了空间,但在其他领域,战略政策仍然凌驾于地方需求之上,中央与地方之间的等级关系仍然存在。① 城市绿地空间的治理成为研究者考察居民城市权利实践的重要窗口。Catarina Passidomo 将列斐伏尔的城市权利框架和城市生态政治学的理论框架联系起来,去考虑新奥尔良下九区的基层都市农业计划,研究认为,社区将空地改造成生产性菜园和食用林的努力,构成了对"城市权利""改变和改善城市生态的权利"的具体主张。这些主张在社区范围内发挥作用,而不是在城市范围内发挥作用,并在特定社区居民管理的特定城市地点体现出来。这种具体的、邻里范围内的城市绿化工作对更广泛的城市社会变化带来了深远的"政治时刻"。② Marit Rosol 以柏林社区园林为例,探讨了当前公民参与在多大程度上表达了地方、国家和非国家行为者之间角色和关系的变化,以及由此产生的潜力和问题,研究表明了政治上对自主组织的项目和公民积极参与城市绿地治理的新认可,这种新的接受可以概念化为城市新自由主义的表达。③ 环境正义关系到环境危害的分布,以至于贫困的社区,特别是贫困的有色人种社区,比富裕的社区更需要应对工业的影响。当有色人种社区组织起来面对这个问题时,他们对公正的诉求揭示了美国和

---

① Jonathan Murdoch, "Simone Abram", *Defining the Limits of Community Governance. Journal of Rural Studies*, No. 1, 1998.

② Catarina Passidomo, "Community Gardening and Governance over Urban Nature in New Orleans's Lower Ninth Ward", *Urban Forestry & Urban Greening*, Vol. 1, No. 1, 2016.

③ Marit Rosol, "Public Participation in Post-fordist Urban Green Space Governance: The Case of Community Gardens in Berlin", *International Journal of Urban & Regional Research*, Vol. 34, No. 3, 2010.

国际上环境治理的所有部门的重大问题,也反映了城市土地管理中代表性机构的失败。Lisa Schweitzer,Sangmin Kim 从社会空间视角来考察设施选址决策中环境正义的实现,其中重点选取了一些在加拿大、美国和西欧实施了 30 年的设施选址改革,认为这些改革促进了设施选址决策的合法性。①

二 国内空间视域下的社区研究

国内学者侧重从时间维度考察社区的演变机理、动力机制和未来走向。20 世纪 90 年代以来,随着乡村工业化的快速发展,长三角、珠三角地区村庄呈现出独特的发展模式,折晓叶、陈婴婴将这类村庄概括为"超级村庄"。"超级村庄"是一种新的社区形态,"既不同于传统意义上的'乡',又不同于现代意义上的'城',而是表现出诸多的中间性特征。"② 毛丹通过对浙江乡村的考察,指出中国村庄正从传统农业社区向城乡社区衔接带的弱质自治社区转变。③"超级村庄"有着深厚的乡土社会基础,居于城乡之间的"中间性"特征易于保持④,但城市化进程中催生的"过渡型社区"却隐喻着"村落的终结"。有研究者总结出过渡型社区具备社区生成行政化、社区人口结构复杂化、社区文化异质化、社区居民非农业化、社区景观城市化、社区发展动态化和社区治安复杂化七大结构性属性⑤,

---

① Lisa Schweitzer, Sangmin Kim, "Environmental Justice and Collaborative Governance: Building a Socio-Spatial Perspective for Facility Siting", *International Review of Public Administration*, Vol. 13, No. 5, 2009.

② 折晓叶、陈婴婴:《超级村庄的基本特征及"中间"形态》,《社会学研究》1997 年第 6 期。

③ 毛丹等:《村庄大转型——浙江乡村社会的发育》,浙江大学出版社 2008 年版。

④ 徐宏宇:《转换角色与规范秩序:空间变革视角下过渡型社区治理研究》,《社会主义研究》2019 年第 2 期。

⑤ 张晨:《城市化进程中的"过渡型社区":空间生成、结构属性与演进前景》,《苏州大学学报》(哲学社会科学版) 2011 年第 6 期。

第一章 导论

由此形成了多样态的社区结构类型①，其中城镇社区（集镇社区）②、"城中村"社区③、城乡接合部社区④、"村改居"社区⑤、拆迁安置社区⑥这五类过渡型社区成为研究者们关注的焦点。但总体而言，这类过渡型社区突出了空间的物理构成因素，位于城市和乡村接合的空间过渡地带，"往往面临着空间转换、认同解体、治理失序的困扰，其本质就是城市与乡村社会结构的差异与对立"⑦。尽管多数研究并没明确运用空间视角，但是有关社区的中观研究中出现了空间维度。研究者们注意到社区内政府、市场、社会的互动对社区权力结构和社区秩序等的影响。⑧近年来，城乡社会的融合发展逐渐促使空间社会学成为显学，研究者从空间的视角来分析社区的结构形

---

① 钱玉英：《城镇化背景下的基层治理：中国的问题与出路》，《苏州大学学报》（哲学社会科学版）2008年第5期。

② 有关城镇社区的文献参见费孝通《费孝通文集》第9卷，群言出版社1999年版，第199页；魏智慧《乡土性与现代性：集镇社区动员机制的可行性分析》，《社会科学战线》2016年第8期；刘玉亭、朱晓灿、李嘉靖《珠三角小城镇社区转型与居住空间重组策略》，《城市规划》2013年第6期；等等。

③ 魏立华、闫小培：《中国经济发达地区城市非正式移民聚居区——"城中村"的形成与演进——以珠江三角洲诸城市为例》，《管理世界》2005年第8期。

④ 有关城乡接合部的研究详见周大鸣、高崇：《城乡结合部社区的研究——广州南景村50年的变迁》，《社会学研究》2001年第4期；田毅鹏、齐苗苗《城乡结合部"社会样态"的再探讨》，《山东社会科学》2014年第6期。

⑤ 有关村改居社区的研究参见李棉管《"村改居"：制度变迁与路径依赖——广东省佛山市N区的个案研究》，《中国农村观察》2014年第1期；吴莹《空间变革下的治理策略——"村改居"社区基层治理转型研究》，《社会学研究》2017年第6期；李飞、钟涨宝《农民集中居住背景下村落熟人社会的转型研究》，《中州学刊》2013年第5期；等等。

⑥ 有关拆迁安置社区的研究参见风笑天《"落地生根"？——三峡农村移民的社会适应》，《社会学研究》2004年第5期；吴新叶、牛晨光《易地扶贫搬迁安置社区的紧张与化解》，《华南农业大学学报》（社会科学版）2018年第2期；等等。

⑦ 徐宏宇：《转换角色与规范秩序：空间变革视角下过渡型社区治理研究》，《社会主义研究》2019年第2期。

⑧ 有关社区权力结构和社区秩序的相关研究，详见朱健刚《城市街区的权力变迁：强国家与强社会模式——对一个街区权力结构的分析》，《战略与管理》1997年第4期；张虎祥《社区治理与权力秩序的重构——对上海市KJ社区的研究》，《社会》2005年第6期；李友梅《基层社区组织的实际生活方式——对上海康健社区实地调查的初步认识》，《社会学研究》2002年第4期。

态、权力运作、社会关系、发展模式和治理模式。"空间—行动者""空间—社会秩序""空间—社会关系""空间—社区权力""空间—社区治理"成为最具代表性的研究路径。①

第一，社会空间与行动者研究。桂勇对国家—社会关系的分析框架进行了批判和反思，提出了"空间—行动者"的分析视角，他把邻里的"空间"视为一个行动外部条件的集合体，由社会结构、制度安排、运作机制等构成，它是比新制度主义中的"制度"更具包容性的一个概念，是限制着行动决策的各种制度性因素与结构性条件的集合。②桂勇认为，正是在邻里空间这一特定环境中，不同的组织行动者（党组织网络、居委会组织、以房产权为核心构成的邻里利益组织、呈原子化状态的一般居民）展开互动。陈伟东、舒晓虎对武汉市两个社区的空间利用的无序状况及空间再造过程进行了考察，指出社区空间状况是政府、市场和社会互动的结果，可以通过社区居民的组织化行动来规范政府、市场和社会的合理边界和限度，从而实现社区空间的合理秩序。③黄晓星以20世纪90年代以来的南苑社区自治发展不同阶段为切入点，探讨在转型的社区生成与发展情境中，国家基层政府的行为是策略性的，社区居民亦陷入了权变的回应过程。基层政府行为与社区回应的不同逻辑是社区治理困境的重要根源。④而另一篇关于南苑肿瘤医院的抗争故事则将社会运动的组织性和空间生产联系起来，分析空间规划与底层抗争所导致的社区空间的生

---

① 茹婧：《空间、治理与生活世界——一个理解社区转型的分析框架》，《内蒙古社会科学》2019年第2期。
② 桂勇：《城市邻里研究："国家—社会"范式及一个可能的分析框架》，复旦大学社会发展与公共政策学院社会学系编：《复旦社会学论坛》第一辑，上海三联书店2005年版，第206页。
③ 陈伟东、舒晓虎：《社区空间再造：政府、市场、社会的三维推力——以武汉市J社区和D社区的空间再造过程为分析对象》，《江汉论坛》2010年第10期。
④ 黄晓星：《国家基层策略行为与社区过程 基于南苑业主自治的社区故事》，《社会》2013年第4期。

产路径，概括出社会组织弱化，国家与市场联盟，三者形成"含混—谋略型"的关系模式，社区空间生产最终呈现出"上下分合轨迹"，其根源在于国家和市场重视社区空间的交换价值，而社区居民在乎的是社区空间的使用价值，唯有肯定社区空间的使用价值方能实现空间正义。①

第二，空间生产与社会秩序建构研究。如火如荼地以牺牲空间公平为代价、以经济效益为首要目标的土地开发拆迁，其正当性开始受到城市社会学的反思与批判。陈映芳指出，城市开发体制的合理性来源既得益于制度空间和政策技巧的规则合理性原则的运用，同时也包括对价值合理性资源的开拓以应对来自公平价值的压力，而遭遇动迁创伤的居民，其空间维权之所以收效甚微，关键在于他们的权益愿望和抗争行为并没有被赋予足以抗衡城市开发合理性的正义压力。② 李志刚等通过对上海三个社区的实证研究，探讨了微观空间层次上的社会空间分异现状、特征和主要机制，认为社区建设的历史时段正逐步成为影响社会空间重构的主要因子，因此需重视社会空间形态对城市规划的新要求和空间资源配置的公平合理。③ 黄晓星与郑姝莉通过对 N 市潮村的规划过程的考察，分析了村落空间生产与社区秩序的再造过程，认为空间秩序是村落道德秩序的一部分，本质上是社区道德秩序，集中地体现了资本、信仰与村治交融互动的结果。④ 此外，大规模的人口流动对城市社会秩序造成了极大的挑战。项飚通过对温州流动人口到北京形成聚集区的历史考察，指出中国流动人口自发形成了

---

① 黄晓星：《"上下分合轨迹"：社区空间的生产——关于南苑肿瘤医院的抗争故事》，《社会学研究》2012 年第 1 期。
② 陈映芳：《城市开发的正当性危机和合理性空间》，《社会学研究》2008 年第 3 期。
③ 李志刚，吴缚龙，卢汉龙：《当代我国大都市的社会空间分异——对上海三个社区的实证研究》，《城市规划》2004 年第 6 期。
④ 黄晓星、郑姝莉：《作为道德秩序的空间秩序——资本、信仰与村治交融的村落规划故事》，《社会学研究》2015 年第 1 期。

一个新的社会空间,即"非国家空间",这个"新社会空间"是流动人口在体制外积极流动、经营所进行的制度创新的结果,它是相对封闭的,未与外界社会形成良性的、制度化的互动,但与国家并非对抗而是进行了一种磨合。这一新社会空间的生产机制则是"传统网络的市场化",这种机制对于降低内部的交易成本,为流动者提供庇护以及改革城市社会运行机制具有重要的功能和意义。① 张鹂引入列斐伏尔的空间生产理论作为分析框架,通过对浙江农村社会空间的生产过程的考察,探讨了人口流动引发的空间、社会关系重构,及其对中国治理模式的影响,驳斥了"国家撤退、市场胜利"的二元论,强调要从持续的变迁和更为复杂的日常实践中去思考当代中国的"国家—社会"关系。② 周如南考察了20世纪80年代中后期彝族青年流入城市空间的实践,指出互惠政治是少数民族移民在城市中重建自身社会空间的首要机制。③ 狄雷、刘能考察了北京市城乡接合部沙村的演变史,指出流动人口聚集区这一特殊空间类型的生产,既是不同社会行动者相互适应的结果,也是结构性力量和微观机制共同作用的结果。④

第三,空间变革与社会关系研究。居住空间的变革加剧了阶层隔离和弱势群体的边缘化,引发了失地农民和农民工的城市融入等社会问题。王美琴在对一个国有企业社区的考察中发现,在住房商品化体制下,许多原来功能强大的传统单位制社区逐渐演变为城市居住空间

---

① 项飚:《传统与新社会空间的生成——一个中国流动人口聚居区的历史》,《战略与管理》1996年第6期。
② [美]张鹂:《城市里的陌生人:中国流动人口的空间、权力与社会网络的重构》,袁长庚译,江苏人民出版社2014年版。
③ 周如南:《都市冒险主义下的社会空间生产——凉山地区彝族人口的城市流动及其后果》,《开放时代》2013年第4期。
④ 狄雷、刘能:《流动人口聚居区形成过程的社会学考察——一个城市空间转型的个案研究》,《江苏行政学院学报》2013年第1期。

阶层分异格局中的底层聚集区。① 李远行、陈俊峰注意到新区开发中市场机制导致商品房和农民复建房之间的空间区隔。② 李强、李洋对旧城改造后的一个新建社区的调查也表明，商品房业主和回迁户在空间上被有意分隔，不利的空间因素可能阻碍了社会交往，封闭的"门禁社区"会对社区内部整合构成新的挑战。③ 赵聚军以居住空间的视角探讨了跳跃式城镇化中新式城中村的治理问题，指出集中安置模式是城市规划偏好和地方政府市场逻辑的必然结果，集中安置的区位劣势和居住空间特点导致其高度同质化的社会结构，在邻里效应的作用下，有可能进一步诱发居住隔离，而居住隔离又会强化邻里效应，使这一群体从被标签化走向被边缘化。④ 李君甫等考察了北京地下空间居民的社会阶层构成和阶层特征，进而反思了目前的住房政策和社会政策。⑤

居住空间生产的变化也对家庭关系、社区社会资本产生了重大影响。方亚琴与夏建中探讨了居住空间与社区社会资本的内在关联，认为在社会转型过程中，城市居住空间形态的演替造成了社区社会资本的衰落和减少，但同时，以商品房为主体的新型居住空间为社区社会资本的重建提供了一种新的可能性。⑥ 贺霞旭基于2014年中国劳动力动态调查数据，分析社区的社会空间结构、物理空间

---

① 王美琴：《城市居住空间分异格局下单位制社区的走向》，《苏州大学学报》（哲学社会科学版）2010年第6期。
② 李远行、陈俊峰：《城市居住空间分化与社区交往——基于南京市东山新区个案的实证研究》，《开放时代》2007年4期。
③ 李强、李洋：《居住分异与社会距离》，《北京社会科学》2010年第1期。
④ 赵聚军：《跳跃式城镇化与新式城中村居住空间治理》，《国家行政学院学报》2015年第1期。
⑤ 李君甫、戚丹、柴红侠：《北京地下空间居民的社会阶层分析》，《人文杂志》2014年第3期。
⑥ 方亚琴、夏建中：《社区、居住空间与社会资本——社会空间视角下对社区社会资本的考察》，《学习与实践》2014年第11期。

结构和生态空间结构对邻里关系的影响，指出在社区整合重塑中，降低居住区环境污染程度，建设友好型的社区生态环境，积极鼓励和促进居民参加不同类型的社会组织活动，是提升居民邻里关系的重要手段。①

除了城市社会学中对空间视角的广泛运用外，乡村研究也逐渐有意识地运用空间的视角去考察村落的变迁。费孝通曾注意到地缘等与空间的问题，但他仅认为地缘是作为血缘的投影而存在②，并未系统性地从空间的视角对村落熟人社会展开进一步研究③。乡土学派将变迁中的村落特征分别概括为"半熟人社会""无主体熟人社会""弱熟人社会"等，但仍是从社会关系及社会结构的角度展开，而对社会关系及社会结构所处的村落空间没有给予应有的重视。要理解中国村落及其社会变迁，还要从社会空间的视角来加以考察。④ 余彪在对粤北客家农村祖厅的空间形式、价值及功能进行考察后，发现旧有的村落社会的权威空间正在瓦解，作为熟人社会的村落共同体逐渐变得陌生化。要重建新社区共同体，必须加强对传统村落空间的保护和借鉴，注重新社区的社会空间建设。⑤ 范成杰、龚继红展现了华北平原李村农民"上楼"前后代际居住空间生产逻辑的变化及其对代际关系的影响，研究表明，农民"上楼"前通过系列分家的模式形成了多个核心家庭并立的代际居住空间格局，缓和了代际矛盾；农民"上楼"后，代际居住空间生产建立在农民家庭的经济分化基础上，形成了一

---

① 贺霞旭：《空间结构类型与街邻关系：城市社区整合的空间视角》，《社会》2019 年第 2 期。
② 费孝通：《乡土中国》，上海人民出版社 2007 年版，第 65—70 页。
③ 余彪：《社会空间视角下的村落变迁与社区重建——对粤北客家农村"祖厅"的考察》，《华中农业大学学报》（社会科学版）2016 年第 5 期。
④ 余彪：《社会空间视角下的村落变迁与社区重建——对粤北客家农村"祖厅"的考察》，《华中农业大学学报》（社会科学版）2016 年第 5 期。
⑤ 余彪：《社会空间视角下的村落变迁与社区重建——对粤北客家农村"祖厅"的考察》，《华中农业大学学报》（社会科学版）2016 年第 5 期。

种以主干家庭为主导的居住空间格局，在空间挤压中形成的刚性结构加剧了代际的紧张和矛盾。① 而"村改居"社区居住空间的变化导致了更为严重的传统村庄社会关联的嬗变，农村社会关系从"分散的不规则集中"变为"集中的均匀分散"。② 由于行动者身份的张力和不相容、社会网络的封闭且松散，失地农民因身份认同、土地认同、经济认同、制度认同共同构建的多元认同体系，由此产生了角色困境。③

第四，空间生产与社区权力关系研究。杨念群以空间视角对近代以来北京城市社区的空间生产进行了系列考察。他以民国初年北京城区空间结构的转换为例，描述了现代医疗系统和警察系统成功渗入北京城区的日常生活系统，实现了自然社区和医疗社区的全面叠合，把北京人的生与死控制在严密的档案化网络之中，进而破坏了城区的传统自治组织状态。④ 在对近代以来防疫行为的历史演变考察中，指出各个时期防疫行为的表现形式与空间政治的安排有关，总结出现代国家推行的卫生行政制度如果不与基层文化传统有效衔接，便无法发挥正常的运作功能。⑤ 而在对清末的"采生折割"和育婴空间的反教话语的生产机制进行考察时，揭示出中国普通民众空间观念的变化所引发的抗争，即由于传教区这种陌生空间强行介入传统社区，破坏了同质性且透明度高的传统社区，引发了民众对空间秩序的重新想象，民众试图通过"打教"使边界的设置恢复原貌，而总的趋向是，反教话

---

① 范成杰、龚继红：《空间重组与农村代际关系变迁——基于华北李村农民"上楼"的分析》，《青年研究》2015年第2期。
② 谷玉良、江立华：《空间视角下农村社会关系变迁研究——以山东省枣庄市L村"村改居"为例》，《人文地理》2015年第4期。
③ 孙莉莉：《身份与社会网络：城郊空间社会秩序生产的结构特征》，《学习与实践》2018年第1期。
④ 杨念群：《"兰安生模式"与民国初年北京生死控制空间的转换》，《社会学研究》1999年第4期。
⑤ 杨念群：《防疫行为与空间政治》，《读书》2003年第7期。

语越来越脱离地方传统的脉络，而到 20 世纪以后被纳入一种国家话语的控制之内。① 陈薇采用空间—权力的视角，从经济、政府以及社会三个层面分析社会变迁视野下的城市社区空间是如何被生产出来的。② 张霁雪以空间维权为理论视角，以口述史研究的方法，将"社会样态""空间实践"与"主体能动性"融合在具体的空间语境中，去分析城乡接合部的形成过程与结果，提出要实现"以人为本的空间生产，开放透明的空间分配，自由平等的空间交换，健康适度的空间消费"③。

第五，空间转型与社区治理研究。"空间与治理"的研究④为社区研究提供了新的分析框架，探讨了空间与治理之间的互构关系，以此检视社区治理的转型动力和实践成效。薄大伟从空间形式与社会结构之间的关系着眼，追溯了单位制度的谱系、起源与发展，阐释了社会主义中国城市通过单位制度实现的城市管理、社会组织与政府管制，以及与社会变革相伴随的单位制度的瓦解与消亡。研究指出，尽管单位在中国城市的主导性地位下降，但单位仍影响中国城市的转型，新的制度仍然带有旧有单位制度的一些重要特征。⑤ 住房商品化重构了中国城市的居住空间和社区权力格局，而业主维权行动集中体现了基层城市社会变迁给社区治理带来的挑战。孙小逸、黄荣贵将列斐伏尔的空间生产视角引入社区治理研究，探讨社区治理规则与业主维权行动

---

① 杨念群：《边界的重设：从清末有关"采生折割"的反教话语看中国人空间观念的变化》，《开放时代》2001 年第 12 期。
② 陈薇：《空间、权力：社区研究的空间转向》，博士学位论文，华中师范大学，2008 年，第 36 页。
③ 张霁雪：《城乡结合部的社会样态与空间实践——基于 C 市东村的调查研究》，博士学位论文，吉林大学，2011 年，第 24 页。
④ 有关"空间—治理"的研究范式详见吴晓林《城中之城：超大社区的空间生产与治理风险》，《中国行政管理》2018 年第 9 期；汪鸿波、费梅苹《商务楼宇社区：城市社区治理的空间转向》，《学习与实践》2018 年第 8 期。
⑤ [澳]薄大伟：《单位的前世今生：中国城市的社会空间与治理》，柴彦威、张纯、何宏光、张艳译，东南大学出版社 2014 年版。

之间的辩证关系,研究认为,社区治理规则的变化是政府建立可治理的邻里空间与业主追求权益和自治两者角逐的后果;在国家应对治理挑战的过程中,话语和表征塑造了人们对社区的理解和想象,合法化了国家对私有化空间的介入,因此在重塑可治理的邻里空间过程中发挥了关键性的作用。① 快速城市化和乡村振兴的战略促进了转型社区的出现,Zeng Weihe 运用一个空间的社会性嵌入行政性,以提升治理性的空间多种属性整合框架,对转型社区社会治理共同体进行了类型学的理论概化,将社区分为四种类型:自建社区社会治理共同体、拆迁建造社区社会治理共同体、移民建造社区社会治理共同体、集体建造社区社会治理共同体四种基本类型。转型社区社会治理共同体生成于空间重构与生产再造过程之中。在空间重构阶段,空间的行政性在发展差异化的空间治理特征方面发挥着作用,而空间的社会性形成松散关联网络、多元组合网络、紧密利益网络、高度关联网络四种社会治理共同体社会关系网络。在空间生产阶段,空间的社会属性嵌入治理过程,通过自上而下的行政控制与自下而上的居民自治的治理空间融合,生成了四种行政调适自治的社会治理共同体治理策略,即"管控—表面治理""指导—协商治理""支持—协作治理"和"领导—民主治理",研究与已有的"控制的自治""行政消解自治"形成理论对话;在实践上对强化社区社会治理共同体的"民治导向"和补齐社区社会治理共同体的"能力短板"具有启示意义。② 袁方成、汪婷婷从空间正义的视角考察了社区空间在生产、分配、利用和管理方面呈现出的空间生产的资本主导、资源分配的不均衡,空间利用的去多样性和归属感缺失,以及社区空间管理的行政主导等不正义问题,

---

① 孙小逸、黄荣贵:《再造可治理的邻里空间——基于空间生产视角的分析》,《公共管理学报》2014 年第 3 期。

② Zeng Weihe, "The Social Governance Community in Trans Forming Neighborhoods: A Spatial Reconstruction Perspective", *Social Sciences in China*, Vol. 41, No. 3, 2020.

指出走上社区空间治理的善治之道，需要政府、居民和社会组织三者协同合作。① 城市多民族聚集社区更面临民族多样性、人口流动性、文化多元性和社区异质性挑战，卢爱国、陈洪江运用空间政治社会学视角，从地理空间、社会空间和精神空间三个维度考察广西壮族自治区南宁市的城市多民族社区民族相互嵌入的现状，指出尽管通过结构互嵌、关系互嵌和文化互嵌，基本建构了交错共处的居住格局、民族共治的治理格局和多元共享的文化格局，但仍面临抱团而居的流动族群内卷化、民族性服务设施配置失衡化、少数民族嵌入社区的浅层化、社区建设推动力量的行政化、社区文化参与主体的局限化以及维汉民族心理距离的扩大化等困境，为此，必须加强和深化城市多民族社区互嵌式治理。②

城市化进程中，"村改居"社区的空间样态、转型动力以及治理逻辑等，相较于农村与城市社区而言都更加复杂，引起了不少研究者的研究兴趣。学界关于"村改居"问题的研究呈现出明显的阶段性特征，前期对失地农民权益保障关注较多，后期则聚焦于"村改居"社区组织转型、社区公共服务供给、社区社会问题等方面剖析"村改居"社区中存在的治理难题。③ 吴莹基于对北京、山东、湖北、云南等省市若干不同类型"村改居"社区的比较研究，总结梳理"上楼"村庄的空间布局与景观变化，并分析这些变迁对"村改居"社区公共秩序和基层治理的影响。④ 吕璟、潘知常从社会空间视角切入，分析拆迁安置房社区失地农民在消费观念、行为习惯、社会交往

---

① 袁方成、汪婷婷：《空间正义视角下的社区治理》，《探索》2017年第1期。
② 卢爱国、陈洪江：《空间视角下城市多民族社区互嵌式治理研究》，《内蒙古社会科学》2016年第6期。
③ 崔宝琛、彭华民：《空间重构视角下"村改居"社区治理》，《甘肃社会科学》2020年第3期。
④ 吴莹：《空间变革下的治理策略——"村改居"社区基层治理转型研究》，《社会学研究》2017年第11期。

等诸多方面表现出既有别于城市居民，又不同于传统农民的现象，指出乡土空间的记忆、大众传媒建构的拟态城市环境，以及城市社区的规训等因素共同创造了拆迁安置房社区失地农民这一特殊的群体。①

空间变革导致"村改居"社区治理失衡，因此消除城乡文化的二元对立成为规范"村改居"社区秩序的关键。郭明发现，"村改居"社区的"居住空间"与"交往空间"的变革直接导致"村改居"社区共同体的社会资本流失、社会记忆离散及社区关联断裂等实践困境。为此，强化社区治理主体能力、借助市场力量辅助推动、凝练共享型社区"新传统"等成为再造"村改居"社区共同体的三个应对策略。②崔宝琛、彭华民运用"物质空间—关系空间—意义空间—社会空间"的分析框架对天津、湖北、成都三地不同类型的"村改居"社区进行案例分析，认为"村改居"社区治理的转型是国家力量推动与村庄回应共同作用的结果。在国家治理力量深入农村社区的被动式城市化模式下，社区基层自治组织、社区社团以及村民等主体作为社区转型、空间重构、秩序重组过程中的行动者，选择非冲突、非对抗的方式将自身利益诉求寓于空间使用的过程，形成自下而上的实践逻辑与自上而下的国家治理逻辑的融合，最终重塑"村改居"社区的公共秩序和治理格局。③李艳丽、游楚楚指出，再造社区的自然空间，更重要的是重构社区社会空间，这成为实现拆迁安置社区良好治理的路径。④而对于这类过渡型社区中尚未完全断裂的、原

---

① 吕璟、潘知常：《再造居民——社会空间视角下拆迁安置房社区失地农民问题研究》，《南京社会科学》2018 年第 4 期。
② 郭明：《空间变革中"村改居"社区共同体的式微及再造》，《科学社会主义》2020 年第 3 期。
③ 崔宝琛、彭华民：《空间重构视角下"村改居"社区治理》，《甘肃社会科学》2020 年第 3 期。
④ 李艳丽、游楚楚：《空间转移与空间再造：拆迁安置社区治理困境及路径分析——以福建省龙岩市 S 安置小区为例的研究》，《云南行政学院学报》2018 年第 2 期。

有村庄中的"共同体关联",非但不是现代意义系统急于拆解和打散的对象,反而能成为过渡型社区走向现代公民社区的强有力的黏合剂与推动力。①

也有研究者总结出过渡型社区治理的相关研究存在"转换角色"和"规范秩序"两大研究路径,其中,强调"转换角色"的研究者将社区治理困境归咎于农民在向市民角色转换过程中的失败,希望通过加速市民化进程实现社区良性治理,但是对于角色设置的片面化与静态化,以及对市民化理论的简单化理解导致了此研究路径缺乏现实解释力;以"规范秩序"为研究路径的研究者希望通过构建公共秩序来优化社区治理结构,但由于缺乏对公共性概念的辨识,此研究路径也面临过于理想化的困境,由此需要批判性地探索融合两种路径的可能性,即以"权利资格体系"拓展理论分析路径,搭建协同治理平台,推动基层治理转型。②

三 既有研究评述及反思

既往研究为社区空间治理研究奠定了重要基础,但仍有需要推进之处。社区治理研究更多关注权力结构对社区秩序的影响,忽视了空间本身的生产以及不同的空间样态与权力、治理之间的互构变迁关系。回溯我国社区研究的发展史可以发现,早期热衷于转型期社区发展态势考察的研究者虽有通过空间透视社区的传统,但大多不得不背离空间视角,转而寻求"国家—社会"的支持。③

---

① 刘祖云、李烨:《理解过渡型社区认同之三维:时空、记忆及意义》,《理论探讨》2017年第2期。
② 徐宏宇:《转换角色与规范秩序:空间变革视角下过渡型社区治理研究》,《社会主义研究》2019年第2期。
③ 崔宝琛、彭华民:《空间重构视角下"村改居"社区治理》,《甘肃社会科学》2020年第3期。

近年来，社区研究的空间转向渐成主流趋势。不过，"空间—行动者"的研究路径注重探究空间与行动者之间的内在关联，但是，由于过度地陷入对日常生活互动情境的描述性研究，缺少对转型社区历史性内容主要线索的提炼，无法形成从传统社区到现代社区变迁过程的本质性认识。①"空间—社会关系"视角过于关注空间的社会性，忽视了空间的自然属性对社会关系再生产的决定性作用，未深入考察不同类型的空间转型与社会关系的关联机制；"空间—权力"框架聚焦"权力"的策略性行为和博弈关系，但是多数研究只关注了一个时点或一个阶段的社区发展中基层政府与社区居民之间的权力博弈关系②，分析框架实质上仍是在国家—社会二分法的主导范式下进行的，尽管对社区博弈与治理层面具有一定的解释力，但是忽略了范式的运用场景，忽略了"权变"过程以及空间本身的动力机制，对社区治理与空间生产的互构缺乏进一步关照。③"空间—治理"的研究进路虽然意识到了空间社会学理论将空间生产视为社会关系与空间双向互动过程这一核心命题，并将其作为分析转型社区的主线，指出转型社区的空间生产是国家力量推动与社区回应共同作用的结果，并寻求公共性导向下的社区治理策略，但因过于关注空间中多元主体的权力关系，而忽视了空间内部系统形态的复杂性，以及内部各子系统之间动态的多重互构关系及其对治理实践的作用；忽视了将社区空间置于超地方和历史情境去考察社区主体性的生成，以及空间与治理、生

---

① 徐丙奎：《权力分化与秩序重构：快速城市化背景下的社区治理研究》，博士学位论文，华东理工大学，2013年。
② 黄晓星：《"上下分合轨迹"：社区空间的生产——关于南苑肿瘤医院的抗争故事》，《社会学研究》2012年第1期。
③ 茹婧：《空间、治理与生活世界——一个理解社区转型的分析框架》，《内蒙古社会科学》2019年第2期。

活世界之间的复杂关系。①

　　社会科学的空间转向为我们"透过历史看社会"的传统路径中增添了一个"通过空间看社会"的路径。沿着现有的透过空间考察社区的研究分析框架和研究路径，发现处于快速城镇化进程中的中国产生了一种不同于西方情境下的独特的过渡空间形态，创造出了全新的治理模式。但空间变革对于过渡型社区社会关系及其治理的影响还没有得到充分讨论。现有的部分"村改居"社区研究倾向于认为，"村改居"社区是一种必将转变为所谓城市社区的过渡型社区。这种对"过渡型"的强调实则基于农村与城市、传统和现代、落后和进步等一系列二元论和线性进化论思维，将"村改居"社区视为从乡村转型为城市的暂时状态，倾向于贬低乡村传统生活方式及其文化，进而关注如何促成从村民到城市市民生活方式和文化的转变。②"村改居"社区的空间治理实践既包含着自上而下的国家建制与自下而上的社会空间转型过程，也要求我们寻求空间治理的均衡点和互构点，进而实现以人民美好生活为目标的空间治理机制。

　　因此，本书认为对"村改居"社区的理解，应在更宏大的中国历史情境的脉络下，去深入思考社区空间结构样态与社区治理实践之间的辩证关系。第一，以空间理论为切入点，将治理嵌入空间生产的框架内，以获得对空间生产与社区治理的双向解释；第二，从历时性与共时性结合的角度，分析社区内部不同空间样态、空间转型的动力机制与治理实践变革的互构关系；第三，构建符合空间正义与以人为本的社区协同治理机制。

---

　　① 茹婧：《空间、治理与生活世界——一个理解社区转型的分析框架》，《内蒙古社会科学》2019年第2期。
　　② 郑中玉、梁本龙：《国家的视角与被贬低的社区：村改居社区治理的新问题》，《天津行政学院学报》2021年第2期。

此，与城市社区相对应的农村社区有广义和狭义之分，狭义的农村社区仅指由一个或若干个行政村统一组建、统一规划的建制共同体；广义的农村社区既包括这类新兴的建制型乡村共同体，还包括传统自然村、行政村。

与快速城市化进程相伴随的，是所谓的"村庄大转型"①，即"村庄从农业共同体到城乡社区衔接带之弱质自治社区的大转型"②。为推动城市化进程，地方政府对"城中村"及城市周边村镇进行改制，实行有别于城市社区管理和村庄治理的一种"转型社区"③、"过渡型社区"④、"第三社区"，"城乡接合部社区"⑤以及"村改居"社区。其中"村改居"社区是学界最常用的概念，是中国城市化进程与独特的基层社会管理体制相结合的产物。"村改居"社区是广义的概念，泛指原来属于"村民委员会"管辖的农村社区，近年转为"居民委员会"建制，但在内涵上还在逐步建构城市社区的组织架构、管理职责和管理模式的过渡型社区。⑥徐琴将广义的"村转居"社区分为三类："城中村型村转居"社区、"集中居住型村转居"社区和"政府安置型村转居"社区。⑦

本书对"村改居"社区做广义的概念界定，即是"村民委员会"管

---

① 毛丹等：《村庄大转型——浙江乡村社会的发育》，浙江大学出版社2008年版。
② 毛丹：《村落共同体的当代命运：四个观察维度》，《社会学研究》2010年第1期。
③ 参见李志刚等《快速城市化下"转型社区"的社区转型研究》，《城市发展研究》2007年第5期；刘祖云、李烊《学术研究的"三角模型"：基于"转型社区"的文献考察》，《党政研究》2017年第1期。
④ 参见钱玉英《城镇化背景下的基层治理：中国的问题与出路》，《苏州大学学报》（哲学社会科学版）2008年第5期。参见钱玉英《城镇化背景下的基层治理》，《苏州大学学报》（哲学社会科学版）2008年第5期；张晨《城化进程中的"过渡型社区"》，《苏州大学学报》（哲学社会科学版）2011年第6期；吴晓燕、赵普兵《"过渡型社区"治理：困境与转型》，《理论探讨》2014年第2期。
⑤ 周大鸣：《城乡结合部市区的研究——广州南景村50年的变迁》，《社会学研究》2001年第4期。
⑥ 徐琴：《"村转居"社区的治理模式》，《江海学刊》2012年第2期。
⑦ 徐琴：《"村转居"社区的治理模式》，《江海学刊》2012年第2期。

辖的农村社区转为"社区居民委员会"建制的社区，在本质上已属于城市社区类型，但因其改制时间不长，在土地性质、人口结构、管理方式、集体经济、公共设施配套管护方式等方面仍不同于一般概念中的涉农社区和城市社区。特别是，"村转居"社区尽管形式上完成了村委会改为居委会的城市社区组织架构，但集体经济组织的定位、市政基础设施建设和管理经费的投入、"农转居"人口的公共服务和社会保障等并没有彻底解决和完善，此外，部分"村改居"社区还存有未被征地拆迁的涉农区域，村民的身份性质和生活方式也未发生根本变化，村民的组织方式也未发生改变，还保有生产队，这类社区主要存在于中国西部地区，本书中的个案社区正属于这类型的"村改居"社区。

二 空间

空间（Space），主要指一种与时间相对的客观存在形式，物理学上界定的空间是其主要内容，与此相关的词汇如处所（Place）、场所（Locale）、位置（Position）、地点（Site）等都是对空间概念的表达。[①] 20世纪70年代以前，社会科学领域一直保持着"对时间性的强调和对空间性的忽视"[②]，空间只是作为社会科学的讨论背景。

直到20世纪七八十年代以后，在列斐伏尔、苏贾、福柯、哈维、卡斯特尔、吉登斯等思想家的努力下，空间才成为社会科学的核心概念之一。列斐伏尔挖掘出空间隐而不显的社会性和政治内涵，他认为"牵涉到再生产的社会关系，即性别、年龄与特定家庭组织之间的生物—生理关系，也牵涉到生产关系，亦即劳动及其组织的分化"[③]，

[①] 景天魁等：《时空社会学：理论和方法》，北京师范大学出版社2012年版，第37页。
[②] Soja, E. W., *Postmodern Geographies: The Reassertion of Space in Critical Social Theory*, London & New York: Verso, 1989；转引自郑震《空间：一个社会学的概念》，《社会学研究》2010年第5期。
[③] 邓万春：《时间、空间与社会理论重构的谱系》，《人文杂志》2013年第7期。

"空间是政治的、意识形态的。它真正是一种充斥着各种意识形态的产物。"① 由此，空间是社会关系和意识形态的产物。爱德华·W. 苏贾在列斐伏尔等人的基础上拓展了空间内涵，提出了"第三空间"概念，即空间是社会结构和社会关系的前提、手段和结果，它不仅是人类生活的场所，也是可以被构想的观念和思想领域、一种"思维的图示"或者构想性的空间事实，还可以是"真实的和想象的"开放性的视野——不仅是结构化的个体的位置，还是集体经验的结果。② 福柯认为，空间应是由权力创造和支配的一种与权力—知识—身体之运作密切联系在一起的物质和观念的混合体，它既是权力建构的工具，也是权力得以可能的条件。③ 也就是说，"不管在哪种形式的公共生活里，空间都是根本性的东西；不管在哪种形式的权力运作中，空间都是根本性的东西。"④ 布迪厄在厘清空间与资本、阶级的关系时，引入了"社会空间"概念，社会空间被定义为由不同资本总量和资本结构所决定的各种位置的多元空间。⑤ 社会空间的概念正式进入社会科学的概念体系。卡斯特、哈维、吉登斯等人试图超越传统时空二元论去建构一种新的空间概念。卡斯特不仅直截了当地指出，"空间不是社会的反映，空间就是社会"⑥，还在分析"网络社会的崛起"中将网络中的空间定义为"结晶化的时间"⑦。哈维积极吸收了马克思主义的唯

---

① 包亚明：《后现代性与地理学的政治》，上海教育出版社2001年版，第62页。
② 陈薇：《空间、权力：社区研究的空间转向》，博士学位论文，华中师范大学，2008年。
③ 郑震：《空间：一个社会学的概念》，《社会学研究》2010年第5期。
④ [美] Edward W. Soja：《后大都市：城市和区域的批判性研究》，李钧等译，上海教育出版社2006年版，第21页。
⑤ 陈薇：《空间、权力：社区研究的空间转向》，博士学位论文，华中师范大学，2008年。
⑥ [美] 曼纽尔·卡斯特：《网络社会的崛起》，夏铸九等译，社会科学文献出版社2001年版，第382页。
⑦ [美] 曼纽尔·卡斯特：《网络社会的崛起》，夏铸九等译，社会科学文献出版社2001年版，第505页。

物辩证主义认识论，将其与地理学进行了有机结合，在批判空间乌托邦和过程乌托邦的基础上提出了"辩证的时空乌托邦"。①吉登斯在以赫格斯特兰德为代表的时间地理学家观点的基础上，构建了现代意义的时空观，强调空间是与时间紧密相关的概念，"绝大多数社会中的个人在绝大多数时间内的活动都发生在一个相对有限的时空棱状区域之中"②，他还引入了场所、区域化和在场可得性等概念，将时间、空间与人们的社会行为的结构性特征融合在一起，对空间进行了更为详细而生动的论述。③

结合以上思想家对空间的界定，本书认为空间是指处于一定的时间流中的客观环境、社会结构和行动观念的混合体，是社会关系和社会结构的前提、手段和产物，本质上是一种社会空间。

三 协同治理

随着市场经济多元主体的不断涌现，传统的公共管理体制已然无法适应时代的需求，协同治理理论也应运而生，在近年来被广泛运用于政治学、行政法学、公共管理学、经济学和社会学等多学科领域。从学科产生的现实背景而言，在全球化资源快速流动、社会结构深度调整的过程中，现代的公共管理体制无法在变动不居的时代承载起其应有的责任，政府、非政府组织、企业与民众之间的联动越发频繁，旧有的、建立在工业时代的科层体制逐渐失灵，在面对社会具体问题时常常会出现反应滞后、资源供给无效、制度失灵等一系列问题，协同治理理论的提出正是对当前公共管理机制失灵

---

① [美]戴维·哈维：《希望的空间》，胡大平译，南京大学出版社2006年版，第127—177页。
② [英]安东尼·吉登斯：《社会的构成》，李康、李猛译，生活·读书·新知三联书店1998年版，第207页。
③ 向德平、章娟：《吉登斯时空观的现代意义》，《哲学动态》2003年第8期。

的现实回应。

从理论层面而言，协同治理同时包含了自然科学中的协同论和社会科学中的治理理论，即便在当前还没有形成普遍意义的学科范式，但因协同治理的内核包含了治理主体多元化、各子系统协同性、自组织间竞争合作以及共同规则制定等要素，在学界依然得到了广泛的承认。协同治理理论的关键词是协同，这意味着在面对公共事务的时候需要有跨部门、跨业务的多元合作，在行动中，各个治理单元都需要紧密合作、资源共享、共同行动，从而达成治理目标。

西方理论界对于协同治理的研究已经取得了丰硕的成果，也是最早使用协同治理这一概念来指代这种跨部门之间的协同，并形成了三个理论视角：第一个理论视角是分权视角，这是由协同治理概念的创造者哈佛大学约翰·多纳休教授在 *On Collaborative Governance* 一文中最早提出，指出协同治理概念界定的难度及协同治理概念涉及的八个维度。在《牛津公共政策手册》一书中，他与理查德·泽克豪泽（Richard J. Zeckhauser）将协同治理概括为"通过与政府之外的生产者共同努力，并与之共享裁量权，追求权威选择的公共目标"[1]。这一界定突出了两个特点：一是协同治理的主体除政府以外还包括其他生产者，二是政府在协同治理中处于主导地位。[2] 第二个理论视角则是以自由主义政治哲学的社会主体论为基础，将协同治理视为社会集体行动的过程以消解科层制的弊端。在柯克·艾默生（Kirk Emerson）看来，以社会主体的行动结构可以冲破科层制的限制，协同治理作为一种替代性的公共管理的分析结构，具有极大的理论增长潜能。柯克·艾默生及

---

[1] John D. Donahue, Richard J. Zeckhauser, "Public – Private Collaboration", Ittichael Moran, Martin Rein, Robert E. Goodie, *The Oxford Handbook of Public Policy*, New York: Oxford Uuiversiy Press, 2006, pp. 496 – 525.

[2] 田玉麒：《协同治理的运作逻辑与实践路径研究——基于中美案例的比较》，博士学位论文，吉林大学，2017年，第6页。

其合作者将协同治理定义为，使人们建设性地跨越公共部门、政府层级，或公共、私人以及公民领域，以实现公共目的的公共政策制定和管理过程与结构。① 第三个理论视角则是合作治理视角，代表人物是克里斯·安塞尔（Chris Ansell）和艾莉森·加什，他们将协同治理定位为"一个或多个公共机构连同非政府利益相关者参与正式的、共识导向的、审慎的集体决策过程，以期实现制定或执行公共政策、管理公共项目和财产的制度安排"②。多元治理视域下的协同治理，其边界更加广泛，突破了将政府作为治理主体这一局限，囊括了整体社会的各个层面。同时，协同治理不再是一种所谓的制度化安排或政策落地过程，而是一整套涉及社会整体利益的互动过程，在此过程中，公民参与式治理或是公民运动都能得到及时的表达。

中国协同治理理论目前还处于学习与消化阶段，基本上还是以西方的理论预设、概念与逻辑等为中心，或是将理论放置于全球化与中国社会的巨变过程中加以思考。从学理上而言，不少学者在深究协同学的基础之上试图寻找与治理理论的耦合性，或者将协同治理视为一个包含了"治理主体的多元性""治理权威的多样性""子系统的协作性""系统的动态性""自组织的协调性"以及"社会秩序的稳定性"等诸多要素的一个结构③，但对各个要素之间的关系和互动则没有详细说明。在部分学者看来，协同治理的根本目的就是打破政府、市场和社会的封闭性，与单一主体治理的局限性，以公共利益、长远利益为指引，形成合力来纠正传统治理机制的弊端。不少学者对协同治理

---

① Kirk Emerson, Tina Nabatchi and Stephen Balogh, "An Integrative Framework for Collaborative Governance", *Journal of Public Administration Research and Theory*, Vol. 22, No. 1, 2011.

② Chris Ansell, Atison Gash, "Collaborative Governance in Theory and Practice", *Journal of Public Administration*, Vol. 18, No. 4, 2007.

③ 郑巧、肖文涛：《协同治理：服务型政府的治道逻辑》，《中国行政管理》2008年第7期。

"collaborative governance"的译文相似概念进行概念澄清和辨析。其中，具有代表性的概念界定如下：田培杰从历史视角和多学科视角考察了协同治理概念使用的发展演化史，指出协同治理是一个"政府与企业、社会组织以及/或者公民等利益相关者，为解决共同的社会问题，以比较正式的适当方式进行互动和决策，并分别对结果承担相应责任"的过程。[①] 张贤明和田玉麒主张从"决策制定过程""构建良善关系"和"善治实现方式"三个维度理解协同治理的内涵，认为协同治理是"全球化时代，由跨组织、部门和空间边界的公共部门、市场组织、社会组织或个人相互协调合作，共同解决棘手公共问题的过程"[②]。但对于协同治理的行动逻辑则出现了分歧，具体体现在不同部门的角色权重方面，不同主体在治理行动中的支配权问题，非政府组织如何嵌入协同治理的体系，这背后的预设代表了政府中心论与社会中心论的分歧。这也迫切促使我们对于协同治理不要停留在外部反思与主观臆想层面，要以社会实践为基础，对前期的理论进行修正。

本书所研究的对象是"村改居"社区空间治理，时空要素中包含了诸多空间形态和各个治理主体，综合以上对协同治理的研究，本书把协同治理理解为这样一种空间制度安排：在特定社会条件、空间形态和制度环境下，多元化的利益相关者（通常包括公共部门、市场部门、社会组织以及社区和个人）以共识为导向，通过集体协商形成相互依赖与相互信任的互动关系，遵循共同规则采取行动，处理公共空间中单个主体力所不逮的公共事务，解决公共议题、提高公共价值。对于协同治理的理解不能只是限于一种方法论角度，

---

① 田培杰：《协同治理概念考辨》，《上海大学学报》（社会科学版）2014年第1期。
② 张贤明、田玉麒：《论协同治理的内涵、价值及发展趋向》，《湖北社会科学》2016年第1期。

而是要对社区经济、交往、互动等复杂性、动态性有充分的预估，由此，协同治理理论对于开放系统下的多元化协同发展方能具有较强的指导意义。①

第四节 理论基础与分析框架

本书力图以空间社会学为理论基础，为新时代背景下的社会主义社区空间治理实践提供整体性的解释框架。重新阐释空间，实质上就是重新认识社区本身。社区空间是"社会此在"和"治理存在"的统一体，不仅具有历时性的时间维度的存在，也具有共时性的社会维度和治理维度的存在。"村改居"社区作为中国城市化进程中独具特色的转型空间，是在对乡村空间解构、规划、重组、治理实践中不断累积而成的空间样态。因此，对"村改居"社区的空间和治理的互构关系进行深入探讨就显得十分必要。理论基础部分尝试从空间理论和治理理论中挖掘出空间—治理的内在关联，回顾空间在人类认识论中的发展过程以及空间与治理的演化逻辑，进而厘清社区转型的空间治理模式及其限度。其中，分析框架部分侧重空间与治理的内在逻辑关联，以此将理论工具嵌入社区研究过程。

一 理论基础：空间治理理论

综观国内外文献，早期空间一直被视为静止的存在，在空间研究者看来，20世纪社会理论的历史亦是"空间观念奇怪缺失的历史"。② 在处于历史决定论的时代，"空间在以往被当作是僵死的、刻

---

① 胡颖廉：《推进协同治理的挑战》，《学习时报》2016年1月25日第5版。
② ［英］布莱恩·特纳编：《社会理论指南》（第2版），李康译，世纪出版集团、上海人民出版社2003年版，第505页。

板的、非辩证的东西。相反，时间却是丰富的、多产的、有生命力的、辩证的"①。空间进入社会学界是与人类实践变革亲密相关的，正是在人类不停地改造自然景观、活动范围边界不断扩展的背景下，空间逐渐成为显学，由此开启了空间社会学的研究进路。

空间社会学理论的实践特征决定了其脉络具有鲜明的时代特征，人类实践嵌入物质世界的反复生产中，对于空间维度的认知也随着理论与实践的相互作用而不断提升，对于空间的知识也处于不停的变化之中。通常意义上，学界将空间引入治理源于20世纪中期的空间科学和人文地理学的社会—文化转向，但事实上，对于处在现代社会兴起之时和断裂时代的思想家而言，空间早就成为观察事物发展的重要维度之一。随着现代城市的发展与人类活动空间的聚集，城市社会学的空间研究更是如火如荼。对于中国而言，空间社会学的引入和探究也正好是对城乡融合、新型城镇化等诸多战略需求的有效回应。如何在批判西方空间社会学理论基础之上，通过新的空间理论去建构适合中国国情的城乡社区治理模式也就显得格外必要。

从理论层面而言，空间研究的范式主要集中于三个层面。

第一，以马克思为代表的资本主义空间理论。尽管马克思理论没有直接将空间研究作为主题，但在其论著中对于人类实践对空间的影响进行了详细的分析。在马克思看来，现代社会的空间变革是体系化的变革，其根本原因在于社会分工与资本主义向全球的扩散。早期的人类世界，由于生产力落后，群居空间极为有限。随着社会分工的发展，农业社会慢慢向手工业、工业社会过渡，精神劳动与物质劳动分离，统一均质的原始空间瓦解，城乡空间逐渐发生对立，"现代化的大城市（它们像闪电般迅速成长起来）来代替从前自然增长起来的

---

① [美] 爱德华·W. 苏贾：《后现代地理学——重申批判社会理论中的空间》，王文斌译，商务印书馆2004年版，第15页。

城市。凡是它所渗入的地方，它就破坏了手工业者和工业的一切旧阶段。它使商业城市最终战胜了乡村"①。现代世界的变革正是资本与空间相互作用的结果，任何一个空间都在资本逻辑主导的力量下被不断分割，采用资本主义的生产方式为自己创造出一个世界。② 以资本为媒介的现代生活世界中，作为主体的人早已丧失了其整全性，处于高度异化状态，并成为统治阶级的重要工具。③ 不止于此，在后进的马克思主义者看来，资本主义世界如今没有走向覆灭并不断扩张的原因是通过"时间—空间修复"的方式对落后国家的劳动力市场、能源与资源的"剥夺性积累"。④ 通过资本以空间换时间的方式延缓了自身的生存周期。

　　第二则是权力—空间互构论，代表人物是福柯与吉登斯。事实上，福柯所关注的也并非空间本身，而是将空间视为一种权力技术与媒介，通过空间这面镜子来窥视权力运作的机制。福柯在一次访谈中曾经指出："人们常指责我迷恋于这些空间的概念，我确实对它们很着迷。但是，我认为通过这些概念我确实找到了我追寻的东西：权力与知识之间的关系。一旦知识能够用地区、领域、移植、移位、换位这样的术语来描述，我们就能够把握知识作为权力的一种形式和播撒权力的效应的过程。"⑤ 空间作为微观权力治理的场所，凭借一种不为人觉察的方式对人加以规训，达到了国家安全配置的目的，空间作为工具配合了主权—纪律—治理体系的完善。在权力与空间的互构中，空间并非一个消极的存在。在吉登斯看来，空间作为知识与理性主导的场所，

---

① 《马克思恩格斯全集》第 2 卷，人民出版社 2005 年版，第 68 页。
② 《马克思恩格斯选集》第 1 卷，人民出版社 1972 年版，第 255 页。
③ [法] 亨利·列斐伏尔：《空间与政治》（第二版），李春敏译，上海人民出版社 2015 年版，第 34 页。
④ [英] 大卫·哈维：《新帝国主义》，初立忠、沈晓雷译，社会科学文献出版社 2009 年版，第 94 页。
⑤ 包亚明：《权力的眼睛》，上海人民出版社 1997 年版，第 213 页。

也在人类实践的过程中被不断地生产与再生产，这样的空间载体即是社会行动的初始条件，同时，也不断对空间进行新的改造。①

第三则是理性主义空间。空间作为社会学研究的显学，是与空间科学和地理学的社会—文化转向这一趋势紧密相关的。特别是随着城市这一生活单元的强势崛起，空间的内核与意义也发生变化。城市空间社会学视域中的空间不是简单的人生活的居所，而逐渐异化为以一种理性愿景为目标的规划工具，以现代技术为指引僭越人本的生存空间。"1960年代，随着对理性主义的批判和人文思潮的兴趣，建筑设计、城市规划、地理科学等空间学科与政治学、社会学等人文学科不断交叉渗透"②，理性—技术化空间范式的批判认为传统的空间规划将精英主义与理性主义发展到了极端的地步，从而忽视了空间的社会与人文属性，空间治理需要从人本角度出发重新规划，要更加注重空间的多样性与其内部各种复杂交错的关系。③ 由此，地理学研究内容已从传统的区域研究和空间分析转向解决现实社会问题，包括关注文化生产运动、价值内涵和符号意义等，进而研究空间构成、空间秩序、空间正义和空间政治。④

国内空间治理理论的兴起主要是为了回应改革开放以来城乡空间利用、管理和发展的现实困境⑤，空间治理理论进入国内与国家整

---

① ［英］安东尼·吉登斯：《社会的构成》，李康、李猛译，生活·读书·新知三联书店1998年版，第201页。
② 熊竞等：《从"空间治理"到"区划治理"：理论反思和实践路径》，《城市发展研究》2017年第11期。
③ ［美］简·雅各布斯：《美国大城市的死与生》，金衡山译，译林出版社2005年版，第3页。
④ JS Duncan, NC Johnson and RH Schein, *A Companion to Cultural Geography*, Wiley-Blackwell, 2004. 转引自熊竞等《从"空间治理"到"区划治理"：理论反思和实践路径》，《城市发展研究》2017年第11期。
⑤ 黄成亮：《近代中国国家空间治理转型的实践逻辑——兼论新时代背景下空间治理均衡机制的创新》，《兰州学刊》2020年第7期。

体性制度变革息息相关。中国空间治理既包括城乡空间的分化、东西部空间发展的失衡,以及国土空间资源利用率低等诸多问题,也"包含了空间利益分化、空间诉求多元化、空间流动常态化所带来的挑战"①。从理论层面而言,有三种视角。首先是空间社会学理论视角,学者们集中对西方社会学空间理论进行文本解读与批判,反思理论使用的边界问题②;同时也与中国空间研究进行对比,并指出中国的空间需要以一种更加开放的行动为准绳,以此出发来创建本土化的空间治理理论③。其次是地理学与城市空间规划视角,认为空间治理就是对空间资源的使用和收益进行分配和协调的政治过程④,"空间资源的合理配置是实现国土空间的有效、公平和可持续的利用的前提"⑤,空间规划要做到效率与公平的均衡。最后是社会治理的空间视角,空间治理研究不能悬浮在抽象意义的空间,而要下沉到具体的空间单元,社区作为城市微观的基础的组成部分,是透析空间治理的主要对象。据此出发,一方面,研究者将社会解构为具体的基层社区,以空间视角切入社区治理,试图回答空间与社区治理之间的互构逻辑⑥;另一方面则注重通过空间治理体系的创新重构基层社区的政治生态。⑦

本书的研究对象则是具体的社区,社区是城市化不断变革的产物,是政治属性和社会属性共存的时空,是被政府、居民等不同的行动者

---

① 黄成亮:《近代中国国家空间治理转型的实践逻辑——兼论新时代背景下空间治理均衡机制的创新》,《兰州学刊》2020 年第 7 期。

② 何雪松:《社会理论的空间转向》,《社会》2006 年第 2 期。

③ 文军、黄锐:《"空间"的思想谱系与理想图景:一种开放性实践空间的建构》,《社会学研究》2012 年第 2 期。

④ 刘卫东:《经济地理学与空间治理》,《地理学报》2014 年第 8 期。

⑤ 熊竞等:《从"空间治理"到"区划治理":理论反思和实践路径》,《城市发展研究》2017 年第 11 期。

⑥ 参见茹婧《空间、治理与生活世界——一个理解社区转型的分析框架》,《内蒙古社会科学》2019 年第 2 期。

⑦ 杨雪冬:《基层再造中的治理空间重构》,《探索与争鸣》2011 年第 7 期。

赋予特定意义的时空。社区存在的意义就是参与意识形态和日常生活的建构，与技术理性、日常生活等紧密联系在一起，是绝对性与相对性、有限性和无限性辩证统一的，本身就是一种蕴含丰富的历史社会政治意义的治理空间。除去自然村落外，那些城市社区、"村改居"社区、建制型乡村社区、集镇社区的存在，本身就是"人化空间"。人化空间也是"运动着的物质的存在形式"，它的建构、运作也是不以人的意志为转移的。但同时它又有相对性，它是政府、专家、市场、社会组织和居民规划或生活的空间形式，它又具有一定的主观性，是可变的，是渗入情感的，是一种被赋予一定政治伦理和道德伦理特性的共同体。人化空间，本身就是一种治理存在，是关于政党意志和生活世界的和谐统一。中国共产党存在的根基就在于从群众中来，到群众中去，政党本身就是社会的代表。"村改居"社区作为政府规划的空间模式，又通过人的实践活动建构出一种转型的社会关系的空间。社区始终伴随着"治理的空间化"和"空间的治理化"。社区治理的空间化依赖于资源、规则、规划、场域与实践这五个方面。

二　分析框架：空间生产—治理实践

现有文献对空间与治理的关系的研究，研究者虽然也意识到了空间不仅包括物理空间，还包括社会关系维度，但仍认为空间只是内嵌在国家治理之中的。[①] 空间与治理的分析框架仍无法离开国家与社会的宏观框架，两者往往被割裂。空间形态、空间实践与治理规则、治理实践之间是否存在某种关联？本书从空间理论出发，将空间生产的分析引入中国社区治理的研究，尝试为中国社区治理提供一种新的解释框架和理论视角。

---

① 王海荣、韩建力：《中华人民共和国成立 70 年以来城市空间治理的历史演进与政治逻辑》，《华中科技大学学报》（社会科学版）2019 年第 5 期。

第三节 概念界定

一 "村改居"社区

社区（Community）的概念来源于法国社会学家滕尼斯（F. Tonmies）的 *Community and Society* 一书。滕尼斯通过对共同体和社会两个概念的对比，指出共同体是以"本质意志"[①]为基础，由亲族血缘关系结合而成的礼俗社会。在这种共同体中，权威的、自然的意志占主导，尊奉共同的信仰和风俗，个人的意志被情感的、共同的意志所抑制，人与人之间亲密无间、守望相助，传统乡村是共同体的代表。国内学者对社区的定义分三大类：第一类是滕尼斯的功能主义观点，认为社区是由具有共同目标和共同利害关系的人组成的社会团体[②]，强调认同感、利益相关性和目标一致性；第二类是地域性观点，认为社区是在一个地区内共同生活的有组织的人群；第三类是将前两类结合，强调在一定区域范围内，基于某种共同的利益和需求，有着共同文化关系的居民居住区域。国内学者多采用第三类的社区定义。郑杭生将社区定义为进行一定的社会活动、具有某种互动关系和共同文化维系力的人类群体及其活动区域。[③]

因划分依据不同，有关社区的类型可分为多样，最常见的是分为城市社区和农村社区。"社区"一词传入中国后，更多是指代城市社区。2006年，党的十六届六中全会讨论通过的《关于构建社会主义和谐社会若干重要问题的决定》首次提出"农村社区建设"的概念。因

[①] 涂尔干的本质意志包括价值观念、情感、习惯等。
[②] 佐斌、何静：《论社区性格》，《华中师范大学学报》（人文社会科学版）1998年第5期。
[③] 郑杭生：《社会学概论新修（第三版）》，中国人民大学出版社2003年版，第272—274页。

第一章 导论

在福柯看来，在现代社会中，任何一种空间内部都存在着权力，空间也是治理工具实现的基础性媒介。空间从根本上决定了治理主体和治理机制，并决定着治理过程与治理效能。① 人化空间的存在和秩序本身就需要治理去建构和维系，而治理又总是在一定的空间和时间中进行。因此，离开空间的治理本身是不可能的。因此，治理本身就存在于空间之内。而治理又通过空间来发挥作用。治理作为一种现代化的、极其重要的、集原则、规范、技术、媒介、主体、过程于一体的管理机制，正成为建构空间的动力源泉。权力只有在空间中才能生产知识并通过知识去发挥效能。作为空间生产和转型的动力，治理在实践过程中所形成的适应或改变空间的主体、方式、路径、价值理念和运作模式都将对空间结构、空间变革产生深刻和复杂的影响。在现代化变革中，治理实现了宏观治理和微观治理的分野，借助于全球空间、国家空间、区域空间、城市空间、社区空间进行着再生产，同时各个空间又在打破边界，形成一种开放式的流动的空间共同体。②

空间与治理是相互作用与相互制约的关系。空间从根本上决定了治理；治理作为空间的动力与媒介，系统地对空间发生作用，最终影响了空间中的生活世界；而新的生活世界又以自在的方式既建构出新的空间关系，又促使治理发生结构性调整和功能性改变。其中，治理体系的建立、运行与变革构成了现代化社会中空间和生活世界在互构中演变的逻辑主线。③

---

① 茹婧：《空间、治理与生活世界——一个理解社区转型的分析框架》，《内蒙古社会科学》2019年第2期。
② 茹婧：《空间、治理与生活世界——一个理解社区转型的分析框架》，《内蒙古社会科学》2019年第2期。
③ 茹婧：《空间、治理与生活世界——一个理解社区转型的分析框架》，《内蒙古社会科学》2019年第2期。

空间重构:"村改居"社区的协同治理实践

在进入后单位时代的中国现代化治理视域下,一个更加鲜明和清晰的社区化空间时代已经到来。因此,对中国社区的社会主义空间意蕴的深度挖掘具有必要性。社区的发展治理史"蕴含着大量的空间意象和空间隐喻"。① 本书从空间的视角研究社区时代的治理实践,进而审视在新的治理空间中,居民对美好生活的向往何以可能。社区空间的治理化是对空间资本化的抵抗与防御。列斐伏尔指出:"既然每种生产方式都有其特定的生产空间,那么从一种生产方式到另一种生产方式的变化就必定伴随着一个新空间的产生。"而"不同的社会形态以及同一社会形态的不同发展阶段,社会空间生产呈现截然不同的视域和特征"②。"村改居"社区作为转型社区,在不同发展阶段,社会空间的生产呈现出不同的特征,同时治理实践的不同也导致空间的生产呈现出不同的结构特征。

"村改居"社区不仅仅是城市化进程中的产物,同时也与中国后单位社会变革的历史进程紧密联系在一起。尤其是伴随着中国单位体制的解体与衰落,更使得包括"村改居"在内的社区成为承接中国后单位社会转型的关键性单元。随着城市化与单位体制的解体,单位体制建构起来的"空间壁垒"得以瓦解。人们跨越空间壁垒,流动和汇集到社区这一空间结构中,实现由单位人向社区人的转型。社区成为流动人口聚焦效应的空间载体。社区在城市发展与治理中发挥着越来越重要的作用和功能。因此,必须先理解空间的生产、治理的变革逻辑这二者的关系,再来讨论社区的转型逻辑。③

"村改居"社区,作为城市化进程中的"人化空间",是失地农民转为城市市民并实际参与社区发展治理的结果。社区空间的再生产过

---

① 李春敏:《马克思的社会空间理论研究》,上海世纪出版集团2012年版,第52页。
② 李春敏:《马克思的社会空间理论研究》,上海世纪出版集团2012年版,第52页。
③ 茹婧:《空间、治理与生活世界——一个理解社区转型的分析框架》,《内蒙古社会科学》2019年第2期。

程包括两个维度：第一个维度是物理空间，表现为土地的商业化，如建设住宅和商业建筑、公共交通道路与公共服务设施、文化空间等，它是征地过程中权力与资本、失地农民共同生产与实践的结果，是社区行动者生活的基础与条件；第二个维度则是社会空间，表现为失地农民的市民化和新居民的社区化，是失地农民与外来人口共同在场情境下日常互动的社会关系构成和生活世界的呈现。

"村改居"社区的空间生产涉及许多层面，我们仅从治理实践所介入的空间生产来考察。通过对21世纪社会主义转型空间生产过程的审视，探寻"村改居"社区空间治理的逻辑。列斐伏尔把空间分为物理空间、精神空间、社会空间三种类型。哈维将空间分为绝对空间、相对空间和关系空间。"空间分析的基础是空间范畴的物质性与社会性的整合"，"社会学的经验研究不能丢失空间的物质性（指地理性或物理性），而局限于制度、关系或心理层面，尽管空间理论具有兼容性和开放性，但必须限定在一定范围内，并以物质空间为分析基础"①。因此，本书的空间仍以物质空间为分析基础。借鉴这些抽象的空间理论于社区实践中，则可演化为基于具象实物的空间划分。"村改居"社区作为城市化的空间载体，对更大的城市发展和社会变迁都有着极其重大的影响。需要把"村改居"社区作为一个不断分化，却又充满互构关系的社会空间结果来考察和分析。按照空间功能及与之相应的治理实践重点和难点工作，将社区内的空间划分为生态空间、生产空间、居住空间、文化空间、服务空间、网格空间这六大类。每类空间都有自己的生产逻辑和运行机制，但不可否认的是，社区中的各类空间不是绝对的，各空间之间是相互交融、相互制约的。社区六大空间之间不仅存在不平衡发展，影响空间中的人的社会关系的形成，同时也是社会

---

① 营立成：《作为社会学视角的空间：空间解释的面向与限度》，《社会学评论》2017年第11期。

关系交互的结果。因此,"村改居"社区本质上就是由城乡社会关系建构和治理而成的,是城市化进程中城乡社会关系的产物,是一种社会空间和治理空间,这是本书的核心观点。"空间实际上是由社会现象之间的关系建构而成的,是这些关系的产物。我们主动地在生命的组织和生活中创造空间(某个时间空间,多个时间空间)。而且,我们创造空间的方式,将反过来影响社会的结构化和我们生活的结构化。"①"村改居"社区作为政府、市场和社区居民、社会共同创造的一种空间形式,将反过来影响社区的结构化。

治理空间视角是政治社会学的新视角。它把空间作为一个重要维度引入治理研究领域,开辟了一种新的研究路径。空间不仅参与城市化进程中的社区生产过程,还是治理实践的关键要素。空间批判理论本身就是建立在对资本积累的空间批判上,马克思对资本积累之空间性的探讨开创了马克思社会空间研究,也由此开启了新马克思主义沿着马克思资本空间化的研究路径来更加深入地批判资本主义的生存逻辑。"正如马克思对资本主义空间生产的分析始终与资本主义的现实批判结合在一起的。资本对社会空间的重塑是资本主义社会空间的重要特征,它使不同层次的社会空间生产都服从资本的逻辑,是人类社会空间出现多重矛盾和危机的症结之所在。"② 本书对社会主义空间的生产的分析始终与中国的发展治理现实结合在一起。权力对社会空间的重塑是社会主义空间的重要特征,它使不同层次的社会空间生产并非仅仅服从资本的逻辑,而当资本对空间造成矛盾与症结后,权力起到纠偏与整合的作用。人们对美好生活的向往是社区空间治理改革的方向。空间的重要性将随着城市化进程的加快而呈现强化的趋势。对治

---

① [英] 多琳·马西:《劳动的空间分工:社会结构与生产地理学》,梁光严译,北京师范大学出版集团、北京师范大学出版社2010年版,第1页。

② [英] 多琳·马西:《劳动的空间分工:社会结构与生产地理学》,梁光严译,北京师范大学出版集团、北京师范大学出版社2010年版,第1页。

理的空间分析将有助于理解当代中国特色社会主义的空间蜕变及动力机制。

第五节 研究内容与研究思路

一 研究内容

本书以空间社会学为理论视角，尝试从"空间生产—治理实践"的分析框架中剖析城市化进程中社区空间转型与治理实践之间的互构关系，由此回应村落空间向城市空间转型背景下的社区协同治理何以可能，研究分为以下八大主要内容。

第一，从伦理空间到治理空间：城乡社区的空间转型与治理谱系。从宏观层面追溯村域空间治理的实践谱系。首先，考察传统乡村社会的空间形态与治理机制的选择；其次，分析新中国成立后政党对乡村社会和单位社会运用的"社会主义空间治理术"；而后，探析改革开放初期乡村的空间社会结构变化的动力机制及对"乡镇村治"治理格局的影响；最后，考察"村改居"社区的变革起点与社区自主性的生成。"村改居"社区的出现，是农民、征地单位和地方政府共同创造的一种过渡型空间治理形态。

第二，生态空间：从 GDP 主义到绿色空间治理的切换。从生态空间的治理实践入手，分析"村改居"社区治理改革的模式和实效。作为生态涵养地，市政府力图把 A 街道从对散乱污的"三合一"加工企业的依赖中摆脱出来，重新恢复环境的福利功能。生态空间对于当地的产业结构转型具有决定性作用，也使得地方政府和社区的目标被赋予生态治理的意义，并处处受自然地理资源的支配。环境整治运动只是行政执法的一种常用方式，生态社区的空间建构将成为社区的发展方向。

第三，生产空间：混合产业空间治理的结构性张力。"村改居"社区最突出的空间结构变革就是生产空间。考察21世纪初期以来，F社区生产空间中加工行业、出租业、蜀绣产业的变化，以及这些变化对社区的影响，分析社区产业结构是如何随着生态环境整治而转变的，以此探讨社区如何在社区经济利益和生态利益之间寻找平衡点以实现治理，重塑空间中人的生态权利和经济权利，使人身安全得到总体性满足。生态空间限制了社区的空间发展轨迹，使得社区必须寻找新的发展之路。社区生产空间的行业发展变迁史为社区生产空间分工的性质和连续性提供了依据和指引。

第四，居住空间：社区差异化治理与空间融合。"村改居"社区居住空间是失地农民、农民以及新住民实践活动的重要场所。作为时空压缩式的社区在空间生产过程中造就了三种空间居住样态：失地农民的居住格局，涉农地区的农民居住空间和常驻新住民商品房小区的居住样态。居住空间的权力化和资本化并存成为"村改居"社区居住空间生产的一个重要特点，它使社区的居住空间的分异和整合不断交互和加剧，也使得社区呈现出分类治理的特征。

第五，文化空间：社区公共文化勃兴与共识重塑。本部分探讨"村改居"社区文化空间的建设路径、运作模式与治理效能，实践上体现为三大层面的文化空间建构：一是对非遗文化空间的传承与生活化，二是对社区文化共识的塑造，三是对社区文化的组织再造与互助参与。社区文化空间由此呈现出从断裂到融合的转向。

第六，服务空间：社区党群联动与功能重建。本部分将分析社区党群服务空间的生产、转型及重塑过程。党群服务中心既能通过一种服务空间来传播党和政府的方针政策并提供便民服务，也能透过共享空间促进社区居民的社会交往和社区参与。党群服务空间的不断改造升级和重塑，正体现了社区空间的生产是一个动态的多元主体协同参与的过程。地方政府与社区、社会组织之间的关系透过社区规划得以表现，进而把三者之间的关系投射到空间中，从而又生产出不断迈向治理的空间，是一种"上下共治"和多元参与的过程。

第七，网格空间：社区技术治理及其风险规控。拟以社区网格化服务管理改革的实践为个案，考察原有网格空间的生产机制，分析其存在的问题与困境，解释技术治理嵌入网格空间失灵的原因，并透过网格化治理实践的创新，分析以社会支持网络体系为基础的网格空间再造的意义。

第八，空间正义与以人为本："村改居"社区的协同治理体系构建。随着结构转型深化，"村改居"社区作为一种过渡型空间，必将在现有治理模式上进一步完善并形成新的治理形态。从类型学角度划分，将从空间协同、机制协同、主体协同、技术协同四方面建构空间正义与以人为本的"四位一体"的社区协同治理体系。这四大部分互为补充，以此展示新时代"村改居"社区协同治理的图景。

二 研究思路

"村改居"社区的空间与治理有自身的动力机制、演变路径和实践特征。首先，尝试从国内外理论研究中挖掘社区的空间和治理维度，为本书奠定理论基础。通过回顾20世纪后半叶西方社会科学的空间转向，在此基础上对社区的空间内涵和治理要素进行探讨，并根据空间的功能、社会关系构成和治理实践等不同层面，将社区的空间形态操作化为六个维度；其次，采用福柯的谱系学分析法，考察中国社区的空间变迁形态和治理观念的历史根基；再次，重点分类考察"村改居"社区发展进程中的六大空间，即生态空间、生产空间、居住空间、文化空间、服务空间和网格空间的治理实践；最后，提炼出"村改居"

社区空间生产与治理实践的内在逻辑关联以及协同治理体系，探讨新型城镇化社区建设的理性类型以及空间重构的意义。

第六节 研究方法

一 文献分析法

文献分析法主要指搜集、鉴别、整理文献，并基于对文献的研究，形成对事实的科学认识的方法。① 本书采用的文献资料主要包括三大类：一是国内外空间社会学和社区治理的既有文献，通过查阅和分析，明确课题的问题意识、理论基础、研究对象和解释框架，为下一步研究打好基础；二是有关国家治理和城乡基层治理的政策文件和报告，涉及从中央到省、市的政策文件以及相关部门、研究院发布的专题规划报告，其中省级、市级资料主要是有关城乡社区发展治理系列配套文件、成都市社区发展治理促进条例、成都公园城市的发展报告、成都市国家生态文明建设示范市规划等；三是地方相关档案，包括四川省档案馆、成都市档案馆、P区的地方志、年鉴以及政策文件、规划资料、图书资料、地图、工作简报、宣传资料、网络新闻资料，以获取关于F社区的地方性知识。

二 访谈法

主要用于了解受访者对特定议题的认知、态度和思考方式。根据调查的目的与要求，按照预先制定的访谈提纲，进行了两种类型的访谈：一是个人访谈法。通过对市区级相关部门、街道科室主要干部、

---

① 杨小微、刘卫华主编：《教育研究的理论与方法》，湖北教育出版社1994年版，第211—213页。

社区两委干部、工作人员以及社会组织负责人、工作人员、居民进行个人访谈，以了解社区的概况、转型过程、规划、治理实践等；深入社区各网格随机对农民、居民、网格员、商家、加工作坊老板和工人进行个别访问，了解社区资源、居民、外来务工人员的需求、问题等。针对不同对象设计访谈提纲，预计完成 60 份个案的深入访谈。二是焦点小组访谈法。焦点小组访谈法是基于组织者拟定的主题，组织小组成员开展交流对话，从而实现信息获取和材料收集的方法。针对居民小组长以及社区网格员，共开展 6 场焦点小组访谈，了解社区资源、社区问题及居民需求。

三 观察法

为获取空间形态特征以及治理实践的真实信息，采用参与式观察法和非参与式观察法。第一，非参与式观察法，研究者以局外人的身份通过有目的、有计划地运用视觉和辅助工具，进入社区，了解 F 社区的地理自然风貌、社区居民的生活、社区邻里中心等公共空间的服务实践和主题活动，收集到真实可靠的第一手资料，通过对资料的分析得出结论。第二，参与式观察法。研究者作为高校教师，基于政校社合作的需要，被 A 街道聘为城乡社区治理规划师，以规划师、高校教师的身份多次受邀参加 A 街道的社区治理规划发布会、社区发展治理研讨会、社区保障激励资金项目申报以及主题社区规划分布会等。在研究过程中，研究者"扮演多重角色拥有独特的优势，能够获得不同的视角和观点，研究者可以更全面更准确地理解观察到的事物，与不同的人建立关系。这些关系主要是建立在相互关联的利益之上，为进一步的参与观察拓展研究现场"[①]。

---

① [美] 丹尼·L 乔金森：《参与观察法：关于人类研究的一种方法》，张小山、龙筱红译，重庆大学出版社 2015 年版，第 58 页。

第二章

从伦理空间到治理空间：城乡社区的空间转型与治理谱系

现代社区的构成是一种历史性现象，是社会的现代性变迁和国家政策、制度的实践长期叠加的结果。研判当代的社区空间转型与治理思路，仍需回到传统中国去探寻前现代的空间形态和治理模式。无论是"村改居"社区还是城市社区，仍保留着传统乡土社会的组织架构和治理底蕴。由此可以反思前现代的社区空间治理与当今的社会主义空间治理模式之间的传承与差异。

"人类从根本上来说是空间性的存在者，总是忙于进行空间与场所、疆域与区域、环境和居所的生产。"[①] 在任何历史时期的国家治理过程中，"理念构想、实践方略、技术手段"[②] 都需要在空间的范畴中把握和运行。在漫长的传统社会进程中，无论是在中央层面还是在地方社会，治理的空间形态和运作逻辑都形塑出不同特征。本章通过考察中国乡村社会的空间结构及治理形式，来追溯当代社区的空间治理谱系。首先，考察传统乡村社会的空间形态与分层治理逻辑；其次，

---

① ［美］米歇尔·J.迪尔：《后现代都市状况》，李小科等译，上海教育出版社2004年版，第5页。
② 杨敏：《"国家—社会"互构关系视角下的国家治理与基层治理——兼论治理技术手段的历史变迁及当代趋向》，《广西民族大学学报》（哲学社会科学版）2016年第2期。

分析革命与建设时期政党对乡村社会运用的"社会主义空间治理术";再次,探析改革开放初期乡村空间的制度革新;最后,考察城市化进程中"村改居"社区的空间转型与治理主体性再造。

第一节 伦理治理:传统中国乡村治理的空间谱系

一 皇权对乡土社会的治理机制

中国古代农业社会的基本生产资料是土地,国家治理的空间要素主要包含土地及农民,治理的主要目标在于保持政权稳定和君臣、君民之间的和谐。封建时代的皇权合法性主要取决于两个方面。

一是皇权神授的天命观。与欧洲的神权高于王权不同,中国乃农业大国,农业的特性促使民众更加务实和安于现状,人们寄希望于以现实的皇权保障农业收成,宗教观念一直比较淡薄,皇权高于神权。中国地域辽阔,普天之下莫非王土,皇帝拥有至高无上的权力,深居简出,增加了神秘感。皇帝作为皇权的占有者,是上天意志在现实世界的代表,皇权合法性需要以民生为基础,正所谓得民心者得天下,失民心者失天下。经由自然崇拜到敬天敬祖,再发展到对王权神化的一系列过程,最终王权借助皇帝、宗祖强化了自身的权力。皇帝颁发的圣旨写着"奉天承运"。皇权神授为君主的权力赋予了合法性,以此压制民众叛乱的可能性。皇权的合法性再经由文官体系和乡绅自治来得以落实。基层社会治理以乡绅群体为代理人,在村落共同体中通过儒家学说来稳定基层社会的基本秩序。

二是祭祀制度,包含祭礼制度和祭祖制度。第一,为论证皇权天命观的合法性,国家设置了一系列祭礼制度。自秦汉至明清,祭天与祭地成为封建王室必备的政治仪式。历朝历代不论是皇帝登基、册立太子、册立皇后,还是皇帝出征、重大节日,都须祭祀上天。即使是元代、清代等异族君王，也会采纳汉制旧俗。祭地是社祭，除了祭拜与农耕有关的地神，还要祭拜地界神灵社神。社是土地的象征，社与五谷之长的稷相连，称为社稷，代表农业，而农业的稳定又关系到王朝兴衰，于是社稷演变为古代国家政权的代名词，也成为王朝的重要祭祀对象。永乐年间修建的天坛和明代嘉靖九年修建的地坛，成为明清帝王祭祀的重要场所。在表征皇权制度的政治空间中，通过皇帝的虔诚祈祷，勾连了皇帝与上苍、大地以及普通民众。而小农经济看天吃饭的特性也决定了农民对天地的虔诚与敬重。皇权的祭天祭地仪式又被民间所传承，只是在祭祀的种类、程序、仪式、场所、规模等方面更具乡土化色彩。第二，祭祖先制度。在祖荫庇护的农耕时代，死亡并不使人脱离社会，相反，死亡让人获得一个新角色，祭祀、牌位表征的正是活着的人同看不见的人的彼此沟通的中介。① 祠堂，不仅成为日常供奉和祭祀祖先的重要场所，也成为家族教化和处理家族日常事务的公共空间。因此，祭祀制度发挥着政治合法性与社会教化的功能。

二 传统乡村的空间布局与分层治理

空间是一个多重功能的复合体系，在不同微观空间的要素分布代表了国家治理的基本秩序。国家空间治理不但与内部阶层的人员身份联系在一起，国家内部的秩序稳定还主要基于国家内部诸多要素在空间中的合理分布。② 从传统的城市和乡村的空间分布可以窥见，东西方国家同样致力于实现国家空间布局与阶级治理之间的紧密联系。通过对职业高低贵贱的划分，将整个国家划分为士农工商四大阶级，并对

---

① [美]罗杰·M.基辛：《当代文化人类学概要》，北晨编译，浙江人民出版社1986年版，第122页。
② 茹婧、杨发祥：《迈向空间正义的国家治理：基于福柯治理理论的谱系学分析》，《探索》2015年第5期。

第二章 从伦理空间到治理空间：城乡社区的空间转型与治理谱系

每大阶级的空间分布进行了划分。皇帝和为皇帝服务的官僚阶层属于顶层，生活和工作的空间集中在城市和皇宫内。城市中戒备森严、高墙围绕的皇宫是皇权的空间象征。明清时期的紫禁城，更是空间政治的集中反映。紫禁城坐落在北京城的中轴线上，以高墙大院组织起来，突出了以皇权为中心的统治理念。而作为底层的工匠和商人需为皇宫和权贵阶层服务，则生活在都市郊外。作为农业大国的农民，因耕地的生产因素，需居住在乡村。这种城乡空间的阶级划分，使得各阶层各司其职，各守其位，保障了国家内部的有序稳定。

除了以阶层分化为基础的国家空间治理外，城市和乡村不同的生产方式和生活方式也生产了不同的生活空间布局，这种生活空间布局体现出"特定历史背景和多功能用途下的多样化建筑形式"[1]。多样化的宗教、宇宙观与"权力的文化网络"会不同程度地影响日常生活的空间布局，以达到一种社会秩序的实现。中西方学者比较注重考察传统城市和家庭空间的布局，在米尔恰·伊利亚德看来，古老文明如罗马、印度、伊朗和中国等国家的城市和家庭空间反映了以宗教为中心的格局。而传统家庭的空间布局，则侧重神圣的自然和家庭生活的秩序的和谐。事实上，家庭空间的布局可概括为"一种将仪式、政治和宇宙观转移为空间元素的机制，使之能在日常生活中被感受和吸收"[2]。无论是城市还是乡村的家庭，古老社会的空间布局都是将空间作为一种背景与结构，通过基本的生产活动与仪式感的互动达成自然与人类社会的和谐。究其原因，则在于农耕时代，自然在人类生活中占据主导性地位，人类需要看天吃饭，对自然空间的神圣意义不容置疑，对自然的敬畏感随处可见。空间布局提供了一种宇宙观的网格，强化和

---

[1] [澳]薄大伟：《单位的前世今生：中国城市的社会空间与治理》，柴彦威等译，东南大学出版社2014年版，第20页。
[2] [澳]薄大伟：《单位的前世今生：中国城市的社会空间与治理》，柴彦威等译，东南大学出版社2014年版，第21页。

规定了日常社会互动和宗教互动的仪式实践。①

而中国传统乡村社会空间布局，与城市空间布局相比，更加突出了小农生产方式和家族交往、祖先庇护的仪式实践。天人合一的宇宙观决定了传统乡土空间神圣与世俗的和谐共存。院墙的封闭性和建筑内部的摆设将神圣与世俗做了明确的划分。在这些空间中，人们的语言表达、礼仪姿态、行为表现以及交往方式都要严格遵从神圣文化或家族文化的规范，否则会被视为对神圣或集体的亵渎。

乡村空间首先是生产空间，空间安排以满足农业生产需求为核心。土地，为农业社会之命脉。以种植为主的土地是神圣与世俗合二为一的空间。自然地理空间为人们生存和发展提供了地理环境和生态资源。因此，为便于耕种，乡村的生产空间与居住空间是毗邻的，农民常常择良田沃土和临水而居。以血缘家族网络聚居为主的村庄则是乡村治理的空间载体。主姓家族往往占据村里的有利位置，选址建房，修建院落。村民们在修房前会请风水先生选址，坐北朝南、依山傍水、视野开阔被视为最佳的房屋方位，有利家族兴旺和诸事顺达。由此形成了依南北向轴线、用房屋围成院落的村落布局形式。村民的房屋多会遵循当地的自然条件、建筑风格和生活方式进行设计和修建。家族聚居的居住状态，使得村民的人际交往多发生在"差序格局"之中。

农耕空间是乡村治理的基础，祠堂空间的教化与祭祀等诸多功能也需要为农耕空间的基本生活服务。农村社会的治理核心就是土地的所有权。早期而言，祠堂空间是以血缘家族网络聚居为主的村庄的精神和文化空间，体现出家国治理的同构性。但祠堂空间实质则是中国宗族组织制度建设的空间表征，其目的在于重塑基层治理秩序，这在宋代土地大流转的时期就显得更为重要。在宋代，由于农户的劳动力

---

① ［澳］薄大伟：《单位的前世今生：中国城市的社会空间与治理》，柴彦威等译，东南大学出版社2014年版，第22页。

第二章 从伦理空间到治理空间：城乡社区的空间转型与治理谱系

和土地配置具有不稳定性，社会急剧分化为地主、富农、中农、佃农以及雇农等不同的阶级，作为基本生活资料的土地，其所有权陷入了快速流转过程，形成了"千年田，八百土"的态势。张载由此提出了重建宗法组织的主张。宗法制度就要求以共同体①来重建。② 宋代以来的乡村建设中，宗族作为国家倡导的基层治理单位得到承认并受到大力推广。

宗教仪式空间是以佛教、道教为载体的公共生活与民间信仰的实现空间。四川村民大多信佛教或道教。庙宇或道观里供奉着观音菩萨、玉皇大帝、文殊菩萨或者道教祖师爷等各路神仙，一年四季香火不断。每到初一、十五，村民们会去村里或邻村的庙宇或道观拜神，恳请仙人保佑家庭健康平安。神圣空间除了存在于公共空间外，还再现于家庭空间。家庭房屋的大厅上方，供奉祖宗牌位和各路神仙雕像，墙上的红纸写着"天地君亲师"等字样，由此建构起天与地、活着的人与死去的人之间的联系。每逢初一、十五，就要给祖宗和神仙上香和进贡。因此尽管家庭空间是世俗的，但神圣空间仍不能侵犯，神圣空间的实践活动也需要受到限制。

生产空间、生活空间、文化空间的均衡布局构成家庭—皇权—天道同构的中华文化纽带和精神支点。在韦伯看来，中国城市是透视国家权力与基层社会间的权力分配的重要维度，"中华帝国正式的皇权统辖权只施行于都市地区和次都市地区，城墙之外的中央权威则大大地减弱乃至消失"③。乡土社会空间是一种自治的道德秩序之物。国家与乡土民众的互动极为有限，仅仅发生在纳税、服役与打官司方面。唐

---

① 这里的共同体是指，凌驾于家庭之上的，比三代家庭更大的宗族组织，为稳定社会、为宗族内部的各个家庭提供必要的公共品。
② 曹锦清：《历史视角下的新农村建设——重温宋以来的乡村组织重建》，《探索与争鸣》2006年第10期。
③ [德] 马克斯·韦伯：《儒教与道教》，王荣芬译，商务印书馆2003年版，第148页。

中期及宋代以降，"随着社会再生产的扩大和人口规模的扩大，以垂直方式实现社会控制变得越发困难，国家治理的理念与实践开始发生重大转变，由秦汉的'自上而下'为主导转向了'自下而上'为主导，在实际治理中是对基层社会的层级管控和间接治理，由胥吏群体、士绅宗族组织等中介力量，实行基层乡村自治。也就是学者们概括的'皇权不下县、乡村自治'的治理理念"①。这种治理方式一直延续到明清及民国各时期政府。到民国初期，"权力的文化网络"实现着对乡村生活世界的内生性构建。

第二节 中国共产党对乡村社会空间的介入与整合

一 革命时期乡村社会的空间变革

传统中国基层治理的体系具有一定的历史合理性，是基于生产力与生产方式的现实选择，但当外部环境发生变化时，传统治理体系无法自我更新，面对外来挑战的时候，其弊端就显现无遗，这集中体现在国家缺乏对乡土社会的动员和整合能力。从西方现代国家的视角判断，尽管从整体上中国是一个国家建制单元，但并没有成为一个体系，在面对外敌入侵时，国家内部的各个要素如土地、税收以及相关的管理体制都相对散乱、孤立，各个要素无法形成合力来应对西方的挑战。村落是自主治理，民众对国家的认同体现在精神层面，具体的物质生活则局限在村落范围之内。村落社会受制于交通、通信等技术的落后，当国家遭受危机时，基层社会的感应较为迟钝。相对于国而言，村落更关注家，国与家之间更多是一种想象。由于缺少物质等具体内容的

---

① 杨敏：《"国家—社会"互构关系视角下的国家治理与基层治理——兼论治理技术手段的历史变迁及当代趋向》，《广西民族大学学报》（哲学社会科学版）2016 年第 2 期。

第二章　从伦理空间到治理空间：城乡社区的空间转型与治理谱系

规定，二者之间缺乏关联性。这也决定了无论是抵抗外敌入侵还是建设新中国，焦点都在于如何将民众有效组织起来，而这个重任则是由中国共产党完成的。中国共产党带领人民建设现代国家的过程也是对基层村落空间的整合过程。

　　基层社会空间整合的核心是重建农村的生产关系，通过土地革命来为构建现代国家打下根基。马克思在《共产党宣言》中雄辩地指出，一切历史都是阶级斗争史。现代国家构建过程中也都暗含了一条主线，即民众对自由与权利的争取。在孙中山看来，人民"为自由而革命"，这是西方国家构建的根本动力，但在中国则恰恰相反，农村社会是"一盘散沙"，建立现代国家的前提则是"革自由的命"。① 中国农村的空间整合也经历了一定的曲折。早期的中国革命试图模仿巴黎公社与十月革命的成功经验，对城市工人进行组织整合，进而通过城市暴动和武装起义夺取国家政权。但由于敌我实力对比悬殊，城市中心论在现实中遭遇了挫败，中国革命由此从城市转向农村。在毛泽东看来，中国现状决定了革命成功需要充分利用城乡政治、经济空间发展的不平衡，以及帝国主义与军阀之间的矛盾，在乡土空间和敌对势力统治薄弱的农村建立革命根据地，并对群众进行动员和整合，进而为夺取政权奠定了物质与组织基础。土地问题自古以来都是国家治理的核心问题。乡土空间整合的实质是改造了土地与农民的关系，废除了地主土地所有制，实现了农民土地所有制。在中国共产党的带领下，传统的"一盘散沙"的乡土社会被整合进了高度组织化的政治社会。② 散落的农耕空间被植入了政治意识，进而被改造成高度组织化的政治空间。中国共产党领导农民进行的乡土空间整合为抵抗外敌入侵、建立

---

① ［日］沟口雄三：《中国的历史脉动》，乔志航、龚颖等译，生活·读书·新知三联书店2014年版，第7页。
② 黄成亮：《当代中国"国家—社会"关系的辩证法——以政党行动为中心的分析视角》，《湖北社会科学》2019年第4期。

新中国打下了坚实的基础，也进一步构成了未来基层空间治理的约束维度。

二 建设时期村落空间的再组织化

革命时代通过农村包围城市的空间整合是建立独立自主主权国家的前提，新中国成立之后，国家治理的主要矛盾也随即发生转变，最为主要的矛盾就是如何尽快实现从落后的农业国向工业国的转变，核心词就是"赶超"。毛泽东在1956年8月30日党的八大预备会议举行的第一次全体会议中发表了"赶超论"，提出要在1956年社会主义生产改造完成以后，再花五六十年赶超美国的设想。

任何一种治理体系都需要以现实条件为依据，作为后发现代性的国家，中国无法效仿西方通过殖民地与海外市场完成资源的原始积累，这就决定了中国必须选择符合自身的发展道路，从而在短时间内完成赶超战略。① 内外部条件的限制展现了社会主义中国的空间战略与西方资本主义的空间实践的两种进路。在列斐伏尔、哈维等新马克思主义者眼中，资本主义发展的密码以及解决危机的关键在于资本通过空间生产来加速资本积累，对外贸易和海外殖民扩张使得资本主义全球性空间成为可能。而起步较晚的社会主义国家中国，在全球空间已被霸权国家支配，而自身资源又被消耗殆尽的前提下，其生存和发展的唯一方式只有通过内向型的空间生产来实现资本原始积累。②

中国社会的主体在农村，不但养育了最多的人口，同时也是生产剩余的主要来源。新中国成立初期，《中华人民共和国土地改革法》

---

① 曹锦清：《怎样认识巨变中的中国》，爱思想网，2004年7月4日，http://www.aisixiang.com/data/578-3.html。

② 茹婧：《空间、治理与生活世界——一个理解社区转型的分析框架》，《内蒙古社会科学》2019年第2期。

明确规定,"废除地主阶级封建剥削的土地所有制,实行农民的土地所有制,借以解放农村生产力,发展农业生产,为新中国的工业化开辟道路"①。国家通过自上而下的政治过程,派遣工作组,依靠群众路线深入乡村社会,通过对阶级成分的划分,对小农家庭功能的消解,以及动员个体和家庭入社,最终建构起一个"政经社一体化"的人民公社组织。人民公社作为国家政权的空间表征,是一种集教化、分配和管理机制为一体的政治经济空间,目的在于建设新生政权。公社体制自上而下规范着乡村空间的行动边界与资源分配。乡村生活世界呈现泛政治化特征。人民公社体制下的资源分配原则体现出"先国家,后集体"的特征。② 1958年户籍制的确立强化了城市空间和乡村空间的二元分类体系。城市空间和乡村空间有着各自的生产分配体系、运作逻辑与社会关系。特别是乡村空间,虽然是国民经济体系中的重要保障和根基,却沦为次等的生产空间。在规制型治理建构的工具空间中,个体和家庭被暂时性地压抑,国家成为人民生活世界的主导者。③

第三节 改革开放初期乡村空间的制度革新

集体化时代的农村空间治理体系以集体制—农民—土地空间为中心,随着社会主义改造完成,农村土地集体所有制导致了乡村传统的公共空间与私人空间完全被国家意志主导。④ 20世纪70年代末,随着

---

① 中共中央文献研究室编:《建国以来主要文献选编》第二册,中央文献出版社1992年版,第511页。
② 张乐天:《告别理想:人民公社制度研究》,上海人民出版社2005年版,第271页。
③ 茹婧:《空间、治理与生活世界——一个理解社区转型的分析框架》,《内蒙古社会科学》2019年第2期。
④ 茹婧:《空间、治理与生活世界——一个理解社区转型的分析框架》,《内蒙古社会科学》2019年第2期。

世界主题从冷战转向和平与发展，中国亟须融入世界分工体系，加速社会主义现代化建设，农村社会空间治理体系也随之发生了两个重要转向：第一，集体化制度向家庭联产承包责任制转变；第二，由政治主导的空间改造转向以经济为中心的空间发展。

一 家户生产单元的回归

集体化时代的乡村空间是一种特殊的空间，即"这一时期特殊形式的集体生产生活的公共空间，是行政力量支配下的具有均质化特征的公共空间和意识形态控制下具有权力化特征的公共空间"①。改革开放后，集体化让位于家庭联产承包责任制。这个阶段，农村的生产生活开始了由村集体向家庭回归。然而，这种回归不是简单地回到传统中国的家户制的治理模式，而是在新的历史阶段对传统家户制的扬弃，其内涵已经发生了重大的变化。

家庭联产承包责任制的实施内嵌于中国现代化道路选择之中，家户制—集体化—家庭联产承包责任制这一基层治理变革进路体现了历史与逻辑的统一。集体化制度是对传统小农生产低效、无组织的第一次否定，家庭联产承包责任制则是对集体化时代的再否定，整齐划一的集体空间转变为家户主导的自主空间的生产模式。人民公社体制下土地集体所有、集体经营的旧的农业耕作模式被终结。土地集体所有权与经营权的分置，最大限度地调动了民众的生产积极性，农村经济格局被彻底重构，进而奠定了经济发展和后续改革的基础。这被邓小平称为中国农村改革与发展的"第一次飞跃"。

事实上，农村家庭联产承包责任制的改革之所以迅速被接受，很重要的一点是这项改革是典型的"帕累托改进"，改革中有明确的群体

---

① 王春程、孔燕、李广斌：《乡村公共空间演变特征及驱动机制研究》，《现代城市研究》2014年第4期。

第二章 从伦理空间到治理空间：城乡社区的空间转型与治理谱系

受益，但又没有别的群体利益受损。① 这样的利益增量建立在新的空间治理基础之上，主要体现在两个方面：第一，导致了同一空间内土地使用权与土地所有权的分离，从而将束缚在土地空间的劳动力解放出来。② 集体化时代，城乡分割治理导致了劳动力效率无法发挥到最大值，村落土地资源的紧缺与劳动力的富足导致了农业生产的低效，生产力潜能没有得到充分释放。土地承包到户之后，劳动力被大量释放，整体上推进了生产力的发展。第二，劳动力的空间流动。村落包产到户这一决策与国家改革政策高度协同。农村劳动力被解放出来的前提是有新的去处。20 世纪 70 年代末，随着国家经济特区大力推动招商引资工作，工业生产部门消化了大量的农村劳动力，劳动力与工业化的生产资料相结合，加速了国家经济发展与现代化的建设步伐，世界工厂也因此而得名。

二 从政治挂帅到经济理性：乡村社会主导规则的变迁

改革开放是一场社会整体性变革，全能主义的式微以及制度的松绑激发了村落社会的主观能动性。农村社会的主导规则开始从政治挂帅向经济理性转变。基层不断释放出自身的潜能，农村不只是农业的生产空间，农民的生活不再局限于集体化时代的劳动剩余，而是以乡镇企业为载体投身于工业化、市场化的竞争浪潮。同时，生产力与生产方式的改变促成了农民理性的变化，村落的政治空间的意蕴逐渐让位于村民之间的经济理性，整齐划一的公共空间逐渐向碎片化的经济空间转变。

集体化时代，农业生产要以计划经济自上而下的规划性意见为根据；

---

① 蔡昉：《从摸着石头过河谈起》，《经济》2014 年第 9 期。
② 黄成亮：《近代中国国家空间治理转型的实践逻辑——兼论新时代背景下空间治理均衡机制的创新》，《兰州学刊》2020 年第 7 期。

而市场化改革后的生产模式则以市场为导向，以自身利益为出发点。1985年年初，中共中央发布了《关于进一步活跃农村经济的十项政策》的"一号文件"，政策终止了30年以来农副产品统购派购的制度，强调了强化家庭联产承包责任制并要求进一步系统化，从产业结构调整、鼓励人才流动、加强小城镇建设到支持乡镇企业等十个方面活跃农村经济。1986年的"一号文件"《关于一九八六年农村工作的部署》，不但明确了农业在国民经济中的基础地位，还要求进一步深化农村改革。

  国家权力逐渐退出后，为乡村生活世界的自主性留下了空间。村落"自由活动空间"持续扩展，并开始行使对资源的支配权和占有权。乡镇企业在农村开始蓬勃发展，这是对城乡二元空间壁垒的第一次突破。市场的各种要素与资源不断得到整合。市场机制的嵌入与城乡空间壁垒的瓦解，使村落空间逐渐产生分化，开始用市场经济的逻辑去选择超越乡村的社会关联，以一种独特的离土不离乡的方式投身于工业生产。乡村工业的发展不仅结束了以往三十多年乡村经济徘徊不前的局面，大大加快了商品经济的进程，同时还引发了整个乡村社会的变革。[①] 与生产方式变革同步改变的则是农民的精神世界。建设时期的农村空间更多的是一种锻造社会主义新人的场域。市场的快速扩展淡化了革命理想主义热情，村落社会不再关注宏大叙事而是转向个体利益，重新为自主存在找到根基。日常农业生产方式下形成的农民理性在农业社会内部的功效是有限的，主要是生存理性，而这种理性以其惯性进入工商业社会后会形成扩张势态，产生一种农民理性与工业社会优势结合的"叠加优势"，释放出其在传统农业社会和现代工商业社会都未有过的巨大能量。[②]

---

  ① 沈关宝：《一场静悄悄的革命》，上海大学出版社2007年版，第1页。
  ② 徐勇：《农民理性的扩张："中国奇迹"的创造主体分析——对既有理论的挑战及新的分析进路的提出》，《中国社会科学》2010年第1期。

第二章　从伦理空间到治理空间：城乡社区的空间转型与治理谱系

第四节　"村改居"社区空间转型与社区自主性的生成

乡镇企业在推动工业化的同时，加速了农村人口向城镇的聚集，小城镇的公共事业与基础设施建设也快速发展，特别是与中心城市空间尺度较近的也逐渐向城市融合，但总体上还保持着农村的样态。"村改居"社区大量出现主要是因为政府推动的城市化。作为失地农民就地城镇化实现的空间载体，"村改居"社区的空间样貌在发展与治理的实践中不断被重塑。马克思把"城市化"理解为社会关系解体和重组的过程，城市化本质就是由以农业为主的传统乡村社会向以工业和服务业为主的现代城市社会逐步转变，现代城市空间是工业化结果的集中反映，表现为人口聚集的密度加大、社会分工体系和产业结构的转变、土地利用的高效，以及城市地域空间的变化。[①]

一　社区空间转型的动力机制与空间分化

城镇化战略的快速推进，国家和市场两大外生动力与村庄内生资源的有效衔接，促成了20世纪90年代以来"村改居"社区的快速发展。作为一种过渡型空间治理形态，伴随着结构转型和制度变革，一种新的社会关系和新的社区治理实践成为可能。

2019年12月23日，《四川省人民政府关于同意成都市调整龙泉驿区等15个县（市、区）部分乡镇行政区划的批复》（川府民政〔2019〕24号）撤销A镇，设立A街道，以原A镇所属行政区域为A街道的行政区域，A街道办事处驻F社区JH路217号。F社区位于成都市西郊，地处A镇中心区域，辖区面积2.34平方千米，北邻新都区

[①] 李春敏：《马克思的社会空间理论研究》，上海世纪出版集团2012年版，第14页。

大丰镇，南接郫都区犀浦镇，东南与成都市金牛区洞子口相邻，距成都火车站仅5千米。全区耕地面积894亩，境内河网密集，生态优美，成都市母亲河——锦江穿境而过，也是东风渠的发源地，是成都市重要的水源涵养地和都市绿肺。

社区共有14个居民小组，其中涉农小组5个。本地居民有7个居民小组划地安置，1个居民小组一半划地安置一半散居，另外3个居民小组，大概780人安置在YD村，户籍为F社区。社区党委辖3个党支部，11个党小组，党员137人。F社区人口众多，人员结构复杂，共3.1万余人，有居民1876户，户籍人口5700余人，外来人口28684人，外来人口占辖区总人口的80%以上，逐渐形成了一个以外来人口为主的社区。其中一网格约4300人，二网格约3200人，三网格约3100人，四网格约3500人，五网格约3100人，六网格约3800人，七网格约4800人，八网格约3200人，九网格约3500人，十网格约3000人。居民受教育程度整体偏低，91%的年轻人具有高中或大专以上文凭，89%的中老年人为小学、初中文化水平。职业构成方面，本地居民主要是农转非居民，以往职业主要以农业、外出务工，征地拆迁后，主要靠出租自建房、出租土地或开家庭作坊为生，居民人均年纯收入稳定在20000元以上。社区人口中80%为外来人员，外来人员中一类是有一定经济基础的，在当地做生意，比如经营餐饮店、物流公司等，这类人群在当地收入还比较可观；另一类是在当地做散工，比如木料加工厂员工、搬货工等，收入不稳定。辖区配套设施相对完善，街道办事处、学校、卫生院、消防队均在社区有驻点。F社区属经济较发达区域，蜀绣产业等特色产业发展迅速，近年来招商引资成绩突出，现有交通机械厂、不锈钢厂、建筑有限公司、餐饮公司等大型企业。社区主要街道8条，出租房屋3603套（6470间），商铺2035间。社区有9个商业小区。社区自建房改建的"三

第二章 从伦理空间到治理空间：城乡社区的空间转型与治理谱系

合一"场所387家，主要分布于居民安置点位内。①

"村改居"社区是承接城市化建制变革后，维护政权合法性和社会控制的重要且基础性的存在。乡村自治是在一种相对封闭的、内化的、独立的社会空间中实践的。乡村内外的空间边界是明确的，乡村与城市之间的普遍的交换关系和治理关系没有建立。而在周边乡村土地被征用后，社区的空间生产蕴含于城市空间生产的总体框架之中。如果说资本是资本主义空间生产的核心，那么权力则是社会主义空间生产的关键。正是地方政府在城市规划过程中，基于对城市空间宏观规划的考量，进而引起城郊空间的转型与重构。这种转型与重构涉及居住空间、文化空间、服务空间、生产空间、生态空间等方面。社区在转型过程中呈现出同质性与异质性、流动性与固定性并存的空间特质。社区空间转型过程中必然面临空间分化问题。

社区划定了行政管辖和日常生活的领域，并从空间的角度建构了国家与基层社会之间的关系。在吉登斯看来，"现代性的动力机制派生于时间和空间的分离和它们在形式上的重新组合，正是这种重新组合使得社会生活出现了精确的时间—空间的'分区制'，导致了社会体系（一种与包含在时—空分离中的要素密切联系的现象）的脱域；并且通过影响个体和团体行动的知识的不断输入，来对社会关系进行反思性定序与再定序"②。不同的空间范围在日常生活中代表了不同的社会领域，而不同的领域都有一系列不同的社会特征与运作规则。

F社区居民中，本土人员与外来人员的比例将近1∶10，人员结构复杂，文化差异巨大。村民迁入社区集中安置后，面临新环境的适应

---

① 该部分有关人口、商家等数据来源于社区2018年的内部调研资料。
② [英]安东尼·吉登斯：《历史唯物主义的当代批判：权力、财产与国家》，郭忠华译，上海译文出版社2010年版，第14页。

问题，加之地域文化、民族差异和宗教信仰等因素，存在社区居民沟通交流不畅、社区融入度不强、邻里不和等问题。

在空间转型阶段，空间被视为人类改造生活世界的手段，空间的交换价值遮蔽了空间的使用价值。土地征用导致了传统家庭空间的裂变。空间分化诱发邻里空间冲突和阶层隔离。转型空间新旧体制衔接缓慢，违规空间凸显，村集体资产纠纷，村干部牟利，社区空间公共性缺失，生活世界呈现无根化。要解决这种生活世界的内在性和权威的超然性的现代冲突，需要建构一种新的治理、空间与生活世界的协同秩序。①

二 社区治理主体性再造

城市化中的"村改居"社区本身就是从"自在空间"向"人化空间"的转型。在城市化进程中，空间本身根植于规划与治理实践中。因此，首先，需要简要考察"村改居"社区建制后的空间变化及治理主体性生成；其次，需要考察成都市社区治理体制探索实践以及社区"两委"班子的治理理念转变及对社区治理的作用，以此显示这些如何推动了社区空间重构与协同治理机制的逐步形成。

主体性命题主要用于讨论作为"启蒙运动以来西方哲学思想的具有自我意识和独立性的主体"②。个体的自主权不应被看作是一种自然的、普通的人类特点，而应该是与持续两个世纪的西方自由主义相关联的实践、知识和权力关系复杂交织的结果。个体自主权的观念鼓励个体通过自我意识和自我认识实践自我约束，而自我约束则是自由模式政府运作的必要条件。③ 马塞尔·莫斯指出，个体化自主意识来源于

---

① 茹婧：《空间、治理与生活世界——一个理解社区转型的分析框架》，《内蒙古社会科学》2019 年第 2 期。
② ［澳］薄大伟：《单位的前世今生：中国城市的社会空间与治理》，柴彦威等译，东南大学出版社 2014 年版，第 40 页。
③ ［澳］薄大伟：《单位的前世今生：中国城市的社会空间与治理》，柴彦威等译，东南大学出版社 2014 年版，第 40 页。

第二章 从伦理空间到治理空间：城乡社区的空间转型与治理谱系

启蒙运动的西方文化，而非西方社会，个体认同通过血缘关系、仪式、经济交流等各种关系，与群体认同紧密相连。① 因此，中国的主体性建构与西方的主体性命题有不同的特性。尤其是在国家治理的范畴下，即使经过了中国传统文化的式微和西方文化的强势侵入，与中国传统家庭和毛泽东集体主义时代的单位一样，中国的社区治理仍然是"趋向于推动集体而不是个体形式的主体性"②。随着基层治理现代化的推进，"村改居"社区的制度形成和集体主体性之间有着明确的联系，社区的主体性作为组织化实践的基础逐渐生成。

社区体制的崛起是流动社会和经济发展不可避免的结果。尽管曹锦清等人断言，"从计划经济转向市场经济，一定程度上意味着是以抽象的整体利益为主的单位组织形态向以具体的个人利益为导向的契约组织的运动过程"，但是在市场经济逐渐完善的过程中，社会秩序的维护仍然需要组织来发挥管理的作用。而在中国后单位时代，这一角色转由社区来扮演。社区，作为一种准单位，"它重新确认了集体身份和集体照顾其成员的职责"，承担起复杂的政治、文化和社会功能。当社区发展逐渐成熟，并被居民所认同时，就赋予了其成员一种标志着中国传统家庭关系中或单位体制中的集体身份。

尽管这种社区集体主体性源于对传统的继承，产生了集体身份，但它的集体性仍需要被建构在国家治理现代化和人民生活共同体的大的集体框架中，但它改变了传统儒家家庭模式和集体主义的单位体制模式，力图保持一种适度的集体与个体的关系，赋予个体更多的自由。与单位以生产为基础的组织形式不同，社区更主要是以生活为基础的一种共同体。

---

① ［澳］薄大伟：《单位的前世今生：中国城市的社会空间与治理》，柴彦威等译，东南大学出版社2014年版，第40页。
② ［澳］薄大伟：《单位的前世今生：中国城市的社会空间与治理》，柴彦威等译，东南大学出版社2014年版，第40—41页。

社区治理的最大阻碍是社区在缺乏一定的经济自主权的情况下，如何有效地将流动社会中的个体整合进社区。由于社区居民的职业利益关系与社区分离，社区无法为居民提供类似单位的集体福利保障，居民与社区之间的关系本身是存在断裂的，必然存在身份认同问题。社区"治理术"的核心理念在于"通过直接的规划干预，能更好地对经济和人口进行理解与管理"[①]。社区治理的创新，根本上是试图创造出一个集体环境，将居民的日常生活与社区紧密相连，加深居民的社区归属感，进而巩固党的执政基础。治理技术的显著转型，莫过于社会组织的出现。社会组织积极参与社区服务项目申报，在项目服务过程中不断调适自身与社区的专业关系。新的生活共同体的营造，通过挖掘与赋能积极分子参与，进而动员居民参与，构建广泛的社区社会支持网络。政府力图通过社区治理理念的倡导和治理空间化的规划，推动流动社会中人的主体的生成。一种新时代的社会主义的价值观和生活方式可以得以实现。

街道试图通过治理的知识生产来检视社区的空间矛盾与治理困境。社区治理的困境还在于社区工作人员治理意识和治理能力的不足，因此，培训社区工作人员治理知识、社区工作者专业知识成为推进社区治理的主要手段。F街道出台城乡社区规划体系来为治理辖区内的社区提供统一化、标准化、体系化的规范依据，进而要求社区按照规划，结合自身社区的资源与需求，展开空间的治理实践。随着经济的不断发展和人民生活水平的提高，人们对社区的要求越来越高。随着城市化进程的加快，以流动人口、环境污染、治安问题、公共服务问题、社区认同问题等为核心的社会问题逐渐成为社区治理的中心。因此，近年来，以提升基层治理体系和治理能力现代化为目的的各种街道级

---

① [澳] 薄大伟：《单位的前世今生：中国城市的社会空间与治理》，柴彦威等译，东南大学出版社2014年版，第89页。

第二章 从伦理空间到治理空间：城乡社区的空间转型与治理谱系

发展治理规划、社区发展治理规划被作为基层社会改革创新的手段。城市规划的原始意义，正如其与社会主义思潮的复杂关系，不是权力的工具而是为人民谋幸福的工具。霍华德的社会城市、格迪斯的生态城市，都显著地体现了这一点。①

为了实现基层治理现代化的目标，地方政府积极培养年轻的社区干部。F社区"两委"成员6人（包括1名社工专干），治保主任1人，团支书1人，后备干部1人，专职协管员1人，网格员10人，大学生志愿者1人。各居民小组长和妇女小组长共计26人，社区专职安全员3人，联防治保队员10人。社区"两委"干部平均年龄35岁，大学学历以上者占85%。社区班子整体比较年轻，易于接受新事物、新知识。为提升其治理能力，地方政府运用一系列技术手段加强对社区干部及其工作人员的培训。通过集中培训学习，不仅能够革新社区干部及其工作人员的治理意识，也可以不断提升他们动员和组织居民的能力。这些培训课程涉及基层管理与基层治理实践的方方面面，比如政策法规、安全生产、环境卫生治理、居民日常生活服务、社区教育、社区疫情防控、社区维稳等。在地方政府看来，社区干部和工作人员必须在政治、经济、文化、社会等领域不断地学习，其中掌握社区治理的基本原则和方法非常重要，以此可实现治理效能最大化。2018年前，社区"两委"班子对社区的资源和需求认识不足，自治能力不足，且社区宣传很局限。2018年以后，经过赋能的社区干部开始积极动员、招募和培育社区骨干和社区积极分子，并通过自组织能力提升的课程教育，培养其自治的能力。社区干部通过对社区公共服务和社会管理资金的资源分配，获得了社区自组织对社区的认同。

近年来，F社区在社区年轻"两委"班子成员的带领下，逐渐实

---

① 胡大平：《20世纪城市之"否思"及其启示》，《华东师范大学学报》（哲学社会科学版）2019年第5期。

现了社区共商共建共享。与以往的社区管理实践的区别在于，社区干部角色的转变与社区动员组织策略和形式的改变。20世纪90年代社区行政化的趋势带来的是社区干部对街道负责，需要与上级之间密切联系，而与群众之间的关系日益疏离。21世纪社区治理现代化的践行，使得社区干部需要与社区骨干、普通居民之间保持密切的往来，并动员他们以组织的方式参与社区的公共服务。因此，强化了社区干部对群众负责的意识。

社区干部和工作人员的服务意识和治理能力的提升，成为基层治理运作的核心。一种重要的治理单元，即社区治理共同体，围绕着社区干部队伍建设、自组织建设以及社区自治的迫切需求，开始成为新时代中国基层治理的基础场域。社区的主体性地位由此得到了不断提升。

小　结

"村改居"社区是处于一定的历史流的多方合力构建而成的社会矛盾的表现场所。在小农中国、土地集体制以及家庭联产承包责任制的不同阶段，村落空间作为一个农业生产空间，是在伦理、传统和意识形态不断碰撞中塑造而成的，是不同力量的博弈场所，治理主导规则也随着内外部环境的变化而改变。在村落空间中，"支配时间的方式，其特征就在于使用和使用价值"①。而城市化则加剧了传统村落的瓦解，并使传统村落的特征不断分化和转型。在史无前例的大规模的社区重建中，使用价值尽管并没有完全消失，但交换的价值正无限扩张和普遍化，由此一种广泛的社会关系解体了，与之相伴的则是一种新的社

---

① [法]亨利·列斐伏尔：《空间与政治（第二版）》，李春译，上海人民出版社2008年版，第53页。

第二章 从伦理空间到治理空间：城乡社区的空间转型与治理谱系

会关系的产生。确切地说，"村改居"社区正是在村落的分化和瓦解的过程中产生的，它表现出了更为多重意义的矛盾。通过追溯村域空间治理谱系，我们可以看到，一个"村改居"社区的空间规模、结构、形态在不同时期经历了不同的变化、瓦解、转型和整合。正如多琳·马西指出的："发生重大经济社会变迁的时期，通常也是发生重大空间变化的时期。"①

与传统村落不同的是，"村改居"社区更为强调"集中和同时性"，并通过"构成性中心、作为集合的场所的空间、建筑物"② 等表现出来，由此树立了自己的权威。社区中最主要的空间领域为政权的领域和日常生活的领域。前者通过政策、资金、平台、场所、党群中心等物质和非物质形式，强化政权的合法性，界定了社区合法性的空间，并且通过社区日常行政事务和自治事务的处理，保证了社区空间的秩序。后者则通过传统儒家礼文化和社会主义核心价值观的融合生产，形塑了基层日常生活的秩序。在接下来的各章里，将着重探讨治理实践中的空间，分析在城市化进程中"村改居"社区深层的空间矛盾与挑战，并通过社会治理共同体的注入为探讨一种可持续的、与城市共生的社区发展治理之道提供想象。

---

① [英] 多琳·马西：《劳动的空间分工：社会结构与生产地理学》，梁光严译，北京师范大学出版集团、北京师范大学出版社2010年版，第11页。
② [法] 亨利·列斐伏尔：《空间与政治（第二版）》，李春译，上海人民出版社2015年版，第55页。

第三章

生态空间：从 GDP 主义到绿色空间治理的切换

现代城市的兴起与空间变革是现代性扩展的一体两面，在此过程中，包含了社会系统的变革，体现为生产力的迅速发展，手工业的兴起，社会分工的细化和城市空间的产生。农业与工业生产方式的日渐分离导致了整全合一的自然的消解和变化，自然不再是人类赖以生存和栖居的场所，反而成了人类理性规划和满足人类欲望的索取之物。正如马克思在《共产党宣言》里雄辩地指出："生产的不断变革，一切社会状况不停的动荡，永远的不安定和变动，这就是资产阶级时代不同于过去一切时代的地方。一切固定的僵化的关系以及与之相适应的素被尊崇的观念和见解都被消除了，一切新形成的关系等不到固定下来就陈旧了。"①

随着资本主义全球市场的开拓，资本引发的全球空间的生态危机促使空间成为地理学、社会学、政治学等学科的重要研究对象。地理生态学成为最早关注空间的学科，以芝加哥学派为代表的城市社会学推崇从生态学视角对城市发展进行空间结构考察，生态本位成为理解城市空间转向的基础。② 社会学家们试图从城市空间结构出发去探究城

---

① 《马克思恩格斯选集》第 1 卷，人民出版社 1995 年版，第 275 页。
② 蔡禾：《都市社会学研究范式之比较——人类生态学与新都市社会学》，《学术论坛》2003 年第 3 期。

市空间和市民生活之间的关系，以此寻找城市社会问题的解决之道。鉴于此，人与自然、人改造物质世界及其后果等一系列的问题就构成了空间研究的理论前提。在研究者看来，人类社会的发展与自然界的变化是相互依存、相互辩证的关系。社会的发展是人类实践的过程，是一个不停改造客观物质世界的过程，"经济的再生产过程，不管它的特殊性的社会性质如何，总是同一个自然的再生产过程交织在一起的"①。由此，空间不再是静止的存在，而成为资本流动与增值的载体，自然空间的资本化是资本积累到一定阶段的必然结果。资本的本性决定了资本具有空间性，社会关系的生产与再生产是资本与空间相互转化的内在机制，空间的物质存在形态使得空间具有向资本转化的潜在可能性。② 自然空间既是资本主义的物质前提和生产要素，同时，自然资源的有限性也在客观上划定了生产的限度。而资本无限积累和扩张的内在属性使其不断突破这个限度，从而实现利润的最大化，于是，矛盾不可避免地产生了。"由人与自然的冲突所导致的生态危机本质上是人类自身的危机，它是资本不断积累的必然产物。"③ 也正因如此，资本与人类自身生存形成了一个悖论，马克思悲哀地断定，作为资本主义内在的反生态性决定了生态危机是资本主义在自身框架内无法克服的。④

第一节 空间治理的实践谱系与生态空间观的兴起

早期的空间研究是与历史唯物主义批判紧密相关的，空间转向不仅是晚期资本主义发展变化的思想产物，也是回应西方学者对生产主

---

① 李春敏：《马克思的社会空间理论研究》，上海世纪出版集团2012年版，第102页。
② 张悟：《资本空间化与空间资本化》，《中国人民大学学报》2017年第1期。
③ 李春敏：《马克思的社会空间理论研究》，上海世纪出版集团2012年版，第104页。
④ 李春敏：《马克思的社会空间理论研究》，上海世纪出版集团2012年版，第104—105页。

义的质疑和西方批判理论逻辑演进的结果。从列斐伏尔的"空间生产"到苏贾的"第三空间";从詹姆逊的"后现代空间理论"到福柯的"异质空间",到哈维的"时空压缩",再到苏贾的"空间—历史唯物论",空间被从宏观、中观、微观层面不断地解构,同时也不断地将对空间的理解推进至纵深。

对于中国而言,"村改居"社区是城市化进程中的微观形态,但对其理解不能仅仅将视角限定于"村改居"社区本身,而"需要将其放置于总体性视角与历史制度主义视角展开。总体性视角意味着要将空间治理放置于中国特色社会主义道路中去思考"①。正如卢卡奇所指出的,"总体"的观念就在于把社会生活及其历史发展理解为一个有机的整体,所有局部现象或领域都是这个整体的因素或环节。② "村改居"社区空间是处于一定的历史阶段的社会现象,是处于农村与城市过渡带的模式,既非传统的乡村又不是现代的都市。生态空间理念的提出正符合中国特色社会主义发展道路的新要求,这也要求对社区生态空间的治理从两个维度出发:第一,社区生态空间内嵌于中国空间治理变革的历史进程,宏观空间治理政策变革决定了社区空间变革的路线;第二,澄清生态空间理念,提出所要回应的具体问题。

一 空间治理变革的实践谱系

中国传统的生产力发展水平与生产方式决定了人与空间的实践关系。在以小农生产为基础的帝国体系中,传统文化中所强调的"天人合一"注重人与自然和谐。人类的生产、生存决定了自然是我们必须敬畏的对象,人与自然是一直处于同一体系之中,是相互影响、

---

① 黄成亮:《近代中国国家空间治理转型的实践逻辑——兼论新时代背景下空间治理均衡机制的创新》,《兰州学刊》2020年第7期。

② [匈]卢卡奇:《历史与阶级意识——关于马克思主义辩证法的研究》,杜章智、任立、燕宏远译,商务印书馆1992年版,第55页。

第三章 生态空间：从 GDP 主义到绿色空间治理的切换

相互作用、不可分割的统一体。国家的治理理想体现在"风调雨顺、国泰民安"八个字之中。自耕农的稳定是帝国稳定的根基，一旦发生自然灾害，皇权的合法性就会遭到质疑，进而引发革命与改朝换代。所以，中国传统文化中的"赞天地化育""天地万物为一体"都显示了人与自然万物需要和谐相处。人尽管作为实践主体，具有主观能动性与改造自然世界的能力，但也必须以尊重自然世界为前提。传统中国的空间治理是以"天下"这一套文明价值与秩序作为治理理念的。在近代西方列强的冲击之下，传统帝国体系逐步走向瓦解。近代中国的国家空间治理观正是在救亡与发展的脉络中得以展开的。正如列文森所言："近代中国思想史的大部分时期，是一个使'天下'成为'国家'的过程。"① 对于国家空间治理的变革需要重新理解其在革命、建设与改革不同时代的特征，从而加深对生态空间理念的理解。

第一阶段，革命时期主权国家构建的空间整合。传统的农耕时代，小农散落在中国大地，呈现出碎片化的特征。尽管自上而下的皇权通过儒家教化与制度体系将小农社会纳入国家治理体系，但基层社会缺乏组织化，在外敌入侵过程中无法形成合力。中国共产党带领全国人民从革命到主权国家建设，也是中国空间再度整合的过程。20 世纪 20 年代，中国革命初期的重心在城市，试图通过模仿巴黎公社和十月革命的经验，以联合城市工人群众，并通过全国性武装起义，从而夺取全国政权，但由于敌我力量悬殊终失败。

第二阶段，计划经济时代的空间固化。固化空间是针对流动空间而言的，是自上而下的空间建构机制，其目的在于使中国尽快完成从农业国向工业国的转变，加速实现四个现代化。在曹锦清看来，作为

---

① [美] 约瑟夫·列文森：《儒教中国及其现代命运》，郑大华、任菁译，中国社会科学出版社 2000 年版。

后发现代性的国家，中国无法效仿西方通过殖民地与海外市场完成资源的原始积累，这就决定了中国必须选择符合自身的发展道路从而在短时间内完成赶超战略。① 中国赶超战略的计划空间将农村和城市割裂成两个互不干涉的体系。城市是通过单位制将社会组织起来。农村则通过集体化制度将个体的农民与家户都纳入集体范畴。"城市与乡村空间流动被户籍制度加以阻断。1958 年全国人大常委会第 91 次会议通过《户口登记条例》明确了户籍制度的功能，即在计划经济体制下严格控制人口流动，为工业化建设服务。1958 年后形成的户籍制度的出发点以及制度特征有两方面：限制农村人口流动、确保城市人口基本生活必需品和社会福利的供给。"②

第三阶段，改革阶段的 GDP 主义的空间治理模式。市场经济制度的确定加速了计划空间的瓦解，整齐划一的空间被差异空间所取代，这体现为地方空间能动性的挖掘以及城乡空间壁垒的瓦解。差异化空间治理的本质在于充分利用地方的资源禀赋加速发展，如经济特区和沿海开放城市的建立，各地区都可以因地制宜，根据自身特色创造出新的空间治理模式。城乡空间壁垒的瓦解促使劳动力等诸多资源开始加速流动，社会主义生产力明显提高。事实上，差异化空间的背后，也意味着将静止的空间资本化。地方政府为了实现 GDP 的增长，盘活土地价值，大力推进经营城市战略，形成了"地方政府—土地—经营城市"的空间治理模式③，空间不再是均质、静止的存在，而是成为加速社会发展的主要资本。

---

① 曹锦清：《怎样认识巨变中的中国》，爱思想网，2004 年 7 月 4 日，http://www.aisixiang.com/data/578-3.html。
② 蔡昉：《户籍制度改革与城乡社会福利制度统筹》，《经济学动态》2010 年第 12 期。
③ 黄成亮：《近代中国国家空间治理转型的实践逻辑——兼论新时代背景下空间治理均衡机制的创新》，《兰州学刊》2020 年第 7 期。

二 作为新的治理理念的生态空间观

对于 GDP 空间治理观,我们不能简单地批判或否定,而是要将其放置于中国特色社会主义发展道路中的一个阶段加以解读,也只有在此基础上才能理解生态空间的深刻含义。如果说空间资本化是对计划空间时代的第一次否定,那么,生态空间则是对空间资本化与 GDP 空间治理观的再否定。当前,中国特色社会主义道路进入了新的发展阶段,我国社会主要矛盾已经转化为人民日益增长的美好生活需要和不平衡不充分的发展之间的矛盾,其中的不平衡包含了人与自然、生态环境的失衡。

生态空间注重的是人与自然相和谐、相统一,据此理念出发,空间发展就不能只是将空间作为追求 GDP 增长的工具,而是要将其变成人诗意栖居的场域,人类的发展不能以牺牲自然环境为代价。早在 2005 年,时任浙江省委书记习近平在浙江湖州安吉考察时就提出了"绿水青山就是金山银山"的科学论断。2015 年 10 月,党的十八届五中全会召开,鲜明提出了创新、协调、绿色、开放、共享的新发展理念。同年,习近平总书记在省部级领导讲座中强调对生态空间的重视,在讲话中引用了恩格斯在《自然辩证法》中的观点,指出人因自然而生,人与自然是一种共生关系,对自然的伤害最终会伤及人类自身。只有尊重自然规律,才能有效防止在开发利用自然上走弯路,这个道理要铭记于心、落实于行。2018 年 5 月,习近平总书记在全国生态环境保护大会上做出重要讲话,强调要加大力度推进生态文明建设、解决生态环境问题,坚决打好污染防治攻坚战,推动我国生态文明建设迈上新台阶。

生态空间治理兼具理论与实践的双重特征,在人类历史发展阶段具有十分重要的意义。生态空间治理观为中国社会发展提出了新的要求，是新时代发展的基础理念。新发展理念的提出，意味着一种空间治理实践的断裂与创新。对于这个"旧空间治理理念"的澄清是理解新发展理念的基本前提。这个"旧"就在于过去空间治理存在两个主要倾向：第一，空间资本化，市场经济与资本无序扩张导致了空间异化。中国空间变革的源初动力是经济制度变革，市场经济在资源配置过程中发挥着决定性的作用，在不断打破空间壁垒、加速要素流动的过程中促进了资源的合理流动与高效配置，但其弊端体现为资本与生活空间存在悖论，离开资本，社会发展就会停滞，但资本过度介入又会引发空间异化。断裂时代的社会学家一再警示资本对于空间的殖民作用。在齐美尔看来，正是由于资本对人与人交往的城市空间的强制切割，导致人们彼此的关系日渐疏离、日渐冷漠化。列斐伏尔将资本逻辑所主导的空间视为一种"为整体的人"丧失的空间。① 第二，空间政绩化。GDP 作为官员晋升的主要指标，代表了一种中国政府官员的激励模式，它是中国经济奇迹的重要根源。② 空间在以 GDP 为核心的发展理念主导下，逐渐成为官员晋升的主要工具，这体现为各级官员将空间换算成以 GDP 为中心的治理模式。1994 年实施的分税制改革通过税种重新划分中央与地方收入，地方政府的行为模式由此发生了根本改变，其经营意识和企业化趋势愈发明显。分税制后地方政府的收入主要包含土地征收、开发和出让过程中直接得到的土地收益。因此，21 世纪剧烈的城市化过程是与地方政府"经营城市""经营土地"的行为取向密不可分的。③ 生态治理理念的提出正是对过去功利化的空间治理模式的代替，并为未来的空间治理指明

---

① 黄成亮：《近代中国国家空间治理转型的实践逻辑——兼论新时代背景下空间治理均衡机制的创新》，《兰州学刊》2020 年第 7 期。
② 周黎安：《中国地方官员的晋升锦标赛模式研究》，《经济研究》2007 年第 7 期。
③ 周飞舟：《大兴土木：土地财政与地方政府行为》，《经济社会体制比较》2010 年第 3 期。

第三章 生态空间：从 GDP 主义到绿色空间治理的切换

了新的方向。

生态空间治理不只是中国的局部实践，更是为世界空间治理树立了典范。众所周知，空间变革的历史逻辑内嵌于现代性的扩展之中，人类对空间的认知与实践也是一个不断变化的过程。在科技落后的时代，人类受制于知识的匮乏，将自然界当作上帝旨意的一个部分，是人类需要敬畏和尊崇的对象。随着人类主体性的伸张与理性的成长，以及大航海时代对空间的逐步征服，空间的神圣意涵被逐渐祛魅，并逐步成为人类实践改造的对象。空间作为"存在"的场所，在理性的指引下，被改造为一种数学知识的筹划，所有存在的神圣被简化为一整套数学与物理的计划，空间被视为物质运动的场所，用不同的视角去分析它，并通过实证与科学实验去测量。总而言之，在海德格尔看来，现代性的生成过程是人不断为自身的主体地位斗争的过程，将自然界作为去征服的图像世界，在此进程中，技术意志解构了神圣世界的庞大之物，并对其他存在者进行计算、测量、计划，并采取无限制的暴力。① 技术引发空间世界变革的另一重要代价是将人类引入风险社会。在贝克看来，传统的自然观将自然作为某些给定的、可归因的、要去征服的东西加以理解，并因此总是将自然作为与我们对立的、陌生的东西加以理解。可以说，这些推定已经被工业化过程自身历史地证伪了。在风险社会视域，自然变成了一个历史的产物，被现代工业循环生产和持续破坏。现代大工业生产早已突破了民族国家的边界，不再是局部性的、地域性的、有限空间内的生产，其引发的负面作用已然成为全球性议题，风险在全球化空间内的扩散与全球治理体系滞后的这一矛盾加剧了人类面临的威胁。② 在大卫·哈维看来，资本主义的不断扩张，是通过"时间—空间修复"的方式对落后国家的劳动力

---

① ［德］马丁·海德格尔：《林中路》，孙周兴译，上海译文出版社2018年版，第105页。
② ［德］乌尔里希·贝克：《风险社会》，何博闻译，译林出版社2004年版，第97页。

市场、能源与资源的"剥夺性积累"。① 进入新的历史阶段，在全球化人类命运休戚与共的时代，如何寻求人与空间的新的治理均衡点成为当前国家社会面临的最大挑战。中国作为世界第二大经济体，中国生态空间治理理念不只是对本国发展阶段现实问题的简单回应，而是从自身实践出发，在解决自身问题的同时，也为世界空间治理理念提供了中国智慧。中国生态空间观代表着新的人与自然的治理理念，是对中国传统空间观与西方资本主义空间治理观理论的双重超越。

第二节　生态空间与社区发展治理的内在关联

生态空间治理观的确定不能简单地停留在理念世界，而必须成为我们实践的指导方针，要应用于具体实践。近年来，各省市在生态文明战略的指引下，致力于生态文明建设改革的基层治理探索。社区生态空间本质上是"基于全域性发展理念指导下的生态空间多要素建构体系"②，是以"生态过程为主导，以社区中的人—生物—环境生态链网为物质基础，以能量流动、生态平衡和多样性为核心价值"③。通过生态社区的构建，要达成一定的目标，这个目标体现为"强化社区作为人类生存和发展基地的作用，加强社区的自我组织及自我调控能力，充分适应社会再发展的需要，最终从自然生态和社会心理两方面去创造一种能充分融合技术和自然的最优环境的人类生活居住地"④。从生态内涵和生态社区的建构机制可以看出，生态空间与社区发展治理之

---

① ［美］大卫·哈维：《新帝国主义》，初立忠、沈晓雷译，社会科学文献出版社2009年版，第94页。
② 马世骏、王如松：《社会—经济—自然复合生态系统》，《生态学报》1984年第1期。
③ 李志强：《村镇复合生态系统与社区治理：理论关联及路径探索——以浙江沿海地区村镇社区生态培育为例》，《探索》2018年第6期。
④ ［苏］马尔科夫：《社会生态学》，雒启珂、刘志明、张耀平译，中国环境科学出版社1989年版，第35页。

间有着复杂的关联。

一 生态空间决定社区发展治理的价值与路径

生态空间从根本上决定了社区发展治理的价值和路径，形塑了社区发展治理的方向，同时也是考察社区治理效能的重要指标。生态空间本身就是一个自给自足的系统，是符合生态自身发展的，有着自身的发展规律，是在自然与人类互动的过程中不断自我生成和再生产的。任何一个地区的经济、社会、人文的发展状况都要受到生态基础、生态发展程度、地区生态差异性的制约。可以说，生态与地方发展是辩证的关系，良好的生态环境能够为地区发展提供额外的助力，同样，地方通过发展绿色经济、注重生态空间的建设也能够为社区发展治理奠定良好的基础。生态社区治理的前提应是"恢复社区的本源自然状态，守护好内在场域系统的演化路径，尊重社区组织自我发育和自治发展的规律，真正做到回归自然系统与人文社会的和谐轨道"[①]。

生态机制的确定不但会在一定程度上实现社区治理理念和手段上的革新，同时也会潜移默化地影响社区居民的生态保护意识。尤其是随着生态自组织的培育，会促使社区居民顺应生态政治话语，主动参与生态社区的建设和治理，进而形成人人参与、人人共享的社区生态治理格局。浙江沿海村镇的生态社区的治理就是"依托地方性自然基础，以特色产业为平台集聚优势同质资源，以机制创新和制度突破为运行保障，文化、旅游和生态良序协同发展，破除了产业结构升级与资源融合的梗阻，同时大力改变城乡发展失衡、环境生态恶化及文化资本流失的危机，打造出了全域化的社会生态发展的美好前景"[②]。

[①] 李志强：《村镇复合生态系统与社区治理：理论关联及路径探索——以浙江沿海地区村镇社区生态培育为例》，《探索》2018 年第 6 期。

[②] 李志强：《村镇复合生态系统与社区治理：理论关联及路径探索——以浙江沿海地区村镇社区生态培育为例》，《探索》2018 年第 6 期。

二 社区发展治理对生态空间产生能动影响

社区发展治理能够实现的前提是以生态空间为依托。社区发展治理的理念、结构和机制只有作用于生态空间、依托于生态空间,并与生态空间融为一体,才能最终发挥其治理的效能。不同的发展治理理念和模式会形塑不同社区甚至同一社区不同阶段的生态空间的特质和结构,对生态空间生产和转型产生深刻的影响。自改革开放初期以来,以经济发展优先和人类中心主义的理念来发展地方社会,导致产业空间、生活空间不断侵蚀和挤压生态空间,极易"破坏当地自然生态的和谐链条,阻断生态系统自我演化的内在路径,导致当地不可逆转的生态系统退化"①。因此,生态社区的构建,必须顺应当地的生态发展规律,及时促使社区的产业升级转型,恢复生态的本来面貌。同时,生态系统并不是一成不变的,其内部的各自然要素和子系统间会按照自然规律进行循环互动,呈现出一种具有自主性和活力的动态平衡格局。② 同时,生态系统并非与人类世界处于冲突之中,正如哈维所言,我们是处于"世界相互依赖的生命之网"的积极行动者。③ 因此,生态治理不仅仅可以从生态实际出发,借助科学有效的生态治理技术,还可以充分挖掘社区的生态优势资源和人文资源,将人文资源嵌入生态资源中,赋予生态空间人文性,通过宏观政策的调控、内生机制的建构、多元主体的共同参与,协同探索有特色的生态社区发展治理的创新路径,不断推进生态治理从低级向高级发展,以更好地创建生态正义的人类命运共同体。

---

① [英]杰拉尔德·G.马尔腾:《人类生态学——可持续发展的基本概念》,顾朝林、袁晓辉译,商务印书馆2012年版,第3页。
② [英]杰拉尔德·G.马尔腾:《人类生态学——可持续发展的基本概念》,顾朝林、袁晓辉译,商务印书馆2012年版,第3页。
③ [美]戴维·哈维:《希望的空间》,胡大平译,南京大学出版社2006年版,第214页。

因此，从生态空间与社区发展治理的关联来看，生态空间是社区发展治理的前提与基础，而社区发展治理对生态空间具有能动性的影响，是生态空间良性运行的动力，生态空间与社区发展治理只有共同嵌入"生命之网"，才能实现效能的最优化和生态正义价值的达成。

第三节 "村改居"社区生态空间治理的实践路径

四川省位于长江上游重要生态屏障和水源涵养地，生态地位极为重要，肩负着维护国家生态安全的重大使命。2018年2月，习近平总书记来川视察时指出："天府新区是'一带一路'建设和长江经济带发展的重要节点，一定要规划好建设好，特别是要突出公园城市特点，把生态价值考虑进去，努力打造新的增长极，建设内陆开放经济高地。"① 为深入学习贯彻落实党的十九大精神和四川省委十一届三次全会精神，成都市委十三届三次全会通过了最新修编的《成都市城市总体规划（2016—2035）（送审稿）》，将"公园城市"写入新总规，明确将加快建设美丽宜居公园城市。② 市政府开始积极探索从局部的"环城生态区"转向系统性的"公园城市"美好生活营造模式。生态空间体系重构是对国家生态文明战略的地方能动性回应，通过构建公园城市理念营建城市新形态的发展新思路，推动生态价值创造性转化为新的发展动力源，以此建设"世界城市可持续发展的中国方案、彰显中国特色社会主义制度优越性的未来城市样板"。由此，生态环城控制区的城乡接合部社区成为地方政府探索"公园社区"的重要

---

① 范锐平：《加快建设美丽宜居公园城市》，《人民日报》（理论版）2018年10月11日第7版。
② 《中共成都市委关于深入贯彻落实习近平总书记来川视察重要指示精神 加快建设美丽宜居公园城市的决定》，《成都日报》2018年7月9日第3版。

试验场域。

F社区所在的A街道地处成都市规划控制发展的通风口和水源保护带，污染性领域都要受到严格限制。F社区河网密集，是成都市重要的水源涵养地和都市绿肺，最重要的一条穿境而过的府河是都江堰市崇义镇从检江分流出来的一条支流，原名郫江，绕成都北门，然后东下与南河汇合。唐代，改郫江从府城下经过，成为护城河，故称府河，也称锦江。府河进入市区后绕城北城东而流，是成都市区的主要河流，同时也是东风渠的发源地。东风渠是都江堰灌区主干渠道之一，东风渠A段汇入新都大丰，流经A街道三个村，长度3800米。近年来，正是受环城生态控制区的地理结构的影响，A街道的街道级社区发展治理规划和F社区的社区规划理念都逐渐由重发展向重治理转型，进而形塑了该区域的生产结构和就业结构样态，这正是造成"村改居"社区加工产业空间结构逐渐衰落的主要原因。

2017年前，府河流经的F社区和其他乡村因快速发展加工业，工厂、私人作坊林立，外来务工人口增多，加之污水收集管网不配套，沿线生产和生活污水与垃圾直接排入了河流，造成水体污染严重，河面常常漂浮和汇集着各种垃圾。这条河道被当地居民列入了黑臭水体的"黑名单"。从2017年开始，成都市针对锦江流域水环境质量启动了截污清淤大力整治工作，其中重点整治区域就包括P区A街道片区。由此，水域整治成为P区A街道的中心工作之一。

一　河长制：水环境治理的外部推进机制

"水正义"已成为世界尤其是发展中国家城市现代化普遍面临的巨大挑战。因此，水资源的利用、保护、开发是生态治理的重中之重。河长制的推行意味着自上而下的空间治理理念的重大变革。"河长制，以保护水资源、防治水污染、改善水环境、修复水生态为主要任务，全面建立省、市、县、乡四级河长体系，构建责任明确、协调有序、监管严格、保护有力的河湖管理保护机制，为维护河湖健康生命、实现河湖功能永续利用提供制度保障。"① 之前的地方生态治理主要以行政区域为中心，在此基础上形成考核机制。河长制突破了行政区域的治理框架，是一种以水资源为中心的治理模式，从行政区域精细化到河水的治理单位，意味着生态治理实践被推向了新的发展高度。同时，水环境的整治，不仅仅是水生态修复技术的引入和使用，更是一系列政社协同治理过程。政社协同治理过程是一种政府和社会关系再造过程。随着国家生态治理理念的提出，地方政府也逐渐转变治理思维，构建起生态控制和协同治理的生态治理体系，借助新的政社支持网络体系进行生态防护。对社区环境的干预，由政府动员，采取强制性和制度化的方式，来改变由于只注重地方经济的发展而导致的环境污染，目的是恢复生态，还社区居民一个更好的生活环境。

"生态复合系统的基础地位体现在对社区生态原初状态的维护和顺应方面。"② 在"村改居"社区转型过程中，因加工业空间的盲目扩张导致生态恶化，需要进行生态空间修复。2017 年以前，A 街道作为成都市重要的城乡接合部，毗邻西部最大的商品批发市场荷花池、五块石市场等，各类工业、加工业蜂拥而至 A 街道各村社开厂、设坊。当地村民、失地农民热衷于将自建房屋违规改造成"三合一"厂房，以获取较高的租金收益。工厂和作坊生态保护观念缺失，随意往府河排放废水废物，倾倒废旧布料、烂木料。加工产业链条带动地方经济的发展，而与生态链相关的地方生态经济还未被挖掘，使得地方政府对

---

① 《中共中央办公厅 国务院办公厅印发〈关于全面推行河长制的意见〉》，新华网，2016 年 12 月 11 日，引用日期 2017 年 3 月 9 日。
② 李志强：《村镇复合生态系统与社区治理：理论关联及路径探索——以浙江沿海地区村镇社区生态培育为例》，《探索》2018 年第 6 期。

生态保护并不十分迫切。基层政府的生态综合治理观念较弱,也未积极制定长效有力的生态保护机制和监督机制。随着工业化、市场化元素不断侵蚀水源,社区陷入"一发展,生态就恶化"的怪圈。但是,生态系统原本就是动态平衡的结构,在这个系统中,各生物体按照自然规律进行能量的循环互动,呈现出一种具有自主性和获利性的动态平衡格局。① 流经 A 街道的府河作为成都市的母亲河,是城市水域的上游阶段,在此河流经区域出现污染问题,必将影响整个成都市的生活用水和生态景观。因此,随着成都市启动水环境治理工作,A 街道迫于行政压力,迅速关闭河道沿线重度污染排放企业,关闭数家烂木料加工厂和小作坊,并将村民生活污水接入管网排放,加大了河道的清淤、漂浮物治理力度。

除了整顿关闭措施外,为巩固 2018 年的水域环保整治工作,2019 年,A 街道对辖区 21 条河全面启动了"河长制"长效机制。A 街道成立了农林统筹办,全面履行"管、治、保"三位一体的街道、村(社区)河长职责,以水环境治理、水污染防治、水资源保护、水网体系建设、防洪能力提升、强化监督管理为重点,从污水管网、河道保洁、防汛安全巡查、险工险段、日常清淤疏浚等方面细化实施,创新街道河长共商共处机制,建立"一河一策"档案,健全河道巡查制度,严格考核问责。由于村(社区)级河长制的启动,形成了区级—街道级—村级三级河长巡查制度,要求各级河长按照《成都市 P 区河长巡河履职制度》认真开展日常巡河工作,认真落实"清四乱"的工作要求,对府河流域水环境问题,要做到早发现、早处置。特别是关注节假日的水环境安全。河长需要做好水环境隐患排查,加强节假日日常巡河和 24 小时值守,确保河长制工作不间断。

---

① [英]杰拉尔德·G. 马尔腾:《人类生态学——可持续发展的基本概念》,顾朝林、袁晓辉译,商务印书馆 2012 年版,第 3 页。

第三章 生态空间：从 GDP 主义到绿色空间治理的切换

A 街道区域的每个村社基本都有一至两条河，常设一个到两个河长。因 F 社区的河域比较多，有府河、东风渠、茅草堰三条河渠，村级河长①便由三人担任，书记负责茅草堰，副书记负责东风渠，因社区还没有主任，则由文书负责府河。

P 区设置了河长 App，用于河长巡河督查和信息上报。村级河长每星期巡河两次，负责巡查周边企业有无污水直排的，河道有无险情，居民有无乱倒垃圾情况，河边有没有捕鱼的，以及周边绿化有无被破坏的，或者是河道设施有无被损毁的。巡河每次不低于 10 分钟，河长需用手机拍下负责的河段的照片，随即发送在微信工作群里。如果发现问题，需要拍照上传到"智慧巡河"App，上报给街道河道办。河道办要求在三天之内处理问题。如果社区自己能处理，处理后要把结果上报一次。如果社区无法处理，河道办会立即派专人现场查勘，及时拿出方案，安排工程队施工修缮。如果河长没有按时巡河，河道办会立即通报。

在巡河的过程中，YM 河长表示现在水治理成效显著：

> 因为之前就是散乱污整治，上面有乱排乱放的基本上都堵上了，所以对河水的影响比较小。偶尔有上游飘下来一些垃圾或者其他漂浮物，但都比较少。但是，河边钓鱼的现象屡禁不止。一般我去的时候，跟他说让他不要钓了；但是我一走，他又去了。可能就这个问题比较明显，其他的问题都还好，没有什么大的问题。还有就是有时候河堤损毁。钓鱼的有时候为了方便就给你弄坏，但你不知道谁弄的，最后只有镇上出钱来修。（YM20201120）

P 区加强河长制管理的日常监督工作，重点督查街道和村社河长履

---

① 因为 A 街道基本上都是村，只有两个社区，所以统称为村级河长。F 社区本身也是涉农社区，所以河长们都称自己为村级河长。

职情况和突出水环境问题的整治情况。每半年，区河长办会对各街道开展河长制管理工作督查考核，并按照《成都市 P 区府河河长制考核评分细则》，重点查阅各街道的防汛预案、巡河记录、会议记录、问题台账等资料，对河长制日常管理情况考核评分，对存在的问题和不足提出工作要求和建议。

近年来，凭借着得天独厚的生态优势，地方政府积极探索构建公园城市的生态价值，实现人城境业和谐统一的大美城市形态。城市环境和市民环保意识大幅提升，经过全民整治，府河 A 街道区域的生态环境得到了修复，府河重现绿水清清、鱼儿水中游、鸟儿嬉戏的生态景象。更令人惊叹的是，府河河畔出现了"白鹭翩飞"的唯美景象。"环保鸟"白鹭的成群落脚，正是对府河流域优质的生态环境的肯定。A 街道还沿府河边打造了一条水岸常绿、江河常清的五彩绿道。行走在两行笔直高大的绿树下，河风轻拂，水声哗哗，鸟儿鸣叫，结队散步、拍照的居民络绎不绝。城市中的水循环产生了物理地理意义的物质景观，也产生了一个具有标志性的文化景观，这是社会自然力量的综合结果。[1]

二 "三合一"违规场所的整治行动

安全生产与环境保护的目标时而重合，时而冲突，需要在更高的层面将二者有机地统一起来。A 街道作为 P 区"三合一"场所的集中地，"三合一"场所的安全生产、环境保护和消防安全一直是街道和社区的日常工作重点。街道和社区多次强调做好安全生产和环境保护工作的重要性，以及"三合一"场所规范整治的必要性和迫切性。

---

[1] Erik Swyngedouw, *The City as a Hybrid on Nature, Society and Cyborg Urbanization*, 1996.

第三章 生态空间：从 GDP 主义到绿色空间治理的切换

早在 2018 年，P 区就开始了"三合一"场所的整治工作，但是收效甚微。地方政府顶着很大的压力来整治"三合一"场所，因为担心引发失地农民的反抗。A 街道作为城乡接合部，自建房居民的收入来源基本上以房租为主，而房租的来源基本就是"三合一"场所。

> 我们场镇上的居民小组，他们的房屋结构，就是因为看着有加工厂的人进来租房了，他们修房子的时候就是按照加工厂进来的需求修的。比如说他们一楼、二楼是没有隔断的，三楼、四楼隔断起来用来住宿。（YM20201120）

但是这种结构不符合消防安全要求，因为消防部门要求正规的经营场所须有两个安全的消防通道，并且人不能住在上面，只能住在下面。"三合一"的建筑布局和消防安全要求是冲突的。自建房本来就是用来住宿的，所以一开始消防部门也不会有太多干预，但是房子建起来之后，失地农民就跟风违规改建房屋。后来，"三合一"场所就成为这里的业态了。

地方政府也知道这个问题，但他们没办法解决。

> 你如果让自建房居民彻底整顿，那老百姓说我没房租收，政府来养我吗？因为我们这边老百姓好多都没怎么上班，就靠房租，他自己一年光收房租就是 10 来万、20 万，他就完全没有经济压力了，一家人舒舒服服地过了。（YM20201120）

为了满足老百姓的基本生活需求，地方政府更多地从维稳出发，也就睁一只眼闭一只眼，底线就是不要出现大的安全事故。从形式上入手，平时注重常态化的安全检查，让加工厂老板把消防栓和喷淋这些消防设施设备准备充足。

> 站在老百姓的立场上看，只要你把安全维护好，不在车间里面吸烟啊，一切的安全措施做好的话也就说得过去。（YM20201120）

2019年3月，P区以平安社区工程百日攻坚行动实施方案为切入点，采取了集中整治。区应急管理局和相关部门组建应急管理专项工作组，定人定区域，利用一周时间，对7个社区进行了地毯式摸排，排查"三合一"场所2480家，呼叫区级部门协调排查整治1181家，街道自行排查整治1299家。辖区工作组主动跟进，积极协调、指导并调度相关部门对问题隐患进行解决。对排查发现的重大问题隐患，聘请安全生产专家进行分析研判，提出具体整改方案，督促相关责任单位限期整改。截至目前，共收到派单23件，已协调指导督促整改回复23件；受理"微治理"平台2件（已处理）。对A街道呼叫的"三合一"场所消防突出隐患开展了4次联合执法行动，关闭8家隐患突出的"三合一"场所。

A街道也以此为契机，于2019年3月开启了"三合一"场所专项整治工作。"三合一"场所专项整治工作分阶段、分重点、分区域、分任务展开。早期的整治工作重在统筹摸底、宣传教育、样板引领。经过摸排发现，A街道共有"三合一"场所家1205家，集中分布在YD村、TD村、SW村、F社区、X社区。这五大村（社区）长期以来形成了从服装类代加工到销售较为完善的产业链，经营场所主要是自有或租用，生产场地简陋，市政消防管网基础设施薄弱，从业者素质不高，安全意识不强，违规用电（气）、作坊（场所）消防安全隐患、环境破坏情况较为突出。4月，A街道成立了专项行动工作小组，会同相关部门、村（社区）对隐患突出的重点区域、场所进行实地调研，查找区域共性问题，研究制定整治工作方案。针对沿街商铺存在的"三合一"场所多、分布广特点进行区域划分，编制"三合一"整治分片作战图，将整治范围分为若干个责任区，每个区明确责任人

第三章 生态空间：从 GDP 主义到绿色空间治理的切换

和整治期限。结合消防安全网格化、"户籍化"管理，推动创建沿街商铺消防安全示范街，以点促面、以优辅劣，形成上下联动、齐抓共管的工作格局。A 街道坚持"生产与住宿绝对分离"的原则，对所有"三合一"场所集中进行再整改，全面消除安全隐患，同时，制定《A 街道"三合一"场所专项整治工作方案》，明确职能职责，形成"街道一把手负总责、分管领导负全责、村（社区）具体负责和各职能部门协同配合"的工作机制，对袒护、失职的干部严肃追责。4 月上旬，A 街道办专项行动工作小组会同区级相关部门分别对区域内的 8 家"三合一"场所开展联合执法，以点带面，加强宣传教育、现场监督指导，对拖延、敷衍整改场所采取强制措施并限期整改，营造高压整治氛围。6 月，再次会同区级部门对区域拖延、敷衍整改的 23 家"三合一"场所开展联合执法，打消业主观望心态，促进整改措施迅速落实。在全面整改完毕后，将建立一户一档的整治情况资料，作为后续监管的重要依据。截至 6 月 30 日，A 街道全区域"三合一"场所采取停电停业整顿 180 家，完成比例为 98.67%，"三合一"场所专项整治工作成效显著。此次执法行动的成功开展，将有效改善地方消防安全状况，促进良好生产居住环境的营造，切实保障群众生命财产安全。

在 F 社区"三合一"场所整治时，有两家违规住人的制衣厂成为联合执法的重点。这两栋自建房分三层，一层用于生产和加工，二层和三层用于从业人员居住。执法队对场所负责人宣传教育、监督指导，出了限期整改通知书，要求将工人从二楼、三楼住所搬离。但生产负责人整改态度消极，看似按照整改要求，将人员撤离出"三合一"场所，但是，等联合执法队一走，他又把床和床垫全部搬进去。联合执法队第一次复查时发现这些制衣厂一层房间仍堆放着大量废旧机器和待生产的原材料、电线等，二楼、三楼部分房间仍有居住痕迹，不符合整改要求，再次加强宣传教育，责令其立即整改。但是，再去复查时，发现业主还是敷衍整改，于是，执法队就采取强制执行措施，将其停电停气，依法查封住宿区，并贴上封条，限期整改。但是，社区也很无奈。

  我们两委是分了组的，哪个负责哪个区域，固定下去，要带队下去巡查嘛！但是，你不可能天天去转嘛，业主就悄悄地把封条给撕了。(20201120)

  F社区的服装加工厂"三合一"场所在相关部门的督查指导下，经过多次整改后，工人住宿区改为生产用房，工人全部搬到其他居民楼住宿，生产区域也重新规划，配备了各种消防设施。整栋自建楼全部用来生产、储存服装。

  "三合一"整治基本上由街道和社区来参与，居民没有有效参与。尽管"三合一"场所因工人们生产、生活在这一栋楼里，市政消防管网基础设施薄弱，存在极大的安全隐患，甚至有的自建房房东还住在出租房的顶层，但自建房的房东配合整改的积极性不高，甚至对社区颇多埋怨。社区表示，"我们只是动员居民，因为居民对安全还不是那么的重视。他觉得我这租了几年，一点事都没出，你说得那么悬，你影响到他的切身利益了嘛！自建房房东的主要经济来源就是出租厂房。"自建房房东担心把"这些租客撵走了，他们就没有收入了"。因为自建房一开始的建筑格局就是按照集住宿、生产于一体的生产加工坊来设计的，若再次改建，不仅成本偏大，也不符合消防要求。一般房子涉及经营，必须有两个通道。所以当时区上整治的要求原则是"人和货物要倒一下"，然后要根据它的建筑面积在墙上安装消防水龙、灭火器。如果自建房是几家人连着修的，有条件的可以弄双通道，业主和房东们内部协调改建的可能性就大。

比如把工人全部弄到你儿子的那栋楼,把生产都放在你这边来。(YM20201120)

业主再和房东协商,如果业主把通道给改装出来,房东要承诺几年不涨房租。房东如果同意这种不涨房租的方式,业主就可以留下来继续生产。

2019年整治的5人以上的作坊就有300多家,整治基本上是完成了。整治不了的作坊就自行搬走了。

因为要求上边生产,下边住人,各种生产设备和产品需要搬上搬下,既不方便,也增加了人工成本。他投钱投贵了,或者说他觉得在其他地方也可以做,他就搬走了。再加上受疫情的影响,现在"三合一"场所的老板好多都已经搬走了,搬到整治得不那么严的地方,比如说新都、龙桥那边。(YM20201120)

目前为止,F社区"三合一"场所已完成整改的有160多家,彻底搬离的有180多家,"三合一"场所的环保消防安全隐患基本清除。

三 人居环境的整治行动与保洁制度的引入

"村改居"社区的生态空间涉及生产生活的整体自然地理环境,在重点分析了"村改居"社区的河水治理以及典型的"三合一"生产空间的环境治理后,需要对社区人居环境等方面进行研究。人居环境涵盖了与社区居民日常居住空间相关的环境问题,包括小区公共空间的卫生、生活垃圾清运等环境问题。正如社区工作人员所讲,F社区的环境整治是分阶段分重点的,前期是烂木料加工厂、"三合一"场所、散乱污企业的集中整治,然后就是大企业的整治;企业整治后,就是居民的生活垃圾整治，这块体量较大，是一个长期的过程。

F社区人居环境比较差的主要集中在一网格和三网格这样的自建房集中区域和散居院落。一网格灰尘大，三网格整体卫生环境较差，乡道泥泞。每到中元节，居民多在街边绿化地带点蜡烛烧纸，环境整治难度大。在社区需求调查中，三网格的居民表示，他们的社道因为常年被物流大卡车碾压，路面坑洼不平，希望翻新而不是每次只填坑。此外，垃圾清运、路面清洁以及污水管道处理、安置点广场卫生间没人打扫，也是居民抱怨比较多的，希望能营造更好的社区环境。

> 2003年，M家庄安置点位的时候就把路修好了。修好了之后，因为那边挨着海霸王比较近，物流就比较多，大车比较多。因为以前是社道，它的施工标准就没有主干道高，重车就碾压得坑坑洼洼，现在的环境基本上很差。还有他们安置点的污水管网的雨算子基本上都堵起来了。他们那边还是有点恼火。（PSY20201208）

2019年之前，F社区根据空间的特征采取了不同类型的保洁制度。F社区"三合一"场所处于生产高峰期的时候，布料垃圾比较多。社区专门匹配垃圾清运经费和清运工人，每年还会购买大量的麻布袋免费发给服装作坊，让他们把废弃布料装袋，放在作坊外面，由清运工人运到社区指定的布料堆放点，然后再转运出去。

F社区场镇街道上的保洁和垃圾清运由街道财政出资，聘请保洁公司负责。但房屋位于街道边的居民每年也要出垃圾清运费，不过，他们的费用由他们的租户代缴。垃圾清运费需要分等级收取，一个铺面每年需要交300元的垃圾清运费。而散居户的清运费则标准不一，有些散居户不是长租，就需要按月算，比如租客住了三个月就收45元钱。散居户的费用很少，属于象征性收费。

对于没有被征用的散居农民生活区域，由村委会出钱，雇用了几个保洁工负责清扫，但是存在一些问题：第一，雇用的保洁员基本都是村里的老年人，但因未对其进行保洁培训，导致清扫不彻底；第二，社区虽然在各点位设有垃圾房，但都没有加盖，基本属于裸露的垃圾房，保洁员多数直接将垃圾堆放在堆放点，而不做分类处理。这些垃圾房常常污水横流、臭气熏天，居民对此意见很大。第三，离街道较远的地区，如河道、田间地头等缺乏彻底打扫。

因为清洁等工作不够专业，从 2020 年开始，社区采用公开招标的方式，将农民散居空间的保洁也外包给负责场镇清洁的保洁公司，由保洁公司的保洁员来进行清扫保洁。保洁公司的保洁员比较专业，清运装备齐全，有分类明确的垃圾运送车。保洁公司聘请的保洁员每天都到各点位的公共道路打扫卫生，将垃圾运到垃圾房，再统一转运到街道垃圾中转站。社区出资给各点位裸露的垃圾房加盖，解决了乱堆乱放的垃圾因遭受淋雨暴晒引发的空气污染问题。保洁公司的引入和社区环保宣传的力度加大，使得散居环境有了较大的改善，大型家居垃圾也及时得到清运。

整体而言，F 社区居民的环境卫生意识还是有所提升，河道和村道变得干净整洁。

> 现在不会随便扔东西，都还是比较规矩。他们也都晓得扔到垃圾池的。（LH20201030）

居民在街边绿化地带点蜡烛烧纸的现象，也有所减少。这主要靠社区治安巡逻队的日常环保安全宣传。社区提倡在家里给过世的亲人照片献花，或者是摆放插电蜡烛祭祀。但烧纸的主要是外地老年居民——

他的烧纸祭祀的传统观念一时改变不过来，加上亲人的坟地都在外地，所以也会有人在中元节那天偷着烧。社区治安巡逻队巡逻时发现了都会制止并教育。（LH20201030）

为提升居民对社区生态治理共同体的意识自觉，F 社区每年通过社区保障资金购买社会服务，由社会组织动员小区党群志愿者、物业、居民参与环境志愿服务活动。FH 文明小区现在已经组建了一个 60 人左右的志愿服务队伍，他们时常监督小区环境卫生。

物业以前基本上也是不得力，现在居民强烈要求更换，业委会换了一个物业经理过来进行管理，对物业的环境清扫进行监督。现在小区环境也基本上得到改善。（LH20201030）

第四节 "村改居"社区生态治理机制瓶颈

生态社区作为 A 街道对社区可持续发展的定位，本质是重新建构社区的生态场域。"生态空间的培育和完善，不是单极化、单向度和单机制的过程，而是一种在大生态观的整体战略目标引领下，以多向度价值、多元化主体、多层级机制和多维度路径为主体框架建构空间结构合理、生态系统健康和社会要素和谐的共生共享式新空间的过程。"[①] 党的十九大报告提出要构建以政府为主导、以企业为主体、社会组织与公众共同参与的环境治理体系。但从 F 社区生态治理的实践来看，F 社区生态治理从水域治理、"三合一"场所的环保安全治理入手，到逐步推进社区基础设施建设、人居环境改善，再到生态社区的

---

① 李志强：《村镇复合生态系统与社区治理：理论关联及路径探索——以浙江沿海地区村镇社区生态培育为例》，《探索》2018 年第 6 期。

目标定位和培育步步展开，都充分表现出现阶段"村改居"社区的环境治理仍然是政府主导的自上而下的环境治理运动模式，仍然难逃"内卷化"的生态治理效应。

一 以管理主义为主的生态治理导向

"村改居"社区在转型过程中呈现的新的生产结构特征造成了新的问题，对于社区环境治理造成巨大挑战。从2016年国家决定重拳整治环境以来，环保工作就成为基层政府疲于应付的重点工作。早在2017年，作为"散乱污"企业、"三合一"场所集中区的A街道就已经在成都市环保部门"挂牌"，A街道包括F社区已经多次"接待"过市级、区级环保部门的督查。甚至在2019年，区上直接对"三合一"场所的整改下了"死命令"。在如此高压下，环保工作就成了街道和社区应付上级检查的"重点工程"，整改效率才是地方政府和社区追求的目标，常态化的多元主体式的治理因耗费时间并不受青睐。

A街道启动生态治理实践强烈表现出政府权力对社区生态空间转向的影响。权力因素嵌入社区生产空间的环境安全整治，从区级、街道到社区三级层面展开，由区级相关部门协同相关科室成立区级环保整治工作组、应急管理专项工作组，负责机制的建构、制度的完善、队伍的组建、责任的落实，由区级专项工作组发挥督查作用，街道相关科室负责督察和指导，由社区两委和专干具体执行。环境整治工作注重的是自上而下的行政管理机制，实现"发现—上报—解决"的信息解决路径。因此，仍是一种以管控为主的"大综治"行政惯习。尽管运动式的生态治理的效率高，成效显著，再现了生态优势，明显提升了社区居民整体生活品质，然而条块分割和生态治理碎片化格局依旧明显存在，仍是影响生态治理可持续的重要原因。现阶段，社区水生态环境的保护主要依靠河长制的长效落实，但河长制并未实现社参与的多元化，反而日渐行政化。目前村（社区级）河长主要是动员社区两委和工作人员担任，负责日常巡河。社区的街长们也会负责河道信息的通报。如果街长发现问题，他们会给河长打电话，河长需要马上处理。但是，河长制和街长制存在功能重叠的部分，有时也易造成管理权限不明。各种条块关系错综复杂地嵌入社区，加之运行不畅，是制约生态"全域性治理"的主要因素。

短、平、快的环境整治运动尽管成效显著，但也容易因为既得利益者没有做好充分的准备，即使认同政府的环保方案，也会对其单一的行政手段心生不满。环境治理工作应该符合地方实际，应更强调社会效益的实现。

二 社区自我监督错位与跨区联运不足

治理体系能够稳定运行的基本前提在于权力—责任—义务的统一。从经验出发可以发现，监督错位是导致治理效能无法达至最优的原因之一。A街道办事处位于F社区场域内，长期以来对F社区的公共事务投入较多。A街道将F社区场镇上的路面清洁以政府购买公共服务的方式转包给物业公司，由此形成了"街道—物业公司—社区"的市场引进链条。在这一服务链条中，街道对物业公司拥有直接的监督权，而F社区却无监管的权力，物业公司往往只对街道负责。物业公司只负责路面的保洁和垃圾清运。各小区的保洁，则由小区居民自己负责。"街道—物业公司"的"契约绑定"关系，使得社区居委会无权进行有效监管和变更。这就容易造成"物业公司退出压力与制度约束的欠缺，从而消极履职"[①]。

---

① 彭小兵、郭梦迪：《何以弥补城市社区公共环境治理责任真空？——基于重庆市LX社区公共环境治理的考察》，《天津行政学院学报》2020年第4期。

保洁公司只是比较注重场镇上的打扫，因为门面嘛！但对于散居院落，本来居民的居住素质就不高，外来流动人口也多，随地乱丢的现象还是比较严重的，清扫保洁就跟不上他们乱丢的节奏，尤其是 M 家庄安置点环境脏乱差。（YSY20201223）

生态空间的流动性、复杂性与不确定性，要求对社区的理解不能只限于社区本身。生态意义上的风险具有"溢出扩散"效应，但社区固定区域的分割化、碎片化的治理模式无法做到系统高效应对。在生态文明视域下，需要打破传统的社区空间尺度理念，构建"社区、政区、跨区"的"三圈空间治理模型"，依据不同的横向主体，利用不同生态治理资源构建相应的权责对应体系，进而提升生态空间的治理韧性。

三 公私矛盾与生态治理的"公地悲剧"

"村改居"最核心之改应是"公"与"私"之间的意识转换，即"公共性"的重构。[①]"村改居"社区告别了传统农村基于血缘、地缘等差序结构的交往模式，取而代之的则是公共规则治理模式。公共规则将具体的个体与群体之间的纽带抽象化，进而通过制度化来规范社区居民的行为边界，但实践证明，"村改居"社区城乡生活方式混合特征决定了制度不能得到有效落实。理论上，正式制度本身应具备重塑社会生活秩序的功能，但在具有高度韧性的生活领域，制度逻辑与日常生活的逻辑发生冲突时，日常生活逻辑就会发起对制度的反抗。日常生活领域会对公共规则形成反噬，无视正式制度存在的"制度破坏"、以正式制度作为牟取局部利益乃至私人利益之工具的"制度转

---

① 崔月琴、张扬：《"村改居"进程中农村社区"公共性"的重建及其意义》，《福建论坛》（人文社会科学版）2017 年第 4 期。

换"等成为消解正式制度实质内涵的多重负面力量。① "作为理性经济人的公众个体为角逐个人私益往往会引发集体的非理性行为,进而产生生态环境资源的'公地悲剧'。"② 在"三合一"场所环保整治中,利益群体之争一直是社区空间变化隐喻的因素。"村改居"社区人口构成和利益结构复杂多元,失地农民在社区中的话语主导权仍是重要的。阶层分化和个人主义盛行,导致社区内部无法形成高度统一的生态保护共建共治机制。"三合一"的租金收益是自建房群体的主要收入来源,经济利益至上是这类阶层的主导意识,他们对于环境治理的认同度较低,呈现出消极配合的状态。

  吸纳失地农民参与"村改居"社区环境治理工作,可提升失地农民对环境治理决策的接受度。但在 A 街道环境综合治理运动中,环境治理的决策与规划基本由政府主导,缺少事前决策的协商对话过程。F 社区在落实府河整治和"三合一"场所整治时,并没有充分运用社区现有的议事平台与社区相关利益群体共商整治方案,征求自建房居民意见,而是直接拿出政府的红头文件进行宣传教育和责令整改。政府主导的环境治理导致的自建房居民的互惠动力受到削弱,环境治理目标与利益实现之间缺乏良性互动,致使其对环境整治的方式不认同,甚至产生抵触情绪。社会信任机制的缺失将不利于生态治理的持续推进。因此,地方政府和社区应基于平等、民主、协商的原则积极构建"村改居"社区环境治理决策信息互通机制和参与监督机制,既可以保障环境治理决策的公开性和透明性,维护保障自建房居民在环境治理中的知情权、监督权和参与权,也可以引导社区相关利益群体理性地参与生态治理工作,实现个体价值与生态价值的和谐共生。

---

  ① 肖瑛:《从"国家与社会"到"制度与生活":中国社会变迁研究的视角转换》,《中国社会科学》2014 年第 9 期。
  ② 李宁、王芳:《农村环境治理公众参与中的社区介入:必要、可能与实现》,《天津行政学院学报》2020 年第 2 期。

四 居民环保参与机制和组织化程度不足

生态空间的公共属性需要建构出自下而上的社区环保参与体制，将多元主体与利益相关者纳入社区环保参与机制。参与机制不只是形式上的包装，而是在参与互动过程中，能够形成科学的、更加包容的治理方案。这也客观上要求将社区环境治理权力下放至社区，动员居民主动参与社区环境治理，使不同利益主体为实现各自价值偏好与利益诉求，在协商互动基础上展开治理行动。F社区的环境治理采取的是政府主导的自上而下的治理方式，由于意在整治对生态环境资源造成重大影响的散乱污企业，街道和社区也无暇征求居民和企业的意见。居民和企业、作坊仅仅被动接受整治和教育，致使环境和安全生产治理多元主体参与流于形式。

我国现行法律体系对环境治理中的公众参与权给予了高度肯定，尽管2015年的《中华人民共和国环境保护法》第53条和2018年的《中华人民共和国环境影响评价法》第5条等法律条文都保障了环境保护中的公众参与权，但仍缺乏可操作性和强制性。在2015年生态环境部颁布实施的《环境保护公众参与办法》中，明确了要"听取意见""以适当方式""便于公众知悉的方式"，完善公众参与的内容和参与路径。《环境影响评价法》对"参与公众主体范围和公众知悉途径并未予以法律明确"。由此看来，法律法规对于公众参与的环境治理"具体事项的规定过于含糊，形式化色彩浓厚。地方政府主导的座谈会、听证会和专家论证会走过场、形式化，对于公众提出的环境治理意见或建议往往听而不采，环境治理中的公众参与机制失效"[①]。

---

① 李宁、王芳：《农村环境治理公众参与中的社区介入：必要、可能与实现》，《天津行政学院学报》2020年第2期。

除了法律法规层面对环境安全治理的居民参与机制缺乏针对性和可操作性外，社区内部也没有形成一套可持续的生态保护激励机制。"村改居"社区环境治理的关键是"解决公众参与的激励机制，即公众为何要参与融入生态环境治理中"[①]。以政府为主导的"村改居"社区环境治理的运作逻辑强调宣传教育、行政督查和行政处罚，而社区环境治理中的决策参与机制、过程监督机制以及利益引导激励机制尚未建立。F社区在散居农民院落和自建房区域环境治理过程中，过于强调宣传教育和行政处罚，并没有多元性地创建环保激励机制，以激发居民参与环境治理的积极性。尽管社区也在2019年针对居民进行了需求调研，其中98%的居民表示希望社区环境干净优美，并对不同网格点不同居民的多层次的环境治理需求进行了意见汇总；但是，居民参与机制和参与渠道与居民反映渠道之间存在断裂。此外，社区也在逐步对散居院落的环境治理工作进行统筹安排，但行政化的痕迹仍比较明显。市场机制的引入和政府为环保"埋单"的做法，都进一步加深了居民的"生态福利依赖"。

自上而下的环境治理机制缺乏居民参与的渠道，也削弱了居民对环境治理的参与热情和参与动力。"搭便车"的环境行动困境，使得居民普遍对生态治理保持一种观望态度。普通居民尤其是钓鱼爱好者们并没有被有效动员起来开展志愿活动。此外，"村改居"社区环境安全整治中居民参与的形式化与分层化导致无法有效回应不同群体的环境利益诉求。由于"村改居"社区的人口结构的多样性，当环境整治影响到自建房群体利益时，他们往往通过投诉、聚集聊天发泄不满情绪，表达利益诉求。但实际上，由于缺乏有效的环保参与渠道和机制，易引发社区内不同群体的阶层隔离，无法助力居民环保共识的达成。

---

① 李宁、王芳：《农村环境治理公众参与中的社区介入：必要、可能与实现》，《天津行政学院学报》2020年第2期。

社区环保自组织参与缺位。正如福山所言："等级制管理与基层自我组织，作为秩序的来源，二者缺一不可。"① 围绕生态环境保护，A街道和F社区将"三合一"场所消防安全专项整治运动、河长制长效机制、街长治理、网格化管理有机结合，同时也注重培育各类社区自组织，以解决社区治理问题。但是通过对社区11个自组织队伍的种类的梳理发现，并没有专门成立环境保护类的自组织。社区的日常环境治理志愿者队伍，也是平时从各自组织中抽调出来，以应对环保部门的不定期抽查。社区环保自组织的缺失，使得社区生态治理的动力不足，也与生态社区的目标定位相抵牾。

相对于环境治理，社区对安全事故的宣传工作极为重视。社区会定期在广场等公共场所进行消防知识宣传或者是安全知识宣传，定期组织安全消防演练，提高居民和商家、服务加工坊工人的消防安全意识。如果某个区域发生了事故，社区也会组织辖区内相关人员到事故现场观看，提醒他们吸取教训。社区也经常提醒房东要时常监督租户的不安全行为和习惯，明确房东应尽的消防安全责任。2020年社区聘请社会工作组织做了一个志愿者服务体系搭建项目，项目意在孵化出两支比较有特色的志愿者服务队，一支是蜀绣志愿者队伍，另一支是应急救援志愿服务队伍。应急救援队伍的志愿服务包括落水后的救援和辖区交通安全事故的救援。通过社工的培训和赋能，应急救援队志愿者的服务意识和救援能力得到提升，使其与社区卫生院、消防队建立合作关系，协同保障区域内的人身安全。由此，F社区的应急管理联动机制已具雏形，但环境治理社区支持网络体系还不够清晰和层级化、组织化。

---

① 祁文博：《网格化社会治理：理论逻辑、运行机制与风险规避》，《北京社会科学》2020年第1期。

小 结

有关人类与自然的争论是永恒话题。哈维曾在《希望的空间》一书中指出争论的中心问题在于,"环境中心论或生物中心论与赤裸裸的人类中心说针锋相对,个人主义和集体主义(社群主义)相冲突,各种体现文化和历史地理因素的观点(特别是本土人的观点)与普遍的主张和原则(通常由科学家提出)不自在地并列在一起,唯物主义和经济主义普遍担心生活机会的获得(无论它是物种的、个人的)"①,这些争论所指向的人类的生态实践无不表明,"自然已经被政治化了,因为它被纳入了各种有意识的或无意识的战略中"②。

在城市化进程初期,"村改居"社区生态环境建设让位于生产发展,各利益主体围绕着空间展开激烈的争夺。社区生态空间主要由权力与资本所形塑,而资本双刃剑的效应在城市化进程中逐步显现。一方面,资本会将自然的生态空间按照资本意志加以改造,并促使生态地理向有利于资本的发展且不断增殖;另一方面,则会对生态空间加以破坏,导致资本异化生态空间的风险。资本的流动性与生态空间的固定性之间的矛盾,使得空间与社会之间的互构生成变得更加复杂。随着生态文明建设加速,作为微观层面的社区生态建设的重要性越发显得重要,特别是其水源的不可替代性更促使生产空间的交换必须让位于空间的使用价值。尽管一切"创造性破坏"生态空间的产业结构和生产行为受到公开批判和否定,但是,随着特大城市的不断外扩,产业资本通过国家、地方政府的规划变得复杂化,资本受到一定的抑

---

① [美]大卫·哈维:《新帝国主义》,初立忠、沈晓雷译,社会科学文献出版社2009年版,第210页。
② [法]亨利·列斐伏尔:《空间与政治(第二版)》,李春译,上海人民出版社2008年版,第41页。

制和转移,由此"村改居"社区在新一轮城市化进程中引发了许多矛盾与困境:城乡接合部自建房"三合一"场所衰落、公共服务需求激增和公共服务资源匮乏、基础设施建设发展不平衡、失地农民的发展与社区生态之间存在共生问题。

作为生态涵养地,地方政府力图把 A 街道从对散乱污的"三合一"加工企业的依赖中解脱出来,利用空间"重造自然",恢复生态环境的福利功能。这类生态空间对于当地的产业结构的发展具有决定性影响,也使得地方政府和社区的目标被赋予生态治理的意义,并处处受自然地理资源的支配。环境整治运动只是行政执法的一种常用方式,生态社区的空间建构将是 F 社区的发展方向。如何再造生态,这个问题必然成为 F 社区现阶段转型的一个重要基础。

在生态治理的过程中,社区的集体合作、民主协商变得尤为重要。不同于极端的环境保护主义者认为的"人类和自然世界处在冲突过程之中"的论调,哈维认为"我们自己深嵌于生生不息的生活之流中,这个过程正是我们通过自己行动个别的并共同地加以影响的东西"这类观点,"既符合较好的环境思维方式又符合马克思的辩证唯物主义"。① 既然社区的居民与自然共处于"相互依赖的生命之网"中,那么社区居民、辖区企业和单位也应成为生态治理的积极行动者。

针对环境整治运动,以出租"三合一"场所的自建房为收入来源的居民持反对意见的较多。首先涉及群众的生计问题,"三合一"场所的整顿与关闭导致自建房的出租经济受到消极影响,帮助自建房居民认识生态治理与经济发展的互构关系是需要地方政府和社区通过生态教育予以实现的。其中最为根本的任务是在生态治理的情

---

① [美]大卫·哈维:《新帝国主义》,初立忠、沈晓雷译,社会科学文献出版社 2009 年版,第 213 页。

境下寻找一种协商对话的机制以达成共识。自建房居民的安全生产和生态保护的责任意识，需要社区的嵌入，通过创建多方主体的参与机制，形成有效的生态知识系统和生态治理思维方式和行为模式，最终要形成政府、社区及利益相关方"共谋、共建、共管、共评、共享机制"。

"时间和空间的规模问题对我们如何识别和评估环境问题的严肃性并试图追踪非预期结果就至关重要了。全球问题和微观局部问题形成对照，短期困难与长期趋势互相混合。我们必须理解不同规模之间的关系。"2020年7月，成都市委第十三届七次全会通过了《中共成都市委关于坚定贯彻成渝地区双城经济圈建设战略部署加快建设高质量发展增长极和动力源的决定》，决定强调成都要坚定践行绿色发展理念，持续提升公园城市宜居生活品质。成都的目标是打造一个生态系统中的巨大绿色空间，包含了水生态治理、全域增绿，以及全域增景的各个层面。为此，通过"景观化、景区化，可进入、可参与"的思路进行公园城市的建构。可以看到，成都市的发展正迎来一轮深刻的空间转向，这次转向遵循的逻辑裹挟着对生态与社会共融的价值追求，即迈向地理学和社会学意义上的生态—社会空间。在这一公园城市的发展过程中，生态开始逐步取代资本主导的态势，成为城市空间转向的重要依据。正如列斐伏尔指出的，在恩格斯所设想的解决城市问题的方案中，他表达出了对自然主义的偏好，并意图把自然作为语境，特别是作为一种资源和原始的深度，在其中来重建社会，以此重建"都市"。① 因此，公园城市作为一种重造自然的战略，正是新时代中国城市空间重建的生态选择结果。地方政府承认生态空间的重要性存在，城市的生态意义越来越被强调，力图借用生态空间体系的

---

① [法] 亨利·列斐伏尔：《空间与政治（第二版）》，李春译，上海人民出版社2008年版，第66页。

营造来重构城市与生态、生态与社会、生态与发展之间的和谐共生关系。

当然，这一时期的城市空间转向仍以政府为导向，但力图通过多元化主体的参与去建构城市空间的生态转向与居民之间的关联，以此修复社区问题，共建美好生活共同体。"以生态本位为主导的城市空间转向专注于城市空间结构变化，为行政区划、社区营造、城市治理等奠定了理论基础。"[①]

[①] 方琦、王伯承：《透视与内嵌：城市空间转向及其实践——理论探讨和三个案例》，《云南行政学院学报》2017年第4期。

第四章

生产空间：混合产业空间治理的结构性张力

任何一种空间再生产机制都会受到历史维度的约束。20世纪60年代美国人类学家施坚雅（G. William Skinner）通过演绎法研究中心地的空间秩序①，其研究对象正是成都平原集镇集市，提出了"施坚雅模式"。在他看来，中国传统农村社会存在着"基层市场—中间市场—中心市场"的三级市场体系，不同的单元隶属于不同的市场空间，县城集一般属于中间市场，镇集一般是较为标准的基层市场，而村集如果规模较小，交易者局限于集市所在村庄范围内，作为地方产品进入较大市场体系的起点，就成为施氏所说的"小市"，小市一般不算基层集市。②施坚雅模式为我们理解成都平原传统的空间秩序提供了思路。随着生产力的发展与城乡壁垒的瓦解，特别是在国家推动城镇化的战略背景下，"村改居"社区空间的混合型特征就愈发明显，集中体现在自然生发与外力建构的混合。在哈耶克看来，前者是指"自生自发的秩序"，而后者则是指"组织"或者"人造的秩序"；前者的特征是它不

---

① 邵俊敏：《近代直隶地区集市的空间体系研究——兼论施坚雅的市场结构理论》，《清华大学学报》（哲学社会科学版）2020年第6期。

② 邵俊敏：《近代直隶地区集市的空间体系研究——兼论施坚雅的市场结构理论》，《清华大学学报》（哲学社会科学版）2020年第6期。

第四章 生产空间：混合产业空间治理的结构性张力

具有一种共同的目的序列，所具有的只是每个人的目的，而后者则是以它确定或实现具体目的为特征的。①

"村改居"社区作为一种过渡空间形态，是对传统乡村空间的解构与对城市空间的建构。"城市化意味着社会空间的重新组合，涉及乡村整体体系的变革，从生产方式而言是由农业为主的传统乡村社会向以工业和服务业为主的现代城市社会转变，这一过程不仅包括人口的城市化、社会分工体系和产业结构的转变，也关涉土地及地域空间的变化。"② 而这一系列变革要素中最突出的空间结构变革就是生产空间。本章将考察 21 世纪初期以来，F 社区生产空间中比较重要的几大行业的变化以及这些变化对社区的影响，社区产业结构是如何随着环境整治而转变，以适应城市社区生态治理需求的，以此探讨社区如何在社区经济利益和生态利益之间寻找平衡点以实现社区发展治理，重塑空间中的人的生态权利和经济权利、满足人身安全的总体需求。这里的生产空间，指的是所有经济活动的实现空间，不仅仅是指加工制造业空间，还包括社区文化产业空间和服务业空间。

第一节 加工业"三合一"空间的进与退

"村改居"社区之"改"的重要一面在于生产方式之"改"，意味着传统农耕生产方式的终结，这也在客观上将以土地为生产资料的农业空间分化为多种不同空间。2003 年以前，F 村还是一个以种植水稻和油菜为主的农村。全村 12 个生产队，本地村民总共不到 3000 人，大部分村民都在家务农，出本市打工的较少。农闲时，男人们会跑到成

---

① 邓正来：《哈耶克关于自由的研究》，《哲学研究》2008 年第 10 期。
② [英] 弗里德利希·冯·哈耶克：《自由秩序原理》，邓正来译，生活·读书·新知三联书店 1997 年版，第 140 页。

都周边打工，姑娘们跟着老辈们在家学刺绣，绣铺盖被子以补贴家用。从2003年开始，村里的土地陆续被一些中小型企业征用。对于失地农民的安置方式则参照2005年P府的45号文件第十八条规定，未农转非人员可以实行货币化安置或按照城镇规划确定区域划地建房安置。F社区大部分失地农民采取了划地安置的方式，即政府在当地规划一片拆迁安置区域，以家庭为单位，按照45平方米/人建筑面积由失地农民自行建房安置，征地单位进行货币补偿。对于地上合法建筑物（房屋）的补偿，参照P府发〔2005〕45号文件规定，正住房屋砖混结构补偿的价格是220—280元/平方米。川府函〔2008〕88号文件规定，正住房屋砖混结构的补偿价格是540元/平方米。以此，1队、2队、8队、12队，以及M庄的失地农民都在原生产队的安置区域连片自建了住房。直到2012年，A镇"198"区域属于P县五大城市组团规划范围，相关政策规定征地拆迁不再采取划地安置方式。由此，2012年以后被征地的4队、7队、9队改为集中安置的方式。3队、12队因征地时间不一，区域内集中安置和划地安置数量各占一半。

F社区所属的A街道地理位置优越，紧邻成都市三环路，离火车北站5公里，火车北站附近就是闻名全国的荷花池、五块石等消费品批发零售大市场。2008年汶川地震后，村民FY所在的1队土地被征，划地安置的失地农民开始忙于自建房。FY的父亲刚把房子修好，就有服装加工作坊老板来他们队上租用自建房做生产基地。随着成都市荷花池、五块石等消费品批发零售大市场及周边人居环境的老旧破败，以及因产业过度集中导致中心城区环境污染、交通拥堵等空间治理难题，成都市启动了"北改"工程，明确"中心城二环路以内现有的批发市场应逐步向外调整或转变业态"。2012年，有着30多年历史的服装批发市场——成都市荷花池市场关闭改造。与荷花池离得很近的F社区、T村、Y村便成为服装加工厂选址落户的重点区域。21世纪初

第四章 生产空间：混合产业空间治理的结构性张力

期以来，成都市服装加工行业的厂商承受着不同程度的生态压力和经济压力，不断采取灵活的空间生产策略。而主要的商品交易市场和生产市场的空间分布变动从成都市以火车北站为中心、成都市绕城高速以内的中心城区转移到了距离火车北站5公里的金牛区和新都区、郫都区的交界处。这些交界处基本都是产权结构复杂、人口流动性强的城乡接合部，混杂着各种"村改居"社区、农村地区和涉农社区。

从以农业为主的农村转型到以加工业为主的"村改居"社区，一种利用城乡接合部地域特殊性而突破功能局限性的策略性空间实践得以产生。失地农民将自建房按照出租厂房的功能进行建造以便租给服装加工厂。到2013年，大批服装加工厂陆续迁入F社区。除了隔壁的T村成为当地服装制造业最集中的区域外，F社区也初步形成了较大规模的服装加工厂集群，数量最多时达到200多家。这些服装加工厂规模大小各一，并自发形成了扣件生产、成品衣生产、布料生产等多种服装产业链条。每个企业雇用工人多的可能有50个人左右，少的可能有3—5个人，还有不少小作坊是夫妻生产经营。200多家企业加起来至少有几千人。① 到2017年为止，F社区区域内已经形成了大量家庭生产企业（作坊）。这些家庭生产企业（作坊）分为两大类：一类是服装和被套加工、绣花加工、服装辅料加工、粘棉加工等轻型加工企业（作坊），另一类是木制品、塑料制品、金属制品、食品、广告、包装等家庭生产企业（作坊）。这类小加工产业主要使用失地农民自建厂房，零星分布在各个散居院落，大量集中在F社区的第九网格和第十网格，普遍存在业态杂乱、证照和安全环保等相关手续不齐、从业人员素质低、没有逃生通道等问题，给环境治理、大气污染防治、消防安全等方面造成极大隐患。

---

① 具体几千人，社区没有统计准确数据。

一 加工业作坊的空间分工网络体系

加工业作坊还没有实现家庭与工厂的分离,在韦伯看来,这是资本主义生产的重要前提之一。社区内的家庭生产企业(作坊)的经济空间生产有着自身的分工网络体系。在这一分工体系中,家庭中的丈夫与妻子占据着不同的空间位置,但有时会因时间等因素进行灵活分工。家庭作坊中,不存在竞争,只有合作。这个空间与大型工厂相比显得更封闭,这种分工体系是由家庭作坊的家庭性所决定的。因为家庭作坊空间有限,空间聚焦只能限制在小规模雇用工人上。家庭作坊,使得作坊主既是劳动者,又是老板,不受他人支配。几乎没有本地居民自己去开加工厂。服装加工厂的老板和工人都是外地人。一般夫妻两人经营的服装加工坊占 1/3 左右。夫妻两个人,还有父母一起生产经营的占 1/3 左右,剩下的 2/3 都是服装企业雇用外来员工做的。

"村改居"社区家庭工业只需要少量劳动力和生产资料的空间聚集就可以存活,它不追求大规模的生产和广大的销售市场。小工业与"大工业"相比,具有一定的特殊性:一是分工的家庭性和师徒性,类似于传统的行会制度,内部的关系不是以货币为交往媒介,而是具有一定的人身依附关系。二是交换的有限性,它是一种订单式加工,是一种半成品加工或成品加工。由于家庭作坊生产规模较小,产能不足,终究缺乏追求更大市场的动力。三是竞争的排他性。由于是一种订单式加工,因此它往往同委托加工方形成一种中长期的合同关系。这样就形成了稳定的买卖关系,产业链的稳固导致外部力量很难介入。四是交往的有限性。小工业导致作坊与不同地域之间的经济交往并不十分频繁;而且由于订单的时效性,使得生产的周期性不固定,工人与社区和城市之间的社会交往也变得十分有限。

"三合一"生产空间应该是所有产业经济中最简单的一种空间结

构,因为处于"三合一"场所的作坊、小企业基本都是自主的单一性的经济单位,即一种商品的生产过程基本都集中在同一空间区域,内部的技术分工也比较简单。单个经济单位与其他经济单位之间缺乏利益联系,与社区之间也缺乏直接的利益关系。因此这类生产部门虽灵活却难以实现大规模效益。对于社区整体经济的发展而言,所占比重相对有限。

由服装加工产业为主确立起来的社区生产空间结构,生产过程中相关工种的分离程度较低,且服装加工所有相关产业链都集中在该社区。与此同时,在加工产业的生产空间形成过程中,该地区也亟须寻求物流行业的入驻。A街道依托于五块石、荷花池、金府机电城等大型销售市场,先后引进修建了占地1600亩、总投资6亿元的海霸王市场物流园区,占地100亩、总投资1.2亿元的泰昌金属基地,以及安天物流基地、广顺物流基地、鹏鑫物流基地和西部针纺城等专业市场40余家。加工产业和物流产业已成为A街道,包括F社区经济发展的重要支柱。

F社区受土地性质的影响,它只能借助自建房的空间优势发展小工业。零散的生产机制、订单式的小规模生产需求都使得"村改居"社区的家庭工业无法与村集体工厂手工业相抗衡。与F社区毗邻的T村,得益于物流行业和大型淘宝加工业的发展,形成了明确的分工体系和空间聚集效应。T村已经成为远近闻名的西部淘宝村,村集体经济非常富有。阿里巴巴集团发布的《2014淘宝村研究报告》显示,全国的淘宝村数量增至211个,成都P县A镇T村和L村位列其中,T村以销售服装类商品为主,L村以销售钢材类商品为主。

加工业和物流产业空间是"全国电子商务市场体系"中的一部分。全国电子商务市场体系的形成使社区的经济生产开始突破地域限制,从"社区"走向"城市"。在互联网经济的推动之下,城乡接合部、

"村改居"社区日益成为互联网经济、就地城镇化的集中地。它有着互联网商品经济所需的灵活的、有限的生产空间与聚集效应。相比于偏远、交通不便的乡村，以及辖区面积、环保、消防要求极严的城市社区，"村改居"社区成为加工产业资本青睐的主要场所。因此，社区工业化过程不断形塑着社区，加快了"村改居"社区城市化的进程，实现了一种空间的多元性增值。加工经济突破了以往传统农业历时性的、节气性的积累，而变为共时性的、快速的积累。这也是"村改居"社区生存和发展的重要推动力。这类资本空间与资本主义不断扩展的、不受约束的全球"空间生产力"不同，这类资本空间是一种地域限定性而网络扩展性的空间，它受所属社区权力、生态的影响，是一个需要不断应权力、生态的需求而重组空间、限制生产的过程。

家庭作坊不仅促进了电子互联网络经济和社区物流业的发展，给本地失地农民提供了就业岗位和租金收益，也因流动人口的涌入，带动了本社区消费市场的发展。城乡接合部家庭工厂工业的发展创造了一批"城市新移民"——受雇用的工人，"也使城市居住空间的生产、交换、分配和消费都真正成为'社会性'的了"。

二 加工业作坊的"三合一"空间生产结构

自建房是"村改居"社区资本生产要素的基础性空间载体。2008年，失地农民在建房时，一般把楼房建到3—4层。

> 当时的地方安置政策是要求自建房建造不超过4层楼。但也有少数胆子大、做了生意的失地农民把楼房修到7层高。（YH20200830）

自建房的楼层是按照家庭作坊的空间需求进行建造的。一般情况下，一楼作为裁剪或者机打办公楼，二楼为仓储空间，三楼、四楼是工人吃和住的地方。自建房具备生产、仓储与居住三种功能，因此被称为"三合一场所"，是成都市城乡接合部常见的生产空间类型。在"三合一"空间中，仓储空间所占的面积最多。生产所需的机器设备以及加工的半成品或成品也都放置在各楼层中。马克思曾指出，"仓储空间"是作为预付生产资本的一部分而存在的，"为保存生产储备（潜在资本）而必需的建筑物、装置等等，是生产过程的条件，从而也是预付生产资本的组成部分"①。因此，仓储空间的作用十分重要。由于货物堆放的空间需求较大，一楼、二楼常被建成开阔的空间，用于存放加工出来的成品、半成品或原料，如服装、被套、服装辅料、粘棉等。而作为最关键的生产者——工人却被安置在三楼、四楼，或与货物一起居住。这种空间安排，反映出作坊主对潜在资本价值的极度重视，因为"它加进产品的总价值，由它的平均寿命决定"②。生产规模越大，则所需的储存空间也越大。过多的货物甚至挤压工人的居住空间。社区工作人员反映：

> 一般30个人或者50个人都住在一栋人货混杂的自建房里，甚至有的房间除了住十几个人外，还被堆放了各种货物。（YH20200830）

"居住空间是人的生活场所，它区别于工作场所，是供人休息和娱乐的空间。"③ 马克思、恩格斯早在《资本论》《论住宅问题》和《英国工人阶级状况》中，就对资本主义大工业语境下雇佣工人的居住状况进行了诸多描述，其中最引人注意的就是对英国工人居住空间的调查。④ 在"被资本关系塑造的居住空间模式中，居住空间及其每一个要

---

① 李春敏：《马克思的社会空间理论研究》，上海世纪出版集团2012年版，第54页。
② 李春敏：《马克思的社会空间理论研究》，上海世纪出版集团2012年版，第55页。
③ 李春敏：《马克思的社会空间理论研究》，上海世纪出版集团2012年版，第56页。
④ 李春敏：《马克思的社会空间理论研究》，上海世纪出版集团2012年版，第56页。

素都具有交换价值,并被现实地纳入剩余价值的生产过程中"①。每间卧室往往居住8个,甚至10多个工人。所幸,通风条件还是不错的,每个房间都有一个大大的玻璃窗,每层楼有一个公共卫生间和厨房。"三合一"空间是"村改居"社区失地农民利用自身房屋资本所创造出来的违规空间,暗含着失地农民在生产空间转型后利用城乡接合部的空间特质获取自身利益的策略性空间实践。

工人的居住问题,根本原因还在于"三合一"空间的过度资本化,直接带来对普通工人居住环境的挤压。农村居住空间的主导原则是使用价值,那么农转非后的居住空间则需要兼顾使用价值与交换价值。对于失地农民而言,居住空间也作为一种商品被纳入资本化的过程,需要生产出剩余价值。生产、仓储和居住"三合一"的空间结构,不仅增加了自建房主的租金收益,也使得家庭作坊的生产成本降低,更使得作坊工人的工作和生活方式被局限在作坊里。正如福柯所谓的空间艺术造就了对工人个体的定位与规训,涉及把人员的分配、生产机制的空间安排以及"岗位"分配中的各种活动结合在一起。这种小作坊对工人日常生活进行严密的时间管制和空间限制,使得这些作坊的工人缺少进入正式社会网络的机会,难以产生对社区的认同与归属感。由此,在紧凑型和复杂性的"村改居"社区里,一种新的生产关系、职业分工及地方性的空间治理结构得以确立。

三 "三合一"场所的环境安全分类整治行动

"淘宝村的发展,提出的一个重大问题关涉新型城镇化,亦即当代中国社会空间或聚落模式的再造问题。"② F 社区淘宝村的发展虽然在

---

① 李春敏:《马克思的社会空间理论研究》,上海世纪出版集团 2012 年版,第 57 页。
② 楼健、胡大平:《淘宝村、实时城市化和新型城镇化实践》,《学术研究》2018 年第 5 期。

第四章 生产空间：混合产业空间治理的结构性张力

一定程度上实现了失地农民的再就业转型，但需要避免 20 世纪 80 年代苏南地区和珠三角地区如顺德、东莞所产生的问题，这二者在迈向现代专业市场道路的过程中都遇到了环境污染以及因劳动力聚集而引发的各种社会问题。产业发展作为推动城镇化的基础性动力，在一定阶段会呈现出自反性特征，"从生态、产业到文化，因此很难走出不平衡发展折磨下的沉浮定律"[①]。

由于 F 社区地处环城生态可持续生活区域，在长期的加工业经济发展过程中，生态空间与生产空间之间并未达成有序的良性互动。近年来，家庭生产空间的扩张直接导致了生态环境的恶化。为了获取利润，自建房主和家庭作坊老板会不断挤压公共空间，在自建房周围堆放各种杂物。这些自建房集中连片区域由于缺乏公共卫生设施，居民的公共意识淡薄，自建房公共区域卫生状况是极其糟糕的。每个家庭作坊外，都逐渐形成了一个大的垃圾场，步行道上也堆满了垃圾，空地野草丛生，废弃物到处堆放，焚烧物的痕迹也非常明显。染料、木屑被倾倒进河中。由于自建房属于小产权，不交物业管理费，因此，利用街道补贴和村集体收入资金聘请的物业管理公司只负责拉自建房垃圾站的垃圾，不负责清理公共场所的垃圾，垃圾的生产量远远超过垃圾清理速度。尽管社区也意识到人居环境安全问题，并在"三合一"场所整治中下了很多功夫，但成效甚微。

随着成都市对公园城市理念的强化，当这种孤立分散的家庭小作坊危害到社区生态安全时，它的结局注定是整顿、关闭或搬离。2018年，因成都市 P 区环保整治，镇村社三级干部协同努力对 F 社区辖区内的生产行业进行分类整治。

首先，关闭取缔对环境影响最大的多家加工木料厂，"散乱污"整

---

① 楼健、胡大平：《淘宝村、实时城市化和新型城镇化实践》，《学术研究》2018 年第 5 期。

治成果比较显著。烂木料加工区最早是在 2017 年整治的。当时社区烂木料加工区有接近 300 亩。这 300 亩属于 2 个涉农小组的集体土地。3 队、12 队自己清理空地、搭棚子，转租给木料加工厂，获取集体收益。当时，每亩土地最少收租 8000 元，300 亩一年的出租收益大概有 240 万元。3 个小组，每个小组有几十万的收益，分到村民手里，大概每人每年也能分到 2000 多元。此外，木料加工厂一般会雇用三四个工人，这些老板和工人都是外地人，过来就会租失地农民的房子，这样房屋租金收益也让老百姓受益了。（LL20201030）。

木料场在切割作业过程中，不仅产生大量噪声和粉尘污染，还经常将废渣填埋进土地、倾倒进河里，造成土壤和水体污染。由于木料场严重影响生态环境，当地政府要求拆迁。

> 因为它需要排污，对河会有污染。他们那么多人来吃喝拉撒，有的木渣滓也倒进河里。但它最主要的是对空气污染。它打木料的灰尘很大，加上里面的村道又烂，拉木材的车一进一出，灰尘更大。失地农民就想着有钱，他们就不在乎环境污染的问题。（PSY20201030）

木料加工厂的拆迁工作总体上还是很顺利的。社区先发限期拆迁通知书，同时入户宣传。不久，加工厂就自行撤走了。因为加工厂租用的土地是生产队的，对每家的收入影响较小，农民虽有埋怨，但也比较配合工作。

> 因为本来就是违法修建，加上强制命令，那些木料加工厂很快就自行搬离了。社区用一台推土机就把地推平了。（PSY20201030）

但是在邻村 S 村那边关闭取缔工作就很激烈。S 村那边相当于举全街道的力量。因为 S 村的木料加工厂很多，那边农民出租收入比 F 社区多得多。他们有些是把自己房子前面的空地搭起来出租给木料加工厂。有些失地农民一年光收木料加工厂的租金就能达到10万元。S村的木料加工厂很多都是租失地农民自家院子改建的，一旦涉及拆迁，对当地农民的收入影响很大，因此，拆迁令下来后，农民反应较大，所幸没有引发群体性事件。

F社区被拆除的300亩土地，因为已经被污染，也没法再种地，目前只能被闲置。3队、12队的村民就到村上反映如何为集体创收。2020年，社区决定暂时不征用那300亩土地，而是以集体的名义把这块地租过来，改为临时停车收费场，村上再把租金返给各队分红。当时社区支部书记PSY找了个项目，打算将这块闲置地用做足球运动基地，"因为拆出来的土地位置还好，但结果没搞成"（PSY20201030）。

其次，服装加工厂所在的"三合一"场所成为重点整治对象。A街道和F社区的消防安全隐患在成都市环保部门是被挂红牌的。2019年，全区和街道专门针对"三合一"场所进行消防审查，要求各类服装加工厂和作坊必须彻底整治，要求社区必须把"三合一"的帽子摘掉。要摘下"三合一"的帽子，必须对其空间结构进行根本改变，实现工作与生活的空间分离。"三合一"场所需要整治的主要原因在于它的消防隐患比较大，安全生产的各项指标都不达标。"三合一"场所的原有建筑功能是农民自住，后来失地农民私自改建成家庭作坊。但自建房基本上只有一个消防通道。除了消防通道少外，生产和人货是混居的。

"人是住在上面的，货在下面。好多工人都住在楼顶上。但顶楼不是连起的，它是一户一个门，便于出租住人。有些它有共用的门，但是门是锁着的，因为它还要防盗。往往一个烟头就能引起火灾。一旦布料燃烧起来，人是不好逃生的。之前8

队有过一起火灾，还有点厉害。其他 XA 村、YD 村都发生过火灾。"（PSY20201030）

　　街道搞"三合一"消防安全整治，有两种整治方案：一种是要求整栋楼全部用来生产或储存，加工厂老板给工人找其他住房，专门租一栋楼给他们居住，这套方案就彻底避免了"三合一"；另一种是要求生产、仓储和住宿的空间调过来，人必须搬到一楼，生产和仓储搬到楼上。但因之前自建房的结构就是楼上为住房隔间，一楼和二楼为适合存放机器、货物的开阔空间。如果把生产搬移到上边，自建房的结构就不合适了，工人就不得不到外面去租房子住，加工厂老板的生产成本就加大了。但对于社区来讲，"人居环境安全是放在治理首位的，只能这个样子，如果你觉得方案可行你就做，不行你就走"（PSY20201030）。因为 F 社区的服装加工坊都是小规模的，往往一层、二层就足够解决生产和仓储问题。工人从高层搬出去之后，"三楼、四楼就多数空起来了。现在自建房居民向社区抱怨房子不好租了，收益少了"（PSY20201030）。

　　随着环保整治力度的加强，一种新的生产空间结构在社区生成。这些新结构的背后则是服装加工行业衰落的压力。这种压力不仅仅是部分服装加工作坊因收益不佳导致迁走，也包括地方政府对整顿后的服装加工作坊的生产要求和行业规范性的加强。为推动生产空间全面绿色转型，街道要求社区服装加工坊集中区域设置专门处置烂布料的点位，要求整改后的加工作坊办理设计证、销售许可证和生产许可证，逐渐引导加工作坊成为社区的正规企业。

　　　　因为有街道的要求，区里也有要求，给了升级标准，也给了要求，专门整治这些小作坊，让他们逐渐正规化。社区花了一年时间，专门请人来做规范。（PSY20201030）

总之，在社区产业重构的这几年，最明显的是社区的去工业化过程，表现为社区"三合一"空间的环保整治，"散乱污"工厂和作坊外迁，社区经济衰退，而这也是"创造性破坏"地区生态环境所必然付出的代价。受到去工业化政策严重打击的基本都是成都市重要的饮用水源保护地，以及处于生态环城控制区的城乡接合部区域。当社会无法快速有效地实现生态修复时，地方政府在寻求空间正义和城市居民美好生活权利重要性方面发挥了积极的作用。地方政府不断加强空间生态意识，注重对生态的涵养和保护，试图重新寻找一条公园城市的产业转型突围之路。因此，在社区去工业化的同时，还出现了社区再工业化，这种社区再工业化通过加工业的绿色化、规范化和专业化重新塑造了社区工业生产的本质，重新塑造了社区和企业管理之间的关系。

第二节 蜀绣产业的转型困境与商家联盟再造

一 蜀绣产业的结构形塑与转型困境

从社区经济和产业分布的空间结构来看，蜀绣文化产业和服装加工行业都属于F社区较为突出的行业。但在蜀绣文化产业和服装加工业之间，存在着较为明显的差异。长期以来，F社区的蜀绣文创业和服装加工业属于经济体系中关联度不高且缺乏合作的两类行业，也形成了不同的文化资本和经济资本。F社区作为蜀绣文化的发源地，是非遗传承社区，蜀绣已成为F社区的特色文化产业。作为"蜀绣之乡"的A街道片区，一直承担着传承与发展蜀绣文化的重任。为深入贯彻落实习近平总书记来P区视察时关于"要在款式花样上多研发、设计，蜀绣作为国礼送出去，让中国的传统非遗文化走向世界"的重要指示，地方政府积极将社区产业结构的发展纳入街道整体发展规划，在产业投资与产业规划、蜀绣人才培育与组织保障、社区蜀绣场景营造与社区治理等方面都给予了极大力度的扶持，这也是蜀绣文化近年来在社区占据主导性地位的重要原因。

在 A 镇党委和政府的支持下，F 社区力图实现蜀绣文化产业的转型升级，但仍遭遇两难境地。第一种转型困境是危及非遗自主发展的产业资本霸权。政府为蜀绣产业提供了便利的生产基地，但是缺乏与新时代相结合的文化创意和综合的文创服务功能，蜀绣产业并没有发挥区域产业引擎作用。非遗从传统转向现代的过程，一方面是超越线下时空局限的文化解放过程，另一方面也是落入"贝西摩斯"（Behemoth，译为巨兽）之手的产量俘获过程。在治理文化过程中，地方政府和社区思考最多的是如何将蜀绣文化这张名片做大做强，如何扩大蜀绣文化产业的规模化生产，将多数劳动力纳入其体系之中。当非遗作为一种文化产业战略被推广，对非遗的保护、相当自由的市场史无前例地同时具备之时，非遗的创新革命从中爆发。但是，无论是个体还是组织，一旦接入文化产业发展网络，就会选择默许产业资本的运作规则，成为被产业资本俘获的被治理者。如果过度依附于产业资本，又难以保持非遗发展的自主性。第二种转型困境是非遗的生活转向。在前工业资本时代，手工蜀绣产品多为工艺收藏品，存在价格昂贵和消费人群范围狭窄的问题。随着消费意识形态的蔓延，人们开始关注个性化、精神性的感官、欲望和身份认同等的需求和满足。[①] 在蜀绣文化产业振兴过程中，蜀绣从业者和地方党委、政府需要对人们的社会性需求积极回应。非遗的生活转向意味着一种以开放互动为特征的共生系统的生成，接受蜀绣的跨界渗透和形态转变，才能有广阔长久的发展空间。

[①] 杨典、欧阳璇宇：《金融资本主义的崛起及其影响——对资本主义新形态的社会学分析》，《中国社会科学》2018 年第 12 期。

为此，社区对蜀绣产业的定位并非限定于蜀绣产品本身，而是要形成以蜀绣为核心的一整套产业链。蜀绣商业街位于蜀绣公园 A 区，是蜀绣文化传播核心区。早在 2013 年，蜀绣商业街便入驻了两家茶楼带餐饮的商家，七家蜀绣公司。这些商企最初是由街道招商引资过来的。当时有很多具备蜀绣资格的大师过来申报。但蜀绣商业街一直缺乏人气的关键就在于空间规划中没有有效考虑商家与街道行人之间的互动关系。因此，为了营造出开放的街区社会互动样态，2020 年，街道办事处对蜀绣商业片区提档升级，安装了具有蜀绣特色的路灯营造氛围，聘请专业公司制作"一镇两园三公园五大功能区"展示沙盘及室内墙体产业功能区宣传，规范园区内的引导标志，布局合理的公共休闲设施，完成蜀绣广场提升改建工作，拆除广场左侧河边临时建筑，在蜀绣广场右侧空地规划新建蜀绣主题小游园，并沿河道规划修建绿道，与蜀绣府河绿道、天府绿道接通。

二 蜀绣商家联盟：产业空间的权力与资本运作

除了亲民化物理空间的打造，蜀绣产业空间最主要的建构方式便是蜀绣产业的组织化。虽然蜀绣是 F 社区的主导产业，但传统的蜀绣产品多为工艺品和收藏类，存在消费人群范围狭窄、生产规模和商业收益明显衰减的问题。

> 现在社区蜀绣产业收益一年只有几百万元。整风以前，蜀绣的销路还是挺好的，因为蜀绣比较贵，一般都是买了送人，或者说是企事业单位装修用，现在整体需求量下降很多。（YH20201010）

如何在传承非遗的同时获得利润，一直是蜀绣产业发展的难题。F 社区原本有一个蜀绣公司，但一直以来集体经济发展比较薄弱。2020 年，社区协同 7 家蜀绣公司成立了一个蜀绣商家联盟，其目的是通过连接辖区内的蜀绣公司，以联盟的运营方式，发展壮大蜀绣产业，拓宽蜀绣的市场销路，推广社区的蜀绣文化。对于社区蜀绣的发展之路，社区已经清晰地把握到其转型方向，即蜀绣必须实现艺术性向生活性转化，要将蜀绣文化融入当代大众的日常生活。当代蜀绣的文创产品应以日常生活用品为主，并非全是高档艺术品，由此衍生出蜀绣家居摆件、蜀绣体育用品、蜀绣电玩战袍、蜀绣荷包香包、蜀绣书签、蜀绣服装服饰、蜀绣头饰等。当然，随着人们对生活品质的要求不断提高，日常生活中的蜀绣产品也要体现出档次之分，比如一件蜀绣旗袍，有一百多元的，也有价值上千元甚至上万元的，旗袍的刺绣工艺越精湛，其价格自然越高。蜀绣产品只有适应不同消费群体的需求，才能有广阔长久的发展空间。

2019年以来，A街道下大力气发展蜀绣产业，F社区内的各大蜀绣公司也乘势提档升级，在面料、工艺和产品创新设计上下功夫，加快蜀绣文创产品的研发，通过创新"蜀绣+"、引进人才、开设蜀绣体验工坊、与高等院校跨界合作等方式重振蜀绣产业。2020年来，各蜀绣工坊设计出的蜀锦衍生品、蜀绣丝巾、蜀绣箱包、蜀绣头饰等蜀绣文创用品深受消费者喜爱，在国内销量猛增，蜀绣产业发展势头良好。"现在蜀绣公司制作的蜀绣产品在逐渐贴近生活，它的销量慢慢就提上去了。"（YH20201010）

除了社区蜀绣商企联盟，社区支部书记表示，他们还将与社区内的160多家服装加工坊进行合作："说实话，我们这边服装加工厂的水平都不高，它们都是生产普通衣服的。但因为蜀绣产业现在要逐渐生活化，那么可以和服装加工厂形成联盟，比如可以在它们生产的服装夹克上绣蜀绣图案。我们现在的打算是，可能会联系一些比较大的服装加工厂，他们负责大规模生产服装，然后蜀绣公司负责服装上的刺绣图案这一块。"（PSY20201010）

社区蜀绣商业街的崛起意味着中国传统蜀绣文化产业的回归，也表明社区治理与社区发展与市场话语是交融并存的。"工业化非但不会消失，而且以信息密集、组织灵活、空间重构的方式，在迅速发展的生产服务产业的支持下"①，持续成为城市、区域和社区发展的主要推动力。

第三节 生态治理下社区绿道经济的规划与搁浅

一 街道城乡社区治理规划的理念转型

近年来，随着公园城市发展战略的推进，对社区发展治理产生了深刻的影响。特别是位于环城生态控制区的城乡接合部的街道和社区，不得不发生一次大规模产业经济转型。有着较大生态风险和安全风险的"三合一"场所被关闭，环境影响较小的、整改的家庭加工作坊必须进行较大程度的转型。正如多琳·马西所强调的，"产业变化的原因和形态并不完全属于经济方面的因素"②。至少对于 A 街道所辖社区和农村，淘宝经济和加工产业变化的原因主要在于生态环境因素。2019年，A 街道"城乡社区治理规划"的出台历程充分诠释了地方政府必须对地方经济发展与城乡社区治理如何协调发展做出抉择。

2019 年，A 街道第一次通过政府购买社会服务的方式引入社会组织负责统筹制定 A 街道城乡社区治理规划。2019 年 4 月，由成都市 X 社会工作服务中心第一次召集导师团成员与街道各部室干部、工作人员召开规划讨论会，研讨规划制定的原则、内容以及规划会发布细节。在第一轮的规划方案中，社会组织定的方案标题是"A 街道城乡社区

---

① [美] 爱德华·W. 苏贾：《寻求空间正义》，高春花、强乃社等译，社会科学文献出版社 2016 年版，第 111 页。

② [英] 多琳·马西：《劳动的空间分工：社会结构与生产地理学》，梁光严译，北京师范大学出版集团、北京师范大学出版社 2010 年版，第 9 页。

发展治理规划"，规划的重点在于街道的经济发展。A 街道党工委书记 YXF 某当场就指出规划方向和重点存在错误，需要调整。

> 当前成都市城市规划的重点是建设高品质和谐宜居生活社区，要体现公园城市的人文内涵。我们 A 街道处于环城生态控制区，这既是我们的生态本底优势，同时又是制约我们经济发展的短板。我们现在根本不能谈发展，我们税收收入来源的重要支柱都属于污染性强的加工企业，都在面临拆迁，甚至我们这边高楼都不能多建，以后 A 街道的重点是社区治理。（YXF20190420）

最后，不仅规划方案的标题去掉了"发展"二字，而且方案的重要议题是回应如何在成都市城乡社区治理的总体战略背景下，进一步立足区域特色，探索本地城乡社区发展的方向与路径，从而促进 A 街道的社区治理转变与提升。因此，整套方案最终是"聚焦治理痛点，从现状找突破"和"紧扣治理主题，从需求思定位"，其中，治理主题定位为"锦绣·融美社区"，即破解城乡接合部复杂的治理难题，共建生活融入、文化融入、关系融洽、环境美化、心灵美善、生命美育的"融美"社区生活。

二 绿道生态经济的规划与搁浅

在 A 街道城乡社区治理规划方案中，有关"生态和美"的社区生活空间的规划部分保留了两条绿道生态经济发展轴。发展生态经济重振街道仍是基层政府希望突破"有治理无发展"困境的一种积极探索。其中，锦江绿道生态经济发展轴的一大半就贯穿 F 社区西南面。府河边打造出的绿道，近年来成为 A 街道和 F 社区规划的重要空间。成都市 P 区 A 街道办事处关于蜀绣文化产业的三年（2018—2020）攻坚行动方案中曾计划在 F 社区 FH 小区外的绿道空间打造蜀绣美食特色街、蜀绣服饰特色街、蜀绣小商品特色街、蜀绣产品上下游产业特色街区，在沿河修建的环状绿道嵌入蜀绣诗词歌赋，实现产、文、景共融。通过生态和经济的融合，在生态空间再造的同时嵌入新的社区生产空间要素。这也是社区经济结构转型和社区面向更大的城市产业结构重组的结果。

据社区负责治理工作的 Y 某介绍，当时街道和社区是打算把那种设计感十足的集装箱连片安在府河小区外的绿道上，一楼经营特色小吃、蜀绣文创产品、服饰，二楼入驻自组织、社会组织和社会企业，以此实现社区组织孵化培育，由此形成蜀绣特色集装箱街区，将经营和公益理念融入其中。绿道集装箱的规划，表明街道和社区倾向于生产出一种空间形态，既能带动和规范当地的夜市经济，也能创造出社会组织和商家共生的画面。

但是，2020 年区里相关部门没有批准 A 街道和 F 社区的绿道集装箱街区规划。"区上说规划有问题，是违建，然后就不让弄了。"（YH20200625）为了弥补绿道集装箱规划的落空，社区把主要精力放在社区服务和社区营造方面。目前社区打算在 FH 小区连接蜀绣文化公园的绿道上做一个公共空间，规划出一个儿童游乐场所和一个公共休闲区。"走在绿道上的居民都可以使用这些公共空间。现在党群服务中心前面的这条绿道主要规划来做公益性服务。目前来说的话没有植入一些营业性的元素，可能下一步应该会有。"（YH20200625）

绿道生态经济空间从街道社区规划到被区级政府否决，深刻体现了"每一种新的空间分工，代表着一种真实、全面的空间结构化。它是一种新形式的地区问题的标准；从更根本上说，它不是标志着关系在空间中的一种新的重组，而是标志着一种新空间的创造"①。

----

① ［英］多琳·马西：《劳动的空间分工：社会结构与生产地理学》，梁光严译，北京师范大学出版集团、北京师范大学出版社 2010 年版，第 4 页。

第四节 社区生产结构的转型与治理资源匮乏的内在张力

一 社区产业结构的空间分布

"村改居"社区生产空间中，不同类型产业的空间分布规律及其治理程度和方式存在不同。"村改居"社区的生产形态分为三类：加工制造业、服务业、文化产业。三类空间的区位分布是不同的，加工制造业往往隐蔽在安置小区、涉农地区、自建房，离社区中心较远；服务业则分布在各商品房小区、街边房屋的商铺；而文化产业则往往靠近社区党群服务中心，地方政府和社区投入资金进行整体规划和打造。这种地理上的分离，尤其是与社区服务中心距离远近，在某种程度上代表着社区对这类经济发展的主观态度。对于城市社区，服务业和文化产业是城市服务群和文化产业群的构成部分。这类产业需要产品的文化符号展示和消费者的到场，因此在区位上处于显著位置。

不仅不同产业存在着空间分布，同一产业的不同生产阶段也被置于不同的区域。蜀绣产业的制作过程则透过社区党群服务中心旁边的蜀绣工坊玻璃房展现出来，即生产过程的本身也是非物质文化遗产的当代再现，因此，社区内的数家蜀绣工坊都是集培训、制作、推广、销售于一体的蜀绣产业综合服务空间。大师级的蜀绣成品则被陈列在蜀绣博物馆中，定期对外免费开放。蜀绣的销售则通过线上电商空间和线下实体店得以实现。因此，不同生产类型的空间分异，与市场的需求有关，也就是不同市场的需求对于产业空间的要求也不同。服装加工制造业由于基本为淘宝订单式生产，它需要的是租金低的生产空间。而租金与房子的区位分布有关。地理位置越偏僻，人流量越少，则租金价格越低。因此，不同的空间分布可以直观呈现出生产的效率

第四章 生产空间：混合产业空间治理的结构性张力

和利润。

正如卡斯泰尔从资本意识形态入手重新理解城市建构的意义，强调资本对于城市空间的影响，城市空间的出现、区隔等与资本密切相关。① 资本对于社区空间的生产、解构与再造都有着深刻的影响。随着生态对于社区空间的重要性逐渐显现，资本的流动导致社区空间的转向，但这一转型过程更多受生态和权力的影响。随着社区空间经济本位的衰退，生态本位开始引领新时代公园城市的发展潮流。

二 外来务工人员的边缘性与社区治理的单一性

社区专门为外来务工人员建立了微信群，但是外来务工人员的社区归属感弱，没有经常参与社区的公共活动。社区支部书记也感叹道："服装加工厂这块是治理的大问题。以前社区也不提，但这是个很大的群体，200多家服务加工厂里面有工人几千人。我们之前想过增强外来务工人员的社区归属感。他们的子女学业辅导、就餐就是个问题。这些小朋友都是跟着爸爸妈妈在马路边上吃饭，不卫生也不安全。我们打算结合务工人员子女的服务这条线做一些我们和务工人员的联系，但是现在还没有具体实施，只是有这么一个想法。"（PSY20201030）

这些加工坊每天的工作时间一般也不固定。"老板有订单，就喊工人们做；老板没有订单，工人们就休息。他们忙的时候，从早上起来就忙到晚上12点；不忙的时候就天天在外面闲散，上网啊，耍啊，就会聚在一起，有的还做点小偷小摸的事情。这种事情也跟他们的这种工作时间有关系。"（PSY20201112）

外来务工阶层因其流动性，在社区支持网络系统中一直处于边缘

---

① 方琦、王伯承：《透视与内嵌：城市空间转向及其实践——理论探讨和三个案例》，《云南行政学院学报》2017年第4期。

地位。社区对这类群体的日常治理实践更多集中在消防治安领域，且以管控教育为主。外来务工人员的经济活动和社会活动并没有被真正纳入社区总体空间结构，由此造就了流动务工人员与社区之间的疏离。

三 "三合一"场所的整顿关闭与自建房房东的转型困境

非环保型生产空间在生态治理中遭受挤压与约束，"三合一"场所的陆续关闭，在一定程度上引发了失地农民与政府之间的矛盾。依靠房租收入生活的失地农民对此还难以接受。在他们看来，眼前的家庭经济利益得失比社区生态保护公共利益更为重要。工业生产方式的引入彻底改变了失地农民的生存方式，以往农民与土地的关系，转变为厂房房东与房客之间的利益关系。对于普通居民和商家来说，他们更倾向于服从资本的空间生产逻辑。但生态治理对于这类家庭作坊的打击是致命的，对地方经济和社会关系的影响是存在的。地方生态安全管控和全国电商加工市场的剧烈波动性，促使工厂手工业从业者随时做好开辟新的生产空间的准备，而在工商主导的层级化长链市场中，生产空间的流动和出租市场的波动使失地农民的生计充满风险。自建房房主的经济收入因为"三合一"场所的整治受到较大影响。社区的骨干代表，大部分都是社区的失地农民，普遍抱怨道："还想涨租金呢，一搞环保，房子都不好出租了，以后生存咋办？"但也有社区干部道出：

> 社区居民有个特点，年轻的一批，他们的选择就是外出打工或者上班。年老的一批，就是45岁以上的，相对闲散，他们靠房租收入。房租收入一旦降低，这个问题就出来了。他们没事就会去茶馆喝茶，打点麻将，就会无事生非，扯一些以前的问题出来。聊到大家都有这样的问题，他们就会来社区、街道闹、要。如果说房租特别好，生意效益好，他们天天有钱，他就打打牌，做点

事情。其实这些居民平时生活上不愁的,有的家庭甚至都已奔小康水平。有些好点的一年光租金就有十万块钱,有的自己还在外面务工或做生意,一年收入起码有 20 万—30 万元。他们这块不愁。只有极少数懒散惯了的,他们的生活还是有影响。(PSY20201112)

随着外来人口的流出,本地消费经济也受到一定冲击。在走访社区好吃一条街时,猪肉店老板和饭店老板抱怨,生态环境整治以后,社区的流动人口变少了,餐馆、农贸市场的消费者变少了,房屋没人租,社区经济变得不景气了。但社区支部书记却分析道:"加工厂是少了,但我们总人数是没少的,我们社区总共才 32000 左右的人口,主要是因为新冠疫情影响,导致社区经济整体下滑。"(PSY20201112)

尽管加工行业在社区中的主导地位及其空间结构发生了极大的变化,但这种变化并没有过多影响到 F 社区的发展和治理。因为街道对 F 社区的规划定位是蜀绣文化生活街区。衡量该社区发展治理的指标最重要的是蜀绣文化产业的生活转型以及社区治理的水平,其他加工行业的发展水平、外迁人口的情况都处于次要的地位。

城乡接合部社区"三合一"生产空间本身就是失地农民转型过程中自发形成的一种生产组织形式,有着特殊的经济和社会关系的空间运作逻辑,这类经济联合体如何实现与生态环境的共存,真正解决问题并不在于简单地否定这类生产组织的发展模式,而是需要治理理念的更新和生态治理共同体的营造。在新型城镇化实践中,街道、社区、社区居民与"三合一"所有者与使用者应共同探索出一条既满足转型社区发展需求又避免违规生产导致生态困境的道路,实现一种生态可持续的、具有积极意义的生产治理模式,进而推动流动人口对所在社区的责任与认同。

"村改居"社区"三合一"空间结构从确立、衰落到消失,印证了其与其他空间结构之间的关联,相互关联的本质则是人与人的关系以及人与自然的关系。"不同类型空间结构的演化，它们的确立、维持、最终崩溃和变化，不只是由劳动过程的特点、积累的要求、生产方式的阶段甚至资本的需要所决定。"① 空间结构形式是通过城市的政治经济生态发展战略和社区不同群体的利益需求之间的互构而演变的。社区生产空间的变动和重组，是对生态和经济关系变化的反映。它的存在与发展表现为一种冲突和协调的过程。"世界并不只是资本积累的需要的结果。"② 烂木料加工厂的拆除以及服务加工作坊的搬迁，正是以生态压力支撑的政治压力的结果。

小　结

空间作为一种客观事物存在的聚合场所，是度量事物存在和运动的基本尺度。"村改居"社区空间处于更大的空间系统与结构之中，不同的视角与坐标之下对其定义也有所不同。自上而下地看，"村改居"社区空间是城市空间的一个子系统。由外到内地看，社区空间内部则分为不同的单元，各个单元中又含有诸多的差异性要素与矛盾性要素，客观上要求我们从系统观念对社区空间进行深度剖析，方能理解社区空间构成的前因后果。

混合空间的实质是一种国家机器、市场经济、农民市民化多重逻辑关系叠加的结果。正如前文所言，"村改居"社区包含了自发秩序和建构秩序的混合，这就决定了不同主体在形塑空间时都存在着不同的动机，这些动机时而重合时而对立，由此引发了诸多的意外性后果。从自发秩序角度出发，村落终结是城市扩张的结果，在中国过去40多

---

① [英] 多琳·马西：《劳动的空间分工：社会结构与生产地理学》，梁光严译，北京师范大学出版集团、北京师范大学出版社2010年版，第80页。
② [英] 多琳·马西：《劳动的空间分工：社会结构与生产地理学》，梁光严译，北京师范大学出版集团、北京师范大学出版社2010年版，第7页。

第四章 生产空间：混合产业空间治理的结构性张力

年的快速城市化过程中，空间扩张是城市开发的主要形式。但由于国土面积广大，社会经济发展水平不均衡，不同城市发展阶段差异较大，特别是中西部诸多地区依然处于工业化和城市化快速扩张的阶段，在治理目标的优先排序中，如何寻求城市化发展与社会秩序稳定的均衡点是重中之重。而社会秩序稳定的前提就是失地农民的生活得到保障。社区变革中自发形成了农民—生计—市场机制的逻辑链正是以上问题的集中表现。"村改居"社区不仅仅是物理空间的城市化，更是失地农民的市民化。失地农民的市民化往往需要借助自建房、集体土地出租和家庭手工业的发展，这是诸多地区农民市民化的一个阶段，也是"村改居"社区小工业发展的必然结果。同时，全国电子商务经济的发展往往将城乡接合部作为其重要的线下生产基地，这又进一步助推了城市化的发展，但是与此相矛盾的是，这种以中小作坊为主的电子商务加工经济，往往利用转型空间治理失衡和管理混乱的特点，制造出生产与生活合一的加工空间，不仅造就了对工人的身体控制和规训，也分裂出了一个以出租业为生的农转非群体，进而埋下了巨大的社区生态安全危机。生态空间彻底限制了社区传统的空间发展轨迹，促使工厂手工业从业者在其他城乡接合部开辟新的生产空间。生态空间的变革使得社区必须寻找新的发展之路，即蜀绣文化生态社区之路。

从外部建构秩序而言，城市空间的无序与野蛮生长在中国近年来城市化快速扩张中体现得淋漓尽致，传统社区被不断嵌入更广大的空间生产和空间结构。微观社区空间不但是国家治理的神经末梢，也是国家空间治理的基础部分，其重要性不言而喻。早在2016年，中共中央、国务院印发《关于进一步加强城市规划建设管理工作的若干意见》，可以看作对当前城市规划建设管理中存在的城市建设盲目追求规模扩张等突出问题的回应。意见明确指出要"加强空间开发管制，划定城市开发边界，根据资源禀赋和环境承载能力，引导调控城市规模，优化城市空间布局和形态功能,确定城市建设约束性指标。按照严控增量、盘活存量、优化结构的思路,逐步调整城市用地结构,把保护基本农田放在优先地位,保证生态用地,合理安排建设用地,推动城市集约发展"①。外部建构秩序能否得到落实,其合理性需要在社区治理实践中得到验证。但政策的普遍性与情境的特殊性之间总是存在着张力。不同的城市,每一种社区都是处于一定历史阶段的客观存在,并受到地域环境、文化历史、人口组成、建制方式等诸多要素的制约,从而形成了符合自身的空间变革和治理特点。F社区的生产空间中不断生产、重组与再造的地方性经济实践始终被置于具有更广大背景的城市发展空间,既反映了地方城市的政治性和经济性,同时也受其生态性和文化性、社会性的影响。工业与环保的冲突、生态与经济之间的社会冲突和生产的地理形式之间的关系,仍是相互决定与相互制约的。

  F社区生产空间的行业发展变迁史为社区生产空间分工的性质和连续性提供了依据和指引,这并非个例,并在中国诸多的城市中反复上演。事实上,生态空间与生产空间、规划空间与自主空间、自然空间与人造空间等空间治理矛盾是"村改居"社区空间再生产断裂的集中体现。从村落向城市社区转轨中,城乡空间的物理融合已经完成。下个阶段,则需要完成空间体系的融合。这里的挑战在于如何实现多元化空间的分类治理与规划,优化社区内部居住、公共服务、基础设施的空间结构。

---

① 《中共中央 国务院关于进一步加强城市规划建设管理工作的若干意见》,中国政府网,http://www.gov.cn/zhengce/2016-02/21/content_5044367.htm。

第五章

居住空间：社区差异化治理与空间融合

任何一个人的生存与实践都必须建立在物质基础上。马克思在《德意志意识形态》一文中在对德国抽象意识的批判中就雄辩地指出："人们首先必须吃、喝、住、穿，然后才能从事政治、科学、艺术、宗教等等。""安居"与"乐业"自古以来就是中国人生活幸福的两大基石。1300余年前，唐代诗人杜甫在成都草堂中写下了《茅屋为秋风所破歌》一诗，其中的"安得广厦千万间，大庇天下寒士俱欢颜，风雨不动安如山"就道出了居住之于世人的理想。

居住需要在人的日常生活中占据着基础性地位，但也并非简单的物理空间的安置问题，而是处于一定的社会结构域之中，并与国家的文化、历史、政治、经济等要素紧密相连。纵观人类历史，住宅是人类实现生存与发展的基本物质生活资料，代表了人类最基本的需求之一。狩猎时代的原始社会，人类居住的空间是"窟穴"或"巢穴"，目的是维护自身安全和方便捕捉猎物，从而实现自我保全。从狩猎时代的流动居住到固定地点的逐水而居是一场居住革命，意味着人类开启了现代农业文明，居住空间开始实现从洞穴向土木与砖石搭建的定居住宅转变。随着人类改造自然界的能力不断提升，现代城市与工业社会的居住框架则由过去的土木向钢筋水泥的花园式住宅演变。现代城市的空间多元化、人类居住集中化对居住空间提出了更高的要求，对居住空间的认知也不断升级，住房不只是居民的栖身之所，更是作为建筑学表达的一种"外在的艺术"。黑格尔就曾经指出，音乐是流动的建筑，而建筑是凝固的音乐，现代的建筑正是通过"对外在无机自然加工，使它与心灵结成血肉因缘，成为符合艺术的外在世界"①。居住空间的优化代表了人类审美能力的提升以及对栖居空间的憧憬与向往。居住正义不但是居民生活幸福的基本保障，更体现了我们党执政的合法性与中国特色社会主义道路的优越性。自党的十八大以来，以习近平同志为核心的党中央领导集体本着为人民美好生活而奋斗的宗旨，将人民的居住问题与全面建成小康社会的奋斗目标相结合，提出了要满足全体人民"住有所居""居有所得"，居住不但是衡量民生水平的重要依据，同时也是小康社会达成的重要标志。《黄帝宅经》所谓的"宅者，人之本也""住有所居""安居乐业"是我们对于美好生活的基本判断。

"村改居"社区居住空间是一个新发展阶段的旧问题。说新阶段是回应了城镇化前半段，早期的城镇化集中于"物"的变革，即物理空间的变革，实现了从农村的空间形态向城市的过渡，可以称为"硬件的城镇化"。但城镇化的硬装完成之后则需要过渡到软装，城镇化的后半段要更加关注城市之中的"人"，要着眼于城市的生活品质，实现以人为本的城镇化，可以称为"软件的城镇化"。说是旧问题，是指居住空间并非新发展阶段的问题，而是在早期城市化过程中就已产生的，问题的焦点在于缺少人文性和科学性的规划导致的居住空间碎片化和异质化等。"村改居"社区居住空间的内在张力既是传统生产生活习惯与现代城市生活方式和公共规则的对抗，同时也包含了从熟人社会向陌生人社会的空间转换。这也需要我们重新理解居住空间的演化历程，

---

① [德]黑格尔：《美学》第1卷，朱光潜译，商务印书馆2017年版，第105页。

以及居住之于人民生活的多重附加意义，方能洞悉社区居民的社会行动逻辑与空间再生产的实践脉络。

第一节　社区居住空间的样态变革与分类治理策略

"村改居"社区居住空间从农村到城市的演变过程中主要经历了村院落、自建房以及高层住宅三个阶段。居住空间的变革实质是人类不断实现人化自然与改造自然空间的过程，与此同时，也建构出与人化自然相适应的社会关系网络，实现了种类不同的"空间生产"。

一　农村居住空间的样态与布局

与现代城市空间相比，农村社会的居住空间是一个"生产—生活—生态"三者较为平衡的空间布局，这体现为空间中的行动者更为注重空间的使用价值。农耕时代的"天人合一"理念导致从事农耕生活的居民将自身视为自然空间的一部分。人在"空间之中"与人"改造空间"是不同的两个理念，传统的居住空间对于过去的人而言具有海德格尔所谓的庞然大物的意味①，包含一种神圣元素的自然图像。

首先，传统村民的生活世界注重以农耕生产为核心的空间布局。农村社区的空间生产是以农业为核心的劳动。相较于彻底的城市社会分工而言，农民的职业分工极为单一，这也导致了空间活动半径有限，缺乏横向的社会联系，从而养成了小农的独立和不善于合作的群

---

① 在海德格尔看来，现代进程的标志就是庞大之物（das Riesenhafte）的消失。传统社会的存在是神圣的，庞大之物没有现代的物理学和数学的牵制与分割。现代社会利用科学技术，开始对世界厘清与设定，"技术"取代了"庞大之物"，作为整体的庞大之物的神圣感荡然无存。参见［德］海德格尔《林中路》，孙周兴译，上海译文出版社2018年版，第96—97页。

体性格。① 社会分工的单一性不需要更频繁的社会流动,农村社会的超稳定结构很少发生改变,经济基本上能做到自给自足。② 农村产业结构是一个明显的封闭经济圈,种植业、养殖业、编织业、商业与手工制造业都局限在村落空间,原料取自村落,生产手段与过程由本村农民承担,生产物资以使用价值为主,不存在所谓的市场,消费主体也是本村的农民以及临近村落的农民,农村产业结构体现了极强的自我循环特征,与外界不存在太多的物质能量交换。

其次,生活空间的层次感。尽管传统农村的生产与生活空间高度重合,但并不代表两者之间没有区分度。这个空间通常是以宅、院落、圈与外在空间相区隔。住宅空间是起居生活的基础空间,承载最基本的吃、住等活动。院落则是外在于住宅空间,但又与住宅紧密相连、融为一体的,聚集了多重功能。院坝的平地可以供居民晒谷子、晒花生等物品,院落的前排空间是饲养家禽如鸡、鸭、鹅的场所。院落的房屋主要堆放木材、杂物。猪圈一般位于院落隔离的一角。院门则由家狗负责住宅安全,一旦有陌生人侵入就会预警。住宅和院落合二为一,用篱笆与外界形成隔离却又半开放的空间。村落常常依河而建,河流既是农田灌溉和饮用水源的重要空间,也成为村民日常涮洗、嬉戏纳凉的生活场域。

最后,自发的生态空间。在小农中国,皇帝的理想无非是"风调雨顺、国泰民安",对于民众而言则是"花开富贵、子孙满堂",农耕生活的质量如何是由老天决定的,这也意味着中国人对于自然空间无比重视。国之大事,在祀与戎,天坛每年三次上演着皇帝"祈谷、祈雨、祭天"的重要仪式。上到国家下到村落,体现了中国人对自然的

---

① 徐勇:《现代国家乡土社会与制度建构》,中国物资出版社2009年版,第99页。
② 金观涛、刘青峰:《兴盛与危机:论中国社会超稳定结构》,法律出版社2011年版,第360页。

恭敬无处不在。人、村落与大自然融为一体，颇有些万物皆备于我的境界。在大大小小的村落中，土地庙随处可见。沿海地区每次出海都要拜会妈祖更是凸显对自然空间的尊重。

近代以后，中国想要屹立在世界民族之林，就必须实现从自给自足的农耕时代向未来的工业与高端产业时代迈进。城镇化像一辆奔跑的快车，将微观的、分散的村落空间强行拖入了现代城市之中。

二 "村改居"社区居住空间的变革

居住空间是社会文化的载体，不但通过外在建筑结构集中反映了时代的精神面貌，同时也是社会关系展开与运作的基本前提。社会空间是由外部因素（即自然环境）和人类自身的因素（即生物的、技术的、文化的因素）共同决定的。而且，由于这些因素是变化的和发展的，所以从历史上看存在过一些不同形态的社会空间。[1]"村改居"社区居住空间的变革历史就是一部从院落到楼房的历史，体现了两个转型：一是从初始空间到演化空间的转型；二是从自然空间向人化空间的转型。初始空间是一个以自然为基础的空间，是以血缘关系为纽带，由活动半径大小所决定的地缘空间，是自从人类产生便一直延续下来的基本的社会空间，满足了人类生存和延续的基本需要。"村改居"社区终结了初始空间，将院落改造为住宅。"住宅空间是城市空间结构的重要组成部分，它是城市生活功能得以实现的物质载体"[2]。从自然空间到人化空间体现了空间生产的能动性，代表了城市生活与生活关系的聚合体，空间要素、单元、体系的分布在具体层面表现为一系列物的集合。从院落到楼房的居住空间的变革决定了社区居民行动逻辑也

---

[1] 冯雷：《社会空间的成立及其不同形态——人类学哲学的视角》，《哲学动态》2014年第11期。

[2] 李春敏：《马克思的社会空间理论研究》，上海世纪出版集团2012年版，第162页。

随之发生变化。

对于处于高速发展阶段的、社会主义市场经济的中国而言，居住空间的使用价值权重日益降低，在住宅选择中交换价值逐渐受到民众的重视，这一过程就是空间货币化与资本化的过程。2019年，广发银行联合西南财经大学发表《2018中国城市家庭财富健康报告》，其中提到：我国城市家庭的户均总资产规模达到161.7万元，户均可投资资产规模达到55.7万元。家庭总资产配置中，房产占比高达77.7%，金融资产配置仅占11.8%。[①]住宅的金融功能逐渐凸显，对于中国老百姓而言，住房带来的安全感不只在于居住，还涉及教育、医疗等多重功能，住宅空间成为资本的外在化。住房作为当前最为重要的投资工具，让居住本身的理念逐渐弱化，这也是空间异化的重要表征。市场经济语境中，货币形成了一种新的权力，并在一定程度上主宰了居住空间的分配，进而僭越了住房本身的价值。社会空间结构的分配，更是彰显了不同的角色、行为的范围和社会秩序下的权力路径。

"村改居"社区居住空间是失地农民、农民以及新住民日常生活的重要场所。作为"时空压缩"的社区，在空间生产过程中造就了三种异质性显著并存的空间居住样态：失地农民的居住格局，涉农地区的农民居住空间和新住民商品房小区的居住样态。"村改居"社区的空间重构在于通过治理变革不断瓦解由居住空间造就的阶层分化与隔离，营造生活融入和关系融洽的社区日常生活场景。

第二节　失地农民居住空间分异与治权失衡

空间作为人之寄居与活动的展开场所，不仅仅是一种简单的存在

[①] 《2018中国城市家庭财富健康报告》，搜狐网，https://www.sohu.com/a/291490586_373314。

第五章 居住空间：社区差异化治理与空间融合

背景，也是人类的情感聚集地，在与空间物质能量交换过程中也会成为见证自身生活成长的重要组成部分。正如《汉书·元帝纪》所言："安土重迁，黎民之性。"要说服居民搬迁，告别世代居住的地方，就很不容易，要重新安置居民则是难上加难。

各地撤村并居实施的原初目标是通过对农民或者失地农民的集中安置，以更有效地节约土地资源，实现基层治理的精准化和可及化，节约治理成本。在坚决贯彻科学发展观的前提下，为了更好地服务于经济社会全面、协调和可持续发展，郫都区人民政府在当时的国土资源部和四川省国土资源厅、成都市国土资源局的指导下，于2002年启动新一轮土地利用总体规划修编，并于2002年列为国土资源部12个县级土地利用总体规划试点县之一（国土资发〔2002〕189号）。2002年后，F村也被郫都区A镇纳入"撤院并院"的土地资源整合进程。撤院并院是指将居民的生活空间进行整合，主要分为两个方面：第一，将"分散居住的村民集中安置到规划好的城镇、中心村、聚居点，改善村民生产生活条件，整合农村集体建设用地资源，促进农村劳动力的转移和村民增收，努力实现土地利用方式转变"①，提高土地收益的附加值。第二，腾换用地指标，将整理出的农村建设用地（建新拆旧项目区拆旧地块）等量用于城镇建设（建新拆旧项目区建新地块）。城镇建设发展区土地资金收益全部用于拆旧区农村建设发展，提倡"工业反哺农业、城市支持农村，推进社会主义新农村建设"，进而实现统筹城乡区域发展。②"村改居"社区的居住空间规划、生产和安置，与基层治理、社区秩序的再造密切相关。F社区的失地农民居住区域分为自建房区域和安置小区两种类型。自建房和集中安置小区的空间区位

---

① 《耕耘金土地 建设新农村 郫县金土地工程纪实》，《资源与人居环境》2007年第8期。
② 《耕耘金土地 建设新农村 郫县金土地工程纪实》，《资源与人居环境》2007年第8期。

和空间布局又明显呈现出资本导向或生活导向的居住功能。

一 划地自建房的空间生产限度

在西方社会学家看来，住宅空间的占有、使用、分配和消费往往是一定社会历史条件下阶级境况的映像。对于中国而言，住宅空间的背后则是现代化建设过程中身份治理的差异，这集中体现为城市民众和农村民众的居住分离。"村改居"社区空间正处于城乡空间融合的过渡阶段，随着城乡空间的剧烈转换，居住空间的内核也发生变化。

2010年前全国对农民、失地农民的安置方式存在货币安置、集中安置、划地安置、养老保险安置等模式。F村从2003年开始进行土地拆迁整合，2005年后开始大面积拆迁安置。F村的拆迁安置方式主要是划地自建安置。到2010年后，P区划地安置被叫停，才开始建设安置小区安置失地农民。

> 因为城市的规划有要求，当时划地安置主要是源于P区地方政策，它没有按照成都市城乡统筹政策来做。因为划地自建导致土地浪费，不符合相关的要求，后来就被叫停了。（PSY20201231）

划地安置所形成的居住形态就是自建房空间。F社区最早一批自建房安置区域为M庄自建片区。其划地自建区域位于社区东北面，离社区中心区有一两千米远。2003年，川投企业在M庄那边征了200亩地，又租了300亩，几乎连征带租了三个社进行土地整合和集中安置。M庄划地安置区域位于社区边缘地带并非政府规划的结果，而是利用了村社剩余的集体土地所在区域。

> 划一个地，去另外一个地方住，等于挪了个窝。安置的地方

第五章　居住空间：社区差异化治理与空间融合

也是他们三个社的土地，他们就没有往场镇集中靠，因为场镇的地不是他们的，他们没办法来。当时还是很偏僻的地方，一般都还没什么道路，人也少。（PSY20201231）

早期位于社区边缘地带的 M 庄自建区域，失地农民的生计发展比较受限。但随着 2005 年 A 镇招商引资，吸引来海霸王（成都）冷藏物流有限公司，该公司斥巨资建造起占地约 1800 亩的海霸王西部食品物流园，促进了 M 庄自建区域的快速发展。海霸王西部食品物流园是海霸王国际集团在中国西部打造的信息化、专业化、现代化冷冻品、食品储存、加工、物流配送基地，M 庄自建区域正位于海霸王生产基地对面。随着物流园的快速发展，外来务工人员增多，周边房屋出租市场自然十分景气。失地农民将自建房多余的房间或整栋出租给物流公司的员工居住，或出租给个体工商户，也有少部分自建房是整栋出租给浙江的小企业作为厂房使用。

划地安置每人占地 45 平方米。原 F 村的农户家庭以核心家庭为主，也就三四个人。也有个别家庭是主干家庭，有五六个家庭成员。五六个家庭成员的家庭，每人占地面积是 45 平方米，它房屋的面积太大，很多人没有钱建房子，就会选择卖掉一两个人的面积指标，然后用剩余的产权面积建房。划地自建房一般都建成 4—5 层楼房。因为社区离成都西北部的荷花池批发市场、五块石大型批发市场和洞子口批发市场很近，服装加工企业比较多，那边流动人口很多，那些加工企业愿意来社区找自建房整租下来生产和住宿。"所以修起来的房子当时是不愁租的。"（PSY20201231）

对于自建五层楼房是否存在违建问题，社区支部书记表示当时地方政府都是默认的："原则上要求你修三层或者三层半的，不能超过五层。老百姓觉得修高一点，房租多收一点，多增加收益，因此老百姓普遍都修的五层。我们家当时打地基就是按照五层的标准去做的。"

(PSY20201231)

划地自建房的居住格局是，一楼、二楼、三楼都租给房客，失地农民一般都会把顶楼装修出来，留作自家使用。尽管顶楼夏天热，冬天又冷，但失地农民为了增加自己的经济收益，宁愿把最好的楼层让给租户。

> 因为很多租户要求租住低楼层。以前我们这里"三合一"场所比较多。很多服装加工厂老板，把一楼用来做服装，二楼用来加工，三楼和四楼则隔成很多房间给工人们住宿。但是，从2018年开始，社区进行安全整治，要求那些服装加工厂要么整栋楼拿来加工生产，要么整栋楼用来住宿，不能混在一起使用。现在这两年因为各项整治，相对而言，空房率高了不少。（PSY20201231）

由于地处物流区域，M庄的自建房出租效益比较高，"基本上都租出去了，他们经济条件可能比城里的还要好一些，那边的租金比城镇上的自建房租金还高一点"（PSY20201231）。这种居住空间的租金化对失地农民的再就业影响较大，邻里效应使得失地农民的再就业动力不足。或者说，失地农民的自建房，在失地农民居住使用之外，还承担着生产的意义。因而，与过去的农民住宅所承载的符号和象征意义相比，空间变得具有"超级意义"①了。被生产出来的居住空间的意义，既是鲜明的，又是模糊的。自建房的使用价值是存在的，但交换价值的存在，使得空间又成为一定的生产场所。由此，一些新的矛盾出现了：使用的必然性和交换的偶然性之间的矛盾，日常生活的舒适安全性与出租空间的生产性之间的矛盾。

尽管物流园区的发展促进了M庄居民出租收益的提升，但自建房空

---

① [法] 亨利·列斐伏尔：《空间与政治（第二版）》，李春译，上海人民出版社2015年版，第88页。

间由于受区域位置、基建遗留问题、产业低端以及道路所属权争议等问题的影响，导致公共服务设施和公共空间供给滞后。"因为 M 庄修建时间比较早，当时对区域的基础设施考虑简单。"（PSY20201231）随着城市化进程和工业化进程的加快，这些基础设施逐渐老旧，尤其是雨水管渠、污水管网等排水设施年久失修，破坏严重，导致地面雨水、生活污水排放不通畅，逢雨必涝，严重影响到居民的日常生活。居民和商家抱怨最多的就是道路维修问题。M 庄片区道路因长年被过往重型物流车碾压，不堪重负和年久失修，一直坑坑洼洼，下雨天更是积水严重，影响居民出行。这个基础设施问题一直得不到有效解决，导致 M 庄居民对社区、街道有一些非议。

当地居民就迁怒于社区，迁怒于街道。你把我们安置到这边，却不好好解决我们这边的基础设施问题。我们社区处理这个问题，任务也很重，难度很大。他们那个道路1400多米长，10.5米宽。我们之前也找政府部门给我们做了一个简单的设计，它是16米宽的道路，当时设计出来两边各3米的人行道，中间10米宽的马路，总共预算资金在400万左右。这是一个很大的体量。（PSY20200918）

社区希望获得政府的资金支持来修路，但是政府相关部门指出 M 庄的道路属于 F 社区安置点内部配套道路，是社道，不属于市政道路管护范围，不属于政府专项财政资金的审批使用范围，因此问题久拖不决。

其实这个问题我们和上级部门说过很多次了，现在这个问题还没有解决。今年我们将它的问题上报区上，结合区上的"三固化、四包干"机制进行解决。我们社区的直管领导是区委区人大的副主任，我跟他报告之后，他也在积极地想协同各个部门，群策群力，包括我们社区和 M 庄的居民，一起想办法。（PSY20201231）

围绕着 M 庄的道路维修等基础设施改造问题，社区也力图通过协商议事的方式去解决，其中最重要的是转变安置居民的"等靠要"的意识，提升其治理意识和议事能力。福柯曾迷恋于对"体制性空间"的探讨，他指出，各类主体在空间中进行规制和反规制的互动，使得蕴含着自由和可能性的空间成为治理的场域。①

这个事儿不是说老百姓有需求，向社区说一句话就可以搞定的。以前都是老百姓喊一句，"我这里水管堵了，你们社区的人来给我修一修"，他也不埋单。现在这样是不行的。现在我们一直灌输的理念就是：我们老百姓从这个区域中是获利了的，但是获利的同时，将基础设施也破坏了，但还是由自身造成的。对于基础设施改造，还是要遵循"谁受益，谁出资"的原则。大家就要出这个钱。当然体量太大，不可能全部叫老百姓自己承担。（PSY20201231）

由此，F 社区正积极谋划，拟争取街道、村集体、社区保障资金、村民自筹、周边企业等五级资金对这两条道路进行改造，目前进入建设改造方案制定阶段。

按照 400 万元努力，我们老百姓少出一点，社区保障资金匹配一些，大家共同想办法，能够解决 100 万元左右。剩下的，区

---

① 熊竞等：《从空间治理到区域治理：理论反思和实践路径》，《城市发展研究》2017 年第 11 期。

级部门,包括街道、川投公司能否再筹 200 万元或 300 万元以上。当初安置 M 庄区域的川投公司,现在不是准备动工了吗?在他们动工的时候,能否让他们提供一些砂石这些东西?然后我们通过招投标的方式选择一家企业来修建,到时候如果钱不够,可以跟他商量一下,剩余部分我们每年逐步付也可以。所以这个方向我们大概都定了,但是在钱上有把握的只有 100 万元。另外 300 万元的缺口,还需要领导、各部门想办法,最终达到共建共治共享。我们跟老百姓讲,大家不能等靠要,还需要自己努力。(PSY20201231)

同时,社区也逐渐明晰了自身的角色定位和与居民的权责关系,在不断协商的过程中达成共识,推动问题的有效解决。社区支部书记反思:

> 社区主要是去协调整个社区内外资源,社区去给大家想办法,但是我们老百姓要带头。这块应该说有个转变的过程。但老百姓以前是农民,他们的意识还停留在以前,他们认为你把我安置在这儿,你应该给我解决所有的问题,这个意识还是比较强烈的。但是这两年在逐步改变他们,有一部分人已经能够接受我们这个方案了。(PSY20201231)

此外,M 庄自建区域缺乏一个让老百姓茶余饭后能够休息活动的公共空间。因为离社区党群服务中心比较远,社区很多活动的开展、服务对他们那边涉及的就少一些。由于空间安置的距离性,使得安置空间脱离于所属社区,造成居住点的失地农民与其他失地农民之间甚至与社区之间缺乏互动的空间。生活在自建房的失地农民的社会互动模式仍然依赖于原有的乡村社会资本存量。

> M庄居民对社区相对要生疏些。他们那边的老百姓不容易看到。大部分都是外地的居民在这边务工,物流的车子天天在那边跑,就是找个本地居民都不好找。他们有可能搬到外面去住了,也有可能去茶楼打牌了。(PSY20200918)

M庄划地自建区域作为F社区划地自建的先行者,成为P区A镇划地自建模式的试点,后来其他的社区基本按照这种模式进行安置。2003—2010年,F社区加快了土地资源整合的进程,逐年推进的划地自建安置涉及2社、5社、6社、8社、10社和11社,包括2000名以上的失地农民。这六个社的原有土地区位优势就比较显著,因此划地安置区位也多处在社区的中心地带,离散居农民以前生活的院落较近,一般不会超过500米。

> 集中的那一片都是我们几个社的居民。当时土地整合,反正我把你整个土地按照当时的耕地标准租用。打比方说,5万块一亩,我把这个钱全部给你了,我给你划一个区域,每人45平方米的地让你自己去修,剩余的土地,使用权都不归你们,但也不是国有,因为没有征地,只是说流转。或者说通俗一点,你们不用种田了,我每年给你一次性补助,或者按当地的征地标准一次性支付给你,然后划一个区域进行安置。(PSY20201231)

但后期的划地自建,仍因国土和规划手续不完善等问题,导致居住区域基础设施配套不足。A村10社为2007年SJ置业拍卖地块征地拆迁和四川水利厅住宅小区项目征地拆迁时安置拆迁农户的统规自建的划地安置小区,小区划地安置约200人。2014年4月,F社区10社的居民通过人民网的领导留言板向P区县[①]书记留言,反映10社农民

---

① P区原为P县,2016年12月撤县改区,P区正式成为成都市中心城区。——笔者注

安置小区用水问题。10 社在 2008 年搬入划地安置区域后一直饮用地下水，对村民的身体健康造成一定的危害，此外各家都在大量抽取地下水，对该小区的自建房安全造成较大隐患，希望领导能解决该小区自来水使用问题。P 区县信访局很快将居民反映的事项转至 A 镇。① A 镇人民政府经过一个月的调研后答复："镇党委、政府与自来水公司进行了洽谈，按照成都市自来水公司的安装程序，需申请单位在申请国土、规划等相关手续并通过审批后，再由公司派工作人员进行实地考察后再进行设计和施工，但由于该小区属于农户划地自建小区，无法提供国土和规划手续，因此无法按照正常程序进行申报安装。为了解决该小区饮用水问题，A 镇已督促 F 村两委组成协调处置小组近期征求 10 社社员意见，同时负责对社员做好意愿调查申报手续办理、工程协调、供水合同签订等相关工作。目前，F 村村委会已以业主身份向成都市自来水公司先行申报，但因要完善国土、规划手续，可能办理周期要长一些。"

得益于 P 区民生工程惠民政策的不断出台以及区、街道对 F 社区示范社区点位的资源投入，2019 年 F 社区在 P 区全域供水户通工程的支持下，开始解决划地自建区域的自来水问题，同时也加快了对公共厕所、污水管网和社道的改造。2020 年 F 社区已经完成全域供水，3、12 社改厕，3、12 社道路改建等。

对于划地安置的成效，社区支部书记认为，划地安置的老百姓一般都是比较富裕的，不仅房屋安置面积大，45 平方米/人，而且划地自建房屋还有产权，可以自由处置，能够给农户带来很大的租房收益。一个门面每年收入都在 2 万元左右，一家人固定收入在 6 万元以上，还可以到外面务工、经商，家庭收入比较好。"虽然说修建和装修要自己花钱，但是借点钱，也愿意把房子修好一点，后来慢慢还钱就是。"

---

① A 镇自 2019 年 10 月经调整改革，撤销 A 镇建制，设置 A 街。——笔者注

(PSY20201231)因此，失地农民普遍对划地安置比较满意。

二 权力驱动下的安置策略与居住空间隔离

"村改居"社区的空间整合并非限于单个独立的村落，而是属地管理框架下的统一整合。2010年后，划地安置因土地资源浪费，不符合成都市城乡统筹规划，被P区政府紧急叫停，因此集中安置小区成为失地农民的主要安置模式，但由于安置的前后政策不同导致社区产生了居住隔离。通常意义上，居住隔离不但是社会排斥现象的空间表征，更是加剧社会排斥程度的重要推手。在F社区内部的居住排斥意指在统一的空间规划之间存在着相互掣肘。

统一规划的F社区安置小区并不在本社区的区域范围内。2011年，相继被征地拆迁的4社、7社、9社的村民小组失地农民被置换到离社区相隔3公里远的YD村。社区支部书记解释道："当时有一个小区刚修好，政府通过某种方法把那小区的大部分房子作为我们这边的居民的安置房。"（PSY20201231）至此，F社区失地农民形成了两种安置空间形态。同一社区，前后安置方式差异较大，后期拆迁集中安置的村民自然不愿意。

> 当地政府当年也考虑过他们的感受，也制定了一些保证我们老百姓收入的办法。当时就制定了一个保障性物业，相对而言每年每人大概增加一万元不等收入。这也变相地增加了拆迁集中安置小区居民的收益。但相对而言，还是我们划地自建要优于安置房。（PSY20201231）

地方政府制定的安置小区保障性物业政策是在安置小区住房而预补偿人均35平方米的基础上，另外补偿了人均35平方米。另外补偿的人均35平方米并未算入实际产权面积，而是作为保障性收益。同时又从这虚拟的 35 平方米中拿出 7 平方米作为未来收缴安置小区物业费的保障。即安置房小区居民可以不交物业费，剩余的 28 平方米作为一个定期收益。

> 这里的 28 平方米的收益是这样来的。开始的时候，我记得是政府制定的标准是换算成钱，大概 10 元/平方米，每年提升 1 元/平方米，坚持了 10 来年，现在应该说每平方米都是价值 20—30 元。具体多少我记不清了。简单说，其实政府给你的是 70 平方米，其中 35 平方米作为住房，另外 35 平方米是作为你的一个保障。作为保障的 35 平方米，其中的 7 平方米保障是作为你的物业费，另外还有 28 平方米作为收益。这样平衡了一下安置小区居民收益不足的问题。（PSY20201231）

关于安置小区居民对这种保障性物业政策是否满意，社区支部书记回忆道："当时我记得我们去做拆迁工作的时候，很多人不理解。他认为除开住房的另外 35 平方米，应该说还是要给我们实际的东西，就是这剩下的 35 平方米应该给我们办产权证。从虚拟的变成实实在在看得见的，修成住房，然后通过自己或小组去盘活它，实现持续的收益。"（PSY20201231）截至目前，原计划公共收益的房子因种种原因没有修建，但是"政府当时承诺了即使拿不到房，也会按照市面价格折算成金额还给老百姓"（PSY20201231）。在政府主导的被动城市化进程中，在国家意志、地方政府的"制度实践及基层组织的悬浮治理之间，安置政策可能出现'变通式落实'的情况，损害失地农民的权益"①。

对于集中安置的 4 社、7 社和 9 社，最大的问题就是社区管理问

---

① 周孟珂：《国家与社会互构："村改居"政策"变通式落实"的实践逻辑——基于 Z 街道"村改居"的案例分析》，《浙江社会科学》2016 年第 5 期。

题。一方面，4 社、7 社和 9 社的失地农民户籍仍保留在 F 社区，也是 F 社区的村集体经济组织成员，涉及集体经济、村民纠纷调解问题，按照属人管辖原则，仍归 F 社区管理；另一方面，因为他们安置在另外区域 YD 村，按照属地管辖原则，涉及物业管理、环境问题或其他简单的社区管理服务，则又需要在 YD 村处理。由此，异地安置的村民就存在双重管辖的问题。

"城市空间之所以超越于纯粹的地理—物理空间而与现实的人的存在息息相关，原因在于城市居住空间往往与家园意识、日常交往以及与之相关的归属感和认同感联系在一起。"① 对于安置在 YD 村的 F 社区人，他们对居住村与户籍社区的认同就明显带有一种显性的传统乡土文化元素。

> 其实今年我们也经常去他们那里座谈，找我们居民了解情况。很多居民认为他永远是 F 人，甚至有些提出你把我们弄回去嘛，我不想在这里。但这也许是一种气话，只是他对安置小区的物业，包括一些服务，他不是很满意，这两年这方面有点凸显。所以我们社区经常过去跟他们沟通，包括我们和 YD 村一起过去和老百姓沟通，有什么需求，我们尽量去满足，包括他们想多买点凳子，或者是增添一些消防设施。（PSY20201231）

异地集中安置使得不同乡村的村民小组因相似的农民身份而聚集在一起，安置小区的人际关系仍然可以依托于熟悉的村组关系或传统的乡村人际交往规范来维系。集中安置点总体来讲，居住的社会结构具有很强的同质性，失地农民占据着绝对主导性地位。异地集中安置的方式虽然有利于相同身份的居民居住在一起，但也造成了与户籍所

---

① 李春敏：《马克思的社会空间理论研究》，上海世纪出版集团 2012 年版，第 162—163 页。

第五章 居住空间：社区差异化治理与空间融合

在地社区之间的空间隔离，同时也与现居住的村存在户籍不同，无法有效建构更广泛的社区支持网络。

这种异地集中安置可能面临比其他社区更为严峻的居住空间隔离问题。居住隔离本质上是"村改居"社区不同安置方式所诱发的社会分化的空间投射。F社区异地安置的三个社的村民由于居住隔离，阻碍了村社之间的良性互动与融合，与所居住的乡村其他队村民对立情绪严重。对于异地安置，社区支部书记了解到最大的问题就是两个队的村民的本位主义严重。

> YD村的人说你是F社区的，你跑到我们YD村来，你好意思？这个凳子是我们YD村村委会给我们增添的，原则上应该是我们先用。我们的老百姓听着很不爽。我们去的时候，他们就和我们倒苦水。我就劝他们，都在那个地方相互理解。有时候老百姓还是有一些本位思想的。（PSY20201231）

异地安置所产生的这种标签化的排斥现象，将会进一步强化安置居民的群体认同意识，固化其群体"亚文化"和认同意识，导致异地安置群体逐渐走向被边缘化。除了居住隔离诱发社区居民的人际交往隔离外，还易引发属地管辖与属人管辖的困境。异地安置的村民平时会根据各自需求选择两边村社的公共服务和公共活动，但最大的问题是安置区域离户籍所在地F社区距离三千米远，时间成本比较大。

> 我们这两年主要搞社区发展治理，搞得比较好一点，我们的活动范围也主要是在F社区这片。其实我们也在考虑下一步能否扩展到他们那里。但是说实话，属地管理，你跑到另外的村去炫耀自己的东西，人家村上会怎么想，这都是很头疼的问题。（PSY20201231）

因此，在 F 社区支部书记看来，解决这种异地安置的管理困境还是要按照服务便利的原则，从根本上提升安置居民属地乡村的发展治理水平，促进村民融合，提升村民的社区意识和社区归属感，"不要老是觉得住在那地儿，还想到我不是那边的人"（PSY20201231）。

集中安置、自建房是中国城市化进程中比较普遍的一种拆迁安置方式，在有效节约安置成本的同时，也被政府作为比较方便集中管理的一种居住模式，也由此导致一种各阶层、群体充分混杂的共生居住空间的出现，这类空间既可能萌生居住隔离，也可能促进阶层融合。"村改居"社区居住空间治理模式的差异化表面上看是政策的非稳定性和非统一性带来的，这背后也凸显了村民在面对自身利益的时候缺乏公共对话平台来保障自身利益。在城乡高速转型发展中，在现有的法律政策背景下，由于村庄法人的缺位，乡村面对城市的扩张，处于弱势地位，空间的诉求得不到声张。相对于城市，"村改居"社区也只能相对被动地吸收城市发展的资源剩余，这也迫使从治理理念出发，"村改居"社区不能只是城市化的依附，而要做真正的主体性空间。

第三节　商品房小区的产权差异与治理示范

一　混合产权的居住空间

随着城市化扩张，"村改居"社区不断地卷入现代城市规则与空间再生产的秩序之中，而其中最为典型的就是空间货币化过程，沉睡的土地不停地被资本唤醒并加以改造，然而，政策上的断裂却造就了居住空间的产权问题。

早在 2009 年，社区开始涌入房地产开发商，积极投资兴建商品房小区，FH 小区便是第一批中高档商品房小区。2011—2015 年，社区又相继建造了四个商品房小区，如富贵花园、柏林靖、靖湖湾、南溪俊。

第五章 居住空间：社区差异化治理与空间融合

这四大商品房小区处于 F 社区和 A 街道的核心区域，区位优越，交通便捷，周边配套设施齐全。每个小区居住人口多少不等，面积最大的柏林靖小区有 1200 户，4200 余人；最小的富贵花园小区只有 360 户，1000 多人，其他几个小区都是 500—800 户不等。商业小区比安置区域基础设施更齐全，小区配备儿童玩耍设施、椅子、健身器材、乒乓球台、网球场、监控设备、易邮柜、微型消防站和停车场。大量外来买房者的陆续入住，使得社区人口结构发生了明显的变化。

除了商品房小区外，F 社区还存在很多小产权房。小产权房也是中国城市化进程中出现的一类特殊性的商品房。小产权房是过渡型社区以市场力量尝试重塑社区的一种做法，是失地农民以集体名义自发在其集体建设用地和宅基地上建设的房产，是按照失地农民自己的需要和设想来构建城市社区的一种体现。与商品房的手续不同，这类房屋不需要缴纳类似开发商为获取土地而交给政府的土地使用权出让金①，村集体牵头开发，节约了基础设施配套费等市政建设费用。农民集体出售小产权房获得的收益高于政府征收土地的补偿金额。从本质上讲，小产权房仍属于商业行为。社区中较大的小产权房——新居小区位于 F 社区第 8 居民小组，它便是由村集体牵头，由成都安于项目投资有限公司开发的。小产权房尽管产权不清晰，但因为售价几乎是大产权房的一半，仍然受到一部分人的青睐。一些钱不多的购房者因为图便宜，宁愿选择小产权房，而且当时开发商承诺要办产权证，只是后来又办不了。这种因产权争议而引发的商居矛盾也成为"村改居"社区的治理难点。社区支部书记无奈地说：

> 有些业主认为当时老板承诺过却不兑现，他们找老板，老板也不搭理，就只好找政府和社区。这种产权问题的纠纷，前几年

---

① 其中包括由政府出面征收农民集体土地而支付的征地费用。

一直是社区和街道头疼的问题，但这几年居民对小产权房的产权纠纷提得少了。他们可能也明白按照国家的相关要求，小产权房不得确权发证，不受法律保护。（PSY20200918）

小产权房屋与商品房屋相比，不光是产权、硬件设施、物业管理等方面得不到保障，还常常造成空间分割。一个安置社区含有两种不同的产权房屋，涉及一些精准识别的治理，操作起来难度更大，更为重要的是其产权证并不是由国家房管所授予的，也没有国家授予的土地使用权证和预售证，购买小产权房的住户认为自身利益受到极大损失，但政策上也明示了小产权房屋要实现产权更换不太可能。居民们希望未来国家能够网开一面，为小产权房住户办理完整产权手续，其所持有的物业也能升值和在市场上自由交易。

二 示范小区的空间优化

社区空间治理秩序需要一个重要的对标榜样，推出一个示范小区对于其他社区的建设具有重要的指导意义。事实上，"示范"代表了一种中国式政策执行的核心机制，同时也是国家改造社会的温和手法。"示范"机制模型的构成要素包括：示范创制者、示范执行者、示范框架、示范点、推广对象和示范效果。[1] 通过示范标杆功能，为其他社区建设提供评价尺度。FH 小区作为社区内最早的中高档小区之一，区域环境优越，临府河而建，是 A 镇最好的生态宜居区。小区开盘时，售卖价格在 3000 元/平方米以上。当年吸引了成都中心城区的很多市民，包括一些退休的公务员、领导干部和本地居民前来购买定居。小区的人口素质总体偏高，基础设施比较齐全，1、2、3 期配备有活动室、游

---

[1] 叶敏、熊万胜：《"示范"：中国式政策执行的一种核心机制——以 XZ 区的新农村建设过程为例》，《公共管理学报》2013 年第 10 期。

泳池、收费健身房、慈善爱心屋,但小区内的健身器材和健身场地不足,好在小区旁边就是绿道公园。2019年,小区被定为成都市示范小区。A 街道专门在小区门外的绿道公园里配备了乒乓球台和篮球场,这也给 F 小区的居民体育休闲带来了便利,进一步提升了小区居民的生活品质。

从治理资源来看,空间因素的重要性会影响社区对空间的资源和精力的投入。示范小区作为社区的治理样板,一般会选择中高档小区,因为这类小区一般都拥有较好的社会资源和生态优势。商品房小区的价格在一定程度上决定了居住空间的经济分层和社会分层。占有优越空间位置的小区,又容易被社区作为样本小区来打造。在提供和分配公共资源时,又会更多倾斜于该小区。这又进一步优化了这类空间。小区健身场所和健身器材等是样板小区最常打造的公共服务设施。为满足不同居民休闲、娱乐需求而打造的健身空间,又会增加小区居民人际互动的频率,进而加深居民对社区的认同和凝聚力。

社区景观、社区生态环境、社区党群服务中心的服务和社群活动,都会潜移默化地影响人们对社区的认识、对城市的情感,乃至对政府和国家的认知。碧绿的府河、安逸的绿道、五彩的蜀绣文化、高大上的邻里中心和文艺范的社区能量馆,成为 FH 小区居民谈论最多的公共空间和公共文化。这些地理符号、文化符号逐渐成为地方记忆,成为人们辨认空间的重要线索。每个人都携带着他们自己的"心理地图",运用这些地图去辨认空间,并将意义赋予所居住的社区。空间塑造人格行为,其行为也根据他们对空间的观点而被组织。人们对环境的认知、感受和经验决定了人们对环境的态度是积极的还是消极的,参与构造其生活空间的图景是人类行动的一个永久的维度。①

关于示范小区建设,社区会不会过多投入资源,造成小区之间的

---

① 司敏:《"社会空间视角":当代城市社会学研究的新视角》,《社会》2004 年第 5 期。

分化，社区支部书记摇头道：

>"示范"这两个字就是要起到带头作用，要让其他小区看到他们优秀的地方，然后向他们学习。前期势必会多投入一些。除了小区的硬件公共体育设施会投入，在小区的节庆活动筹备中，社区也会积极支持。不管是精力也好，时间也好，或者是财力也好，对示范小区的投入肯定会多一些。（PSY20200918）

空间作为权力合法性的重要载体，政府基于对政绩的偏好，会选择地理条件优越、经济基础较好的空间作为社会治理的试验田。而治理本身需要借助一定的经济基础才能更好地调动各方利益主体的积极性。在区域资源优势的挖掘方面，政府在工具理性的驱使下，倾向于发展与治理同时推进，通过整合社区内外空间，尤其是促成社区外资本甚至互联网资本与文化资本的结合，为其创造各种机会与空间。

第四节　散居空间的非农化与治理瓶颈

一　涉农区域的非农化

"村改居"社区空间整合并非一个一蹴而就的过程，不同村落的土地规划会受到时间、政策、市场等多重因素的牵制，即便是相邻的片区其结果也会不同。在离F社区中心区域大概1千米左右，还有四五百亩土地未被征用，这片区域被称为涉农区域，其上散居着3社和12社的农民，共计五六百人。对于这片区域未被征用的原因，社区支部书记谈道：

>因为土地征用有要求，比如说有些大型企业或者是说公共设施需要用地，当时3社和12社一直没有这样的机会。如果当时"拆院

并院"的政策还能执行,肯定他们会一起被征用的;但是后来"拆院并院"叫停了,3社和12社就没有被征。(PSY20210110)

随着F社区城市化的发展,这片涉农区域也在逐渐非农化。现有的耕地规划不够精细,有闲置耕地未开发。其他农户的零星耕地,也主要是中老年村民用来种菜。从就业形态来看,因为离城区近,交通便利,中青年村民纷纷进城务工。城市化和工业化推动土地成为稀缺性的竞争性资源,由于3社和12社土地面积不大,难以通过集体流转进行连片式的适度规模种植经营,反而更适合小规模的低端产业的需要。加之离城市较近,外出打工和经商提高了农户收入,弱化了农民对土地保障性功能的依赖,因此逐渐脱离了农业生产的村民们希望将土地流转到市场以获取更多收益。早在20世纪中后期,随着加工作坊的兴起,农户自发的土地流转就已出现。两个生产队将集体土地整合后出租给木料加工厂以获取较高的集体经济利益,每年分红给村民们。近年来,因P区的环境大整治,木料加工厂被清除、搬离,但被木料加工厂污染的土地已经无法复耕了,土地一直被闲置,这也是土地工业化后的意外后果。

从居住形态上看,涉农区域仍是传统自发形成的"满天星式"的散居院落,但因涉农面积小,聚落密度较小,院落与院落之间虽然分散,但距离较近。大部分村民依靠务工收入盖起了三四层小楼。但仍有少数农民已搬到场镇上的商品房小区,原有住房年久失修,已成危房,但他们将其出租给外来务工人员。因租金极其便宜,一间房子月租金50元,所以仍有人选择居住。

二 散居院落的碎片化治理

散居院落的治理短板是基础设施和人居环境。近年来,国家和区级部门也出台了支农、惠农政策,农村的污水收集、垃圾点改建、厕所改造和村道得到了一定的改善,但散居院落的公共设施落后、人居环境较差一直是城乡接合部的通病。散居点因为较为零散,公共基础设施少且维护不足。村道破损严重,一到雨天就满是坑洼和泥泞,路灯少且部分已经坏掉。每到中元节,居民多在街边绿化地带点蜡烛烧纸。村里的东风渠护栏也因钓鱼者破坏常年未修。尽管散居院落也设置了垃圾集中点,但散居村民的环保意识不强,仍乱丢各种垃圾,尤其是大型装修垃圾和废弃家具。散居院落的外来租户更是对环境卫生不在乎。

> 反正他们觉得我们农村丢个垃圾无所谓。从居民教育来说,这边管理难一点。但是我们靠近场镇的居民就好管理,因为社区场镇上对道路清洁卫生、垃圾桶点设置、路面停车都有要求,居民和商家基本能自觉遵守。(PSY20210110)

散居院落还是由 F 社区统一管理,并逐渐采用社区治理的理念。社区支部书记谈道:"虽然说它还有农田、院落,但是没有按老办法由生产队队长说了算,还是用社区治理的理念去做。"(PSY20210110)

散居村民与社区的互动关系较弱,尽管也有村民主动参与社区活动,甚至老年协会会长就是原来的村委会妇女主任,但多数村民社区主动参与意识不强,往往需要利益刺激,才愿意来参加。

> 社区如果有活动,比如说包粽子、运动会,他们参与还是挺积极的,但前提是要有一些东西,比如包粽子得奖,还要提一些东西回去。(PSY20210110)

总体而言,散居院落空间整体上已经被纳入城市化进程,但由于土地闲置、集体经济依旧活跃,反而成为城市建设的一块飞地。较好的农村集体福利保障、便捷的城市生活与灵活多变的就业环境,使得城乡接合部的散居村民并没有强烈的"农转非"的愿望。

第五节 社区居住空间的公共服务与治理模式

"村改居"社区居住空间的社会属性决定了城市居住空间问题在"不同社会形态及同一社会形态的不同发展阶段都会映现不同的内涵和特质"①。传统的"儒家家庭院落体现出宇宙观和等级秩序，单位空间的布局则不同，是严格按照功能和生产逻辑布局的"。而"村改居"社区的空间布局则呈现出"通过构建和管理某种空间形式，来实现社会的根本性重构"②。这一立体式的空间重构过程"既反映出传统村落向现代城市社区转型过程中的空间冲突与调适，又折射出国家制度安排对社区公共秩序和基层治理的重塑作用"③。

一 居住空间的快速变革与公共服务的供给滞后

"村改居"社区经历了从平面院落向立体自建楼和商品房单元楼的转变，空间布局呈现出立体化与大杂居化，即商品房小区、安置小区、散居院落与自建房混合形态。传统农村多以所属生产队土地为中心呈散射状分布状态，由此形成了一个以同一生产队为中心的平面网状结构。"村改居"社区失地农民新建的楼房多为点落式和板式的多层建筑。尽管早期"拆院并院"的目标是通过划地自建来置换建设用地指标，节约农村基础设施建设成本。新建"村改居"社区通常容积率更高，占地面积更小，但建筑面积更大。从传统村落的散点式分布到城

---

① 沈江平、金星宇：《〈论住宅问题〉的历史唯物主义空间向度考量》，《教学与研究》2020年第10期。
② [澳]薄大伟：《单位的前世今生：中国城市的社会空间与治理》，柴彦威等译，东南大学出版社2014年版，第68页。
③ 傅才武、李俊辰：《乡村文化空间营造：中国乡村文化治理的空间转向》，《深圳大学学报》（人文社会科学版）2022年第5期。

市住宅高容积率的密集单元格,"村改居"社区空间形态经历了由松散到紧凑的转变。①

居住空间重构要想顺利进行,需要有一整套成熟的治理体系做支持,但社区变革总是快于制度更新,社区的矛盾则表现为居住空间分化与公共服务供给不均衡。各居住空间均存在公共空间不足和设施维护不到位的情况。划地自建区域、安置小区和散居院落普遍公共空间狭小且基本无绿化或人文景观。灰尘大,公共基础设施差,污水管道问题、道路问题、广场舞噪声问题都很显著,其中污水管道问题最为迫切,除此之外还存在电线电路老、旧、坏的安全隐患。儿童游乐设施、老人健身设施不足,且缺乏维护。"居住空间是考量社会公正的重要指标"。② 对于示范小区和划地安置、散居院落的居住空间差异及治理的不均等问题是导致社区发展治理不平衡的重要方面,它在一定程度上会加剧小区之间的空间隔离和治理差距,影响到社区居民对社区认同的差异。

二 居住空间的交往方式变迁与传统治理模式的延续

生产方式和居住空间的变革极大地影响了社区居民的人际交往和社区参与程度。划地安置的城市化方式极大地改变了基于农业生产方式的以地缘和血缘关系为基础的交往方式。正如马克思和恩格斯在《德意志意识形态》中所讲,"生产本身是以个人之间的交往为前提的,这种交往的形式又是由生产决定的"③。随着征地和农业生产方式的终结,原有村落的内部结构因为它的生产和内外部交往的发展程度而发

---

① 崔宝琛、彭华民:《空间重构视角下"村改居"社区治理》,《甘肃社会科学》2020年第3期。

② 李春敏:《马克思恩格斯对城市居住空间的研究及启示》,《天津社会科学》2011年第3期。

③ 《马克思恩格斯选集》第1卷,人民出版社1972年版,第25页。

生翻天覆地的变革，并引起分工的进一步细化。首先引起农业劳动和工商业劳动的分离，其次引起工业劳动和商业劳动的分离。"而以一定的方式进行生产活动的一定的个人，发生一定的社会关系和政治关系。"① 失地农民生产方式的变革及其职业分工必然带来新的社会交往方式的改变。特别是，划地安置的居民因自建房的租金收益逐渐积蓄起来，加之自建房区域的公共交往空间缺乏，使得他们的日常交往主要局限于与租客之间的经济和维修往来。

> 以前我们发现老百姓划地安置后，每人一栋房，都住楼顶，平时上来下来也麻烦，也没有固定的场所去沟通，要么一起打麻将，要么摆摆龙门阵，要么不出门。以前农村有个院落，还可以聚在一起聊聊天，划地安置后聊天也少了。（HH20201230）

而在"村改居"社区中涉农区域的村民，还受着农业生产方式和与这种生产方式相适应的交往的制约，对村集体以往的社区公共事务缺乏认同。散居农民的社区参与主动性不强。"说实话，我们的集体经济组织成员，享受利益分配的这部分人，他们的思维想法还老旧一些。他们平时打打麻将就感觉很不错了。他们不是很喜欢参与社区的活动，主动性要弱些。他觉得有事才找社区，没事儿就打麻将。"（PSY20201230）

社区居民尽管存在空间分化，却仍普遍根据中国传统文化的情理来处理日常纠纷。

> 这几年不管是我们的本地农民居民，还是在这里居住的居民，其实我们对待他们都一样。在处理一些日常纠纷过程当中，本地人认识，他都是我们以前生产队的，处理起来可以说说理，谈谈

---

① 《马克思恩格斯选集》第1卷，人民出版社1972年版，第29页。

情,都没问题。我们商品房居民的日常纠纷,我们还是从情理道德层面来和他们调解,去约束他们,都没有过多地用法律去调解,如果用法用错了,反而会影响和谐。(LY20201012)

社区公共空间再生产有利于促进居民的横向交往。P区委城乡社区发展治理委员会(以下简称"社治委")在加强社区居民公共生活的过程中,提出以场景营造作为主要抓手,更多地依托绿道增加居民互动空间,创造出可持续性的经济发展和多元参与氛围。社区要增添零距离服务点、胶囊驿站,为居民提供心坎坎上的服务。正如社区支部书记指出的,通过社区绿道和广场的改造,居民们都愿意出来遛弯,居民的交往比以前密切多了。

>社区在治理的过程当中跟商品房小区的居民互动比较多。现在我们就是把这些有爱好的,年轻人也好,中老年人也好,尽量组织在一起,让他们多沟通多交流,给他们一个好的氛围。以前都是熟人社会,现在不是经常提陌生人社会吗?但我觉得也不是特别陌生嘛!
>
>商品房小区居民的意识和理念相对而言比划地自建的居民要高那么一点点。他们觉得参加社区举办的活动,或者是参加一些组织,比如我们的游泳协会也好,太极拳协会也好,他觉得挺有意思的,又锻炼身体,不至于天天打麻将。所以说,他们和我们接触要多一些。(PSY20201231)

从村落到城市的居住空间的变革整体上提升了居民的生活品质,然而也需要克服城市化进程中的弊端,这就是货币经济对人际关系的干扰。在访问失地农民时,他们认为进入城市最大的变化就是,什么都需要钱,这和农村自给自足的生活有着根本不同。在齐美尔看来,都市空间对都市人格的塑造有着重要的影响,城市是货币经济的中心,是货币作为人和人之间交往的纽带,商业活动的多面性和集中性赋予交换中介一种重要性,而这与乡村生活根本不同,这也是大城市冷漠病症的根源所在。社区空间的营造就需要更加注重人情味,通过空间作为介质来加强人与人之间的共在感。正如芝加哥学派城市研究的开山大师 R. E. 帕克所指出的那样:"生活在城市之中,随着时间的推移,城市的每一部分,每个角落,都在一定程度上带上了当地居民的特征与品格。城市的各个部分都不可避免地浸染上了当地居民的情感。其效果便是,原来只不过是几何图形式的平面划分,现在转化成了邻里,也就是说,转化成了有自身情感、传统,有自身历史的小区域。"①

小　结

爱德华·W. 苏贾曾强调城市居住权对塑造城镇生产和地区地理的重要性。②"村改居"社区居住空间正是中国城镇化建设的重要缩影。从宏观层面而言,"村改居"社区的居住空间是国家大力推进城镇化战略的一个阶段性现象。国家在推进城市化、城乡融合过程中开创了有中国特色的空间转型新时代,在利用政党的组织能力和执行能力的同时,以市场经济的资本为扶手,突破城乡二元结构造成的空间壁垒,将老百姓纳入现代化的进程,这是一种值得广大人民信任的积极的空间变革力量。从微观层面而言,散落的村落社会被终结,无论是自建房还是集中安置,对于处于农村社会的居民而言都是一场空间革命,

---

① [美] R. E. 帕克、E. N. 伯吉斯、R. D. 麦肯齐:《城市社会学——芝加哥学派城市研究》,宋俊岭、郑也夫译,商务印书馆2012年版,第360页。
② [美] 爱德华·W. 苏贾:《寻求空间正义》,高春花、强乃社等译,社会科学文献出版社2016年版,第182页。

改造的不只是物理空间，更是精神世界。村民在新的居住空间之内需要不断地寻找传统生活与城市生活的均衡点，但毋庸置疑的事实是群众的生活水平都得到了极大提升。

居住空间的变化在带来了美好生活的同时，也凸显了空间货币化、住房资本化等异化的特征，它使社区的居住空间分异和整合不断地交互和加剧。"村改居"社区中的居住空间分布与形态是极其醒目的，与不同空间中的社会分化息息相关。每一种类型的居住空间中的人口结构，都会产生一个特殊的阶层群体。在划地自建房安置和安置小区这类居住空间中，形成了一个以失地农民为基础的新城市居民，散居院落仍居住着保本原有生活方式的离土农民，而商品房小区则形成了以外来定居者为主要人口结构的空间样态，"三合一"生产空间中则流动着外来务工人员。空间中人口结构的主要分布状况，往往会将该空间人格化，这本身就是城市与乡村融合的"一定程度的连续性过渡"，是城市化进程中居住空间生产本性的表现，是不可避免的，由此，社区治理往往依据空间的主要群体特征来提供社区服务和分类治理。

城乡对立作为"与住宅问题紧密相关的社会问题，同时是更深层次的元问题"①，标志着资本导向下社会空间的断裂。在马克思看来，历史的发展过程见证了统一空间向对立空间的转化，亚细亚的城市和乡村是无差别的统一，中世纪是二元对立，现代社会则是乡村城市化，而非城市乡村化。②资本主义内在的增殖冲动需要打破一切壁垒，以时间消灭空间的方式不断地自我积累，由此造成了资本主义国家居住空间正义成为时代的显问题。资本将人力、乡村都卷入了工业化的大潮，英国近代史上的"羊吃人"运动更是印证了资本对于土地的无尽掠夺，人类与自然空间都成为被资本利用的工具，村民背井离乡，在狭隘的

---

① 张馨：《住宅问题：历史唯物主义的空间切片》，《北京行政学院学报》2017年第1期。
② 《马克思恩格斯全集》第30卷，人民出版社1995年版，第473—474页。

第五章 居住空间：社区差异化治理与空间融合

城市空间不断地接受资本规训，通过出卖自己的劳动力缴纳租金换取住宅空间的使用权。恩格斯见证了英国曼彻斯特工人阶级的住房状况，在《论住宅问题》中直截了当地指出，住宅问题是不能通过资产阶级来解决的。资本对于人类居住空间的异化会加剧民众对资本主义的反抗，"只要消灭资本主义生产方式这件事一开始，那就不是给每个工人一所归他所有的小屋子的问题，而完全是另一回事了"①。也只有在现代居住空间等基本要素得到满足之后，"每个人都有充分的闲暇时间去获得历史上遗留下来的文化——科学、艺术、社交方式等等——中一切真正有价值的东西"②。而对于如何解决资本主义下的"住宅的缺乏"问题，恩格斯指出，"资产阶级解决住宅问题的办法由于碰到了城乡对立而显然遭到了失败"，因此，"只有当社会已经得到充分改造，以致可能着手消灭城乡对立，消灭这个在现代资本主义社会里已经弄得极端地步的对立时，才能获得解决"③。房屋的功能就是居住，而居住是考验执政党执政为民的基础性环节，更是美好生活得以实现的基本物质保证。党的十九大报告就指出："坚持房子是用来住的、不是用来炒的定位，加快建立多主体供给、多渠道保障、租购并举的住房制度，让全体人民住有所居。"中国特色社会主义道路之所以先进，之所以能够得到广大人民的支持，正是因为体现了超越资本主义社会空间居住的优越性。从有居、安居到善居、美居和乐居，人类对于居住空间的追求是一个持续不断、集多元化与层次感为一体的综合性需求。居住不只是简单服从生理需要、安全需要，更要侧重交往需要、感情需要、尊重需要，乃至自我实现需要的动态发展过程。在中国特色社会主义道路的居住空间治理体系中，人不但要实现对物质空间和精神

---

① 《马克思恩格斯文集》第3卷，人民出版社2009年版，第283页。
② 《马克思恩格斯文集》第3卷，人民出版社2009年版，第258页。
③ [法]亨利·列斐伏尔：《空间与政治》（第二版），李春译，上海人民出版社2015年版，第60页。

空间的占有，空间再生产机制也能促进个体自由而全面发展。"村改居"社区居住空间的正义也可视为对当前城镇化涌现的问题的回应，如城市空间过度无序开发、人口分布不均衡，只注重城市建设表面文章、轻城市细节与人性化的柔性管理。微观的"村改居"社区居住空间的良好治理是国家空间治理体系转型的映射，是国家空间整体转型的基础性部分，其经验也会为未来将要大力推进的"合村并镇"、深化国土空间布局提供有价值的经验支撑。

第六章

文化空间：社区公共文化勃兴与共识形塑

文化治理是空间治理的重要组成部分，其重要意义体现为我们身处的世界日新月异。一方面，全球化时代的历史巨变将地方化的空间逐渐纳入世界历史进程，特殊性的空间场域不断受到资本、理性化等诸多力量的规制，逐渐丧失了自身特征；另一方面，中国在短短的70余年就走完了西方国家三百年的现代性扩展之路，"时空压缩"的巨大压力造就了个体生存境遇的普遍迷茫。文化治理作为重塑人之存在与人生意义的支点，在当前的社区建设中其意义就更加重要。

文化治理的主要任务是在变动不居的时代寻求自身存在的根基，在多元化时代确定自身的精神价值，在新的发展阶段探寻从国家到个体的方向感与使命感。党的十九大报告强调了文化治理的重大意义，明确指出："没有高度的文化自信，没有文化的繁荣兴盛，就没有中华民族伟大复兴。"① 习近平总书记在党的十九届四中全会决定中指出，"要发展社会主义先进文化、广泛凝聚人民精神力量，是国家治理体系和治理能力现代化的深厚支撑。文化治理关系到加强文化领域制度建

---

① 习近平：《决胜全面建成小康社会 夺取新时代中国特色社会主义伟大胜利——在中国共产党第十九次全国代表大会上的报告》，人民出版社2017年版，第41页。

设,是'五位一体'总体布局的重要组成部分,是国家治理体系的重要组成部分,文化治理现代化是国家治理现代化的重要支柱。文化繁荣不只是中华民族伟大复兴的具体体现"①,同时,先进的与时俱进的文化也是民族复兴道路上的助推器。相对于器物层面而言,文化是一国的发展程度的软指标。尽管较为抽象,但任何处于一定历史阶段的个人、集体都无法逃避文化对于人的潜移默化的影响,文化会内化为每一个人精神体系的一部分,沉淀为一种思想和认知,进而指导我们的实践。广义上的文化治理实质以文化规律为准绳,强调对文化资源的充分挖掘、科学配置文化权力,从而发挥文化在国家与社会发展中的重要作用。"不同国家、区域和民族的城市空间形成了多样的空间认知文化,具体表现为文化上的质的差异,这种质的差异既是城市文化特质的集中体现之一,也是独特的社会空间结构及其相适应的生活方式特点。"② 然而,受西方文化主导的全球化、城市化的侵蚀,中国在现代化的快速发展进程中同样遭遇文化转型所诱发的文化同质性问题及现代人的精神危机问题。特别是早期以经济建设为中心的城市建设与发展,"文化空间被强行割裂,资本及权力对文化的破坏作用是显而易见的"③。

"村改居"社区不仅仅是一次农村到城市社区的地理空间变革,更是文化空间断裂与重构的过程。公共空间的文化建构正成为挖掘社区特色、形塑社区认同的着力点。文化空间正逐渐被纳入社区发展治理的核心区域,对社区的社会经济文化发挥着主导性作用,并力图强化

---

① 中国共产党十九届四中全会:《中共中央关于坚持和完善中国特色社会主义制度 推进国家治理体系和治理能力现代化若干重大问题的决定》,https://china.huanqiu.com/article/9CaKrnKnC4J。
② 赵静、高鉴国:《社会空间视阈下的社区文化建设》,《南通大学学报》(社会科学版) 2018 年第 2 期。
③ 方琦、王伯承:《透视与内嵌:城市空间转向及其实践》,《云南行政学院学报》2017 年第 4 期。

该社区的社会经济优势。本章将探讨社区文化空间的建设路径、运作模式与治理效能,实践上体现为三大层面的文化空间建构:一是非遗文化空间的传承与生活化,二是社区文化共识的塑造,三是社区文化的组织再造与互助参与。社区文化空间呈现出从断裂到共识的转向。

第一节 文化空间构建的时代挑战

从村落空间向城市空间转轨意味着地方性的个性文化被纳入城市文化的主导逻辑,这也是一场文化空间的遭遇战。文化空间治理的首要任务就是在自身文化特色的基础上批判吸收外来文化。在理解文化空间治理之前,首先要明确当前文化治理所要面临的主要挑战是什么。总体而言,文化治理主要来源于本土化与空间资本殖民、人本生活与空间异化、自我认同与空间断裂三个层面的挑战。

一 文化本土化与空间资本殖民

文化空间治理的命题背后暗含的逻辑就始于地方化的文明与全球资本力量扩张之间的张力。西方现代性企图用一种资本文明消灭地方文明,或者将地方文明纳入西方资本文明统治的逻辑体系。传统的空间是区域化、地方化的空间,人类活动的范围与交往半径都极为有限,正是随着地理大发现对空间的不断开拓,以及生产力与生产方式的变革,地方化的空间被强行拖进了世界历史进程,生产力的普遍发展和与此相关的世界交往的普遍发展成为可能。马克思在《德意志意识形态》中就明确地指出:"各民族的原始封闭状态由于日益完善的生产方式、交往以及因交往而自然形成的不同民族之间的分工消灭得越是彻底,历史也就越是成为世界历史。"[1] 马克思、恩格斯在《共产党宣

---

[1] 《马克思恩格斯选集》第1卷,人民出版社2012年版,第168页。

言》中更是明确地指出:"资产阶级,由于开拓了世界市场,使一切国家的生产和消费都成为世界性的了。"

资本空间化是世界历史发展的一个阶段,具有积极和消极的双重特征。资本促使生产力急速发展,释放了人类的潜能,并对于整个世界具有整合作用,但其弊端也体现在两个层面。第一,资本文明消解了本土和地方文明,导致了整齐划一的资本文化丧失了进一步发展的潜能。资本是一种客观存在,是一种社会力量,西方资本扩张的历史,也是对落后国家的文化殖民史。资本文明缺少包容不同文明的能力,将多元化的文明划分为不同等级,企图不顾其他国家具体的历史与国情,将西方主导的资本文化强行植入其他国家,导致其他国家在全球化时代确定不了立身之所。第二,全球文化殖民既是一种话语暴力,也是资本权力的表征,企图在塑造世界空间的同时,不断地将权力植入空间并达到规训的目的。在列斐伏尔看来,资本文化主导的空间将人分裂成不同的部分,将空间作为资本的战场,加深了人的异化,整全的个人已经完全消失。"全球生产方式的一体化趋势进一步推动了生活方式的一体化,而这又构成了政治和文化领域的世界同质化的物质基础。整个世界被愈益严密地组织到全球性生产体系之中,从而呈现出文明各个层面的同质化趋向。资本推动的全球现代性呈现出地理空间上的不平衡发展结构,民族国家内部的断裂差异格局与全世界范围内不同民族国家之间的断裂差异格局具有显著的'同构性'"①。

全球资本逻辑主导的空间重组源于资本自身的"空间定位",通过不断的地理重组,解决了资本自身的危机和困境。资本主义由此按照它自己的面貌建立和重建地理,它创建了独特的地理景观,一个由交通和通信、基础设施和领土组织构成的人造空间,促进了它在一个历

---

① 郗戈:《〈共产党宣言〉世界历史理论与人类命运共同体建构》,《湖南科技大学学报》(社会科学版) 2018 年第 4 期。

史阶段的资本积累。全球化最有可能是资本主义空间生产这一完全相同的基本过程中的一个新阶段。①

二 人本生活与空间异化

传统空间的神圣性体现为人之存在形成的一种共在,但近代以历史—时间为主导模式的话语建构中,空间成为一个有待被改造、以理性为准绳的规划过程。空间研究转向试图将空间维度拉回和注入社会理论的架构,并通过空间视域来检视历史情境和社会生活,其中暗含了作为人之存在的空间与理性空间的对抗。早期,空间的神圣性体现为作为一种组织形式,将人类的情感维系在一起,空间的仪式与物质安排的目的都在于情感整合。涂尔干通过追踪传统的宗教生活,指认了空间的社会属性。空间本没有左右、上下、南北之分。很显然,所有这些区别都来源于这个事实:即各个地区具有不同的情感价值。既然单一文明中的所有人都以同样的方式来表现空间,那么显而易见的是,这种划分形式及其所依据的情感价值也必然是同样普遍的,这在很大程度上意味着,它们起源于社会。②

空间作为情感寄居的场所,其神圣性的瓦解和理性化扩张息息相关,表现为空间祛魅过程。在韦伯看来,"世界的祛魅"是社会发展的根本特点和必然趋势,并在很大程度上形塑了现代社会的基本面貌和精神气质。"世界的祛魅"的动因则是"理性化",理性化中的工具理性对价值理性的僭越,以冰冷计算的程式将情感驱逐。文化治理所针对的另一个目标则是纠正异化空间,并将空间导入由人主导的生活空间。

---

① [美]大卫·哈维:《希望的空间》,胡大平译,南京大学出版社2006年版,第54页。
② [法]爱弥尔·涂尔干:《宗教生活的基本形式》,渠东、汲喆译,世纪出版集团、上海人民出版社2006年版,第12页。

空间异化包含了两个层面。第一个层面是理性对空间的宰制。在工具理性驰骋的世界里，此在的存在整体感消失，并被不断地解构为不同的分支单元，空间不断被工具理性强行分割和规划，空间不再是人生活的场所，反而异化为压制人的力量，这一点在现代城市建设中体现得淋漓尽致，整齐划一的理性设计缺少辨识度和个性特征。简·雅各布斯在见证了美国城市的成长过程后，对现代城市规划提出了尖锐的批评。在她看来，正统的城市规划的思想和理论，需要正视世界的本来面貌，而不能进行主观臆想。在城市秩序井然的表象之下，是视而不见或压抑正在挣扎中的并要求给予关注的真实的秩序。城市规划需要以多元化与多样性为普遍原则，"这个普遍存在的原则就是城市对于一种相互交错、相互关联的多样性的需要，这样的多样性从经济和社会角度都能不断产生相互支持的特性"①。第二个层面则是消费文化所造就的景观社会对人的异化。消费社会的判断意味着生产社会的终结，消费成为时代的主题。由此，空间就成为消费时代的主要介质，通过打造虚幻的抽象空间来刺激消费。传统农村的消费空间是面对面的交易链，而都市则是无处不在的消费空间，从实体空间到虚拟网络无所不在。在由资本主义主导的消费中，消费到的不是物品真正的使用价值，而是"一种被消费的意象"，那是由光怪陆离的广告所制造出来的符号价值的幻境。空间成为消费主义的帮凶，光怪陆离的空间被制造成消费的符号，对人进行无意识的诱劝与勾引。资本主义消费主导的社会生活表现为巨大的景观的堆积，其建构起的视觉体制正不断将我们吞噬，新闻、宣传、娱乐、广告等制造了大量非本真性的需求，使得人们沉迷其中，丧失自己对本真生活的渴望和要求，资本家则依靠控制景观的生成和变换来操纵整个社会生活。景观社会将民众引入

---

① ［美］简·雅各布斯：《美国大城市的死与生》，金衡山译，译林出版社2005年版，第13—14页。

一种新的异化状态。①

三 自我认同与空间断裂

空间作为一种意义关联体在不断被资本与全球化进程解构的过程中形成了空间断裂，空间断裂让处于现代性的个体意识流离失所，多元文化在资本文化的压制下不断式微，全球化的移民潮导致了身份的迷茫，从而造成现代人对自身处境的焦虑。早在2005年，集中了全球移民国家的美国对自身身份产生疑问，由于缺少本土文化与原初文明的指引，美国的物质发展与精神认同极不协同。亨廷顿在《我们是谁？——美国国家特性面临的挑战》一书中就指出，文化危机是美国自我认同丧失的根源所在，如不加强与捍卫盎格鲁—新教文化这一根本特性，美国就会面临撕裂的危险。②事实上，早在20世纪90年代，约瑟夫·奈就指出了以文化、价值观为核心的软实力对于国际竞争的重要性。重视国家建构中的文化维度，可谓当代国家治理的重要面向。③

空间断裂的另一动因源于现代性导致的时空分离。时空分离导致前现代社会与现代社会的巨大断裂。吉登斯认为，历史发展的各个阶段都存在着断裂，现代世界并非后者的延续，而是人类实践创造的新的世界，这种断裂的特征表现为变革速度快、变革范围广，人类传统的生活轨迹发生改变，其内在原因是时间—空间的转换。在前现代社会，时间与空间无法分离，"'什么时候'一般总是与'什么地方'相联系，或者是由有规律的自然现象来加以区别"④，人类总是生存在一

---

① [法]居伊·德波：《景观社会》，张新木译，南京大学出版社2017年版，第1页。
② [美]塞缪尔·亨廷顿：《我们是谁？——美国国家特性面临的挑战》，程克雄译，新华出版社2005年版。
③ [美]约瑟夫·奈：《软实力》，马娟娟译，中信出版社2013年版，第8页。
④ [英]安东尼·吉登斯：《现代性的后果》，田禾译，译林出版社2011年版，第15页。

定的时空内，空间就是生活的具体场所，时空的统一构成了人认知的基点。但由于近代时间被刻度化和机械化，不断地促使时间与空间分裂，时空均衡性被打破，空间也面临着虚化的风险。

时空断裂所引发的后果在于自主性的个体丧失了存在的根基。在传统意义上，人在时空框架内是有限性的个体，通过哲学意义中形而上学的内敛式知识为个体的存在提供思想指引，个体对自我的认知被限定在哲学的理论图示之中，并以此为出发点进行社会行动。时空断裂瓦解了此在有限性的根据，将个体抛入新的社会结构之中，个体原本对精神的无限性追求转向人类生存的有限性，以主体性为中心的认识论，将客观世界变为巨大的试验场的同时，也不断对自身此在的生活意义进行拷问。作为主体的自我认同总是需要通过外在的社会建构与相关认知作为介质，从而获得关于自身的认知。但现代社会的诡异之处就在于，个体在社会结构中，通过社会行动不断地形塑自身的过程中，会始终发现无数人构建的社会非但不能达到自身的目的，还会不断被卷入新的时空范围，同时也会不断地遭遇意外性后果。个人认同是由悖论式生存境况所决定的，文化治理则需要通过回溯、理解和创新文化，将时空变革下的个体重新安放于意义世界之中，进而在关联物的空间中获得自我认同与社会认同。

第二节　蜀绣"非遗"：从产业化到生活化的转向

微观的文化空间是抵抗文化殖民、霸权的基础，而微观空间的主战场就是社区空间。对于社区空间的文化建设首先需要以系统论[①]为方

[①] 詹成付：《深入理解"坚持系统观念"》，《人民日报》2020年11月12日第9版。党的十九届五中全会审议通过的《中共中央关于制定国民经济和社会发展第十四个五年规划和二○三五年远景目标的建议》中，将"坚持系统观念"作为"十四五"时期我国经济社会发展必须遵循的五项原则之一，指明了提高社会主义现代化事业组织管理水平的方向。

第六章 文化空间：社区公共文化勃兴与共识形塑

法，将微观空间置于整体空间内思考。

"城市是空间物化样态的各系统结构空间关系，这个结构与国家政治结构、文化传统、经济发展水平及自然生态环境等有着紧密联系"①。拥有悠久古蜀文化的四川先祖以蚕立国。历史上，成都郫邑家家栽桑养蚕，户户抽丝刺绣，设有官署，成都因此被誉为"锦官城"。2006年，蜀绣被列入第一批国家级非物质文化遗产名录。A 街道作为蜀绣发源地，在明清时期就形成了"家家绣女、户户针工"的刺绣规模，素有"蜀绣之乡"美誉，是成都市蜀绣产业核心发展区和 P 区蜀绣特色小镇。早在民国时期，A 乡就有了专门从事刺绣的绣户。20 世纪 70、80 年代，A 镇就以传承蜀绣技艺、弘扬蜀绣文化为目标，组织妇女生产蜀绣，当地妇女多习得一些蜀绣手艺。到 1985 年，A 镇已拥有一支号称"三千根针"的刺绣队伍，开办了多家家庭刺绣作坊。20 世纪 90 年代以来，全国以经济建设为中心，地方政府热衷于 GDP "锦标赛"，忽视了文化产业的发展，导致制作工艺复杂、产量低下的蜀绣一度萧条。特别是 90 年代后期，机绣、电脑绣花制品以成本低、价格低等优势对传统手工绣品产生了巨大冲击，A 街道的蜀绣工厂纷纷破产解体。2006 年，蜀绣被纳入国家第一批非物质文化遗产名录，蜀绣产业迎来新生。2008 年年底，A 镇开始重视推动文化创意产业的发展，振兴蜀绣文化，建立了以蜀绣为主题的"成都市居家灵活就业示范基地"。2010 年以来，按照县委、县政府"一镇一节"的要求，A 镇举办、承办了 6 届成都国际非遗节蜀绣分会场活动和多次蜀绣文化艺术节活动。2018 年 2 月 14 日，习近平总书记来 P 区视察，表扬了当地的蜀绣精品，并要求多研发，让传统非遗走向世界。A 街道以此为契机，突出产业规划在蜀绣特色产业发展中的引领作用，在《成都市 P 区 A 街道

---

① 张鸿雁：《城市空间的社会与"城市文化资本"论——城市公共空间市民属性研究》，《城市问题》2005 年第 5 期。

办事处关于蜀绣文化产业三年（2018—2020）攻坚行动方案》中提出了加强蜀绣组织保障：一是优化工作机制，A街道确定由街道党工委书记总牵头，街道办主任主责，人大常委会主任具体抓落实，其他分管领导协调配合蜀绣文化产业发展；二是优化运营程序，将蜀绣划分为文化事业、文化产业两大板块，政府投资具体负责环境营造、载体建设、基础配套、文化植入、人才培养、办节办会等文化产业，蜀绣产业招商、产品研发、产品营销等文化产业由A蜀绣合作社负责。截至2021年，A街道已完成了4A级景区蜀绣公园提升改造工程规划设计，成立了蜀绣学院、一个国家级蜀绣技能工作室和两个区级技能工作室，新培育市级工艺美术大师5人，市级非遗传承人4人，区级工匠6人，蜀绣及其配套产业年总产值达2.8亿元。

一 蜀绣产业的社区化

"如果说某个当地经济体系可以作为一种活动层次结合的历史产物来分析的话，那么这些层次反过来也体现了这种当地经济在更广大的全国性和国际性空间结构中所曾扮演的角色的联系性。"[①] 从A街道蜀绣文化产业发展的历程中可以看到，城市和地方积极接受由国家层面传递出的地方发展战略，以此确立其发展治理的重点。A街道因拥有深厚的蜀绣文化底蕴，致力于将"蜀绣之乡"的文化符号深深嵌入其街道发展治理进程中。蜀绣成为A街道文化空间打造的独特资源。但蜀绣文化一直被作为高端传统文化，无法有效地嵌入普通居民的生活世界。近年来，地方政府逐渐意识到发展应与治理协同，力图将地方文化符号——蜀绣作为社区治理的突破口，将文化与治理有效衔接，以此营造社区文化氛围，促进社区文化认同。

---

① ［美］多琳·马西：《劳动的空间分工：社会结构与生产地理学》，梁光严译，北京师范大学出版社集团、北京师范大学出版社2010年版，第112页。

F 社区作为蜀绣非遗之村，近年来因其治理成效显著成为成都市社区营造示范小区，在文化空间的营造中力图实现蜀绣文化的社区再生。20 世纪 80 年代，A 乡 F 村就建有蜀绣基地，村里会做蜀绣的妇女数量在全乡都是独占鳌头。农转非之前，农民的生产方式以种粮为主，妇女农闲时就会去蜀绣厂拿材料回家绣以补贴家用。2003 年，地方政府鼓励绣娘在自家开绣坊。2008 年年底，A 镇建立了以蜀绣为主题的"成都市居家灵活就业示范基地"，规定每个村都要开居家灵活就业示范基地。F 村当年就开起了 4 家绣坊。2018 年以来，F 社区通过购买社会服务，聘请社会组织挖掘社区蜀绣文化资源。但是，在蜀绣文化的社区空间建构中，仍然存在蜀绣文化与社区治理之间衔接不畅的问题。如何将蜀绣文化社区化成为社区发展治理中需要回应的议题。

二 蜀绣"非遗"产业—文化空间融合

"空间是人行为的结果，同时又塑造着人的行为，在不同的城市社会空间环境下，人们的文化活动和行为也会有所不同，在不同文化背景的个体认知中，城市社会空间具有表意性、符号性和社会价值取向性。"[①] 蜀绣非遗的文化资本决定了社区文化空间的基调，即传统文化的传承与发扬。F 社区的蜀绣文化空间是 A 街道蜀绣文化空间生产的社区场景之一。A 街道办事处位于 F 社区蜀绣商业街的对面，街道对这一公共文化空间有其整体构想，即以打造特色的蜀绣文化产业空间为抓手，通过蜀绣文化产业促进人口流动，提振本地经济，提升社区整体品质。为此，在街道的三年规划中，政府力图通过规划实现蜀绣场景"空间再现"、虚拟文化空间的展现，并组织一系列的空间实践活动，为空间赋予蜀绣文化意义。

---

① 张鸿雁：《城市空间的社会与"城市文化资本"论——城市公共空间市民属性研究》，《城市问题》2005 年第 5 期。

蜀绣场景"空间再现"主要表现为蜀绣商业街和主题功能区建设。蜀绣商业街建在蜀绣公园 A 区内，建筑风格简约古朴。蜀绣商业街的空间建构包含三大要素：一是蜀绣文化的商业设施，包括大师工作室、玻璃绣坊、茶楼等。二是蜀绣文化资源，包括蜀绣展览空间，如可以免费参观的天府蜀绣艺术馆，还包括传播与发扬蜀绣文化的人，主要分为三类：蜀绣文化大师、学工绣娘、蜀绣体验者。三是主体之间的交往互动。蜀绣工作室的成立，驱使蜀绣技术人才聚集到 F 社区，通过文化、产业与社区发展治理的有机结合，形成一定的社区内外互动，建构社区的文化认知和新的人际关系网络。作为一个开放式的文化社区，这些蜀绣大师工作室、蜀绣工坊在社区公共空间中扮演着非遗传承与发扬的积极角色。蜀绣文化空间建构了一个由大师、绣娘、观众、体验者组成的社会交往空间。在这个空间里，不同职业身份的人因对蜀绣文化的爱好而聚集在一起，形成了蜀绣文化爱好者的新身份。人们观赏、体验与学习蜀绣作品，建立对蜀绣文化的认知与情感。

蜀绣文化主题功能区的场景营造，则是政府和规划者通过街道级产业规划赋予街道空间文化意义，并以具体可感的形式表现出来，力图营造一种独特的蜀绣文化景观和街区意象。2020 年，A 街道首批主题社区规划发布，通过与市级示范社区创建工作相结合，将 F 社区打造成为蜀绣产业先导型公园式城镇生活社区，并争取在两年之内将特色产业发展场景和生活社区治理场景融合呈现，探寻产业社区发展新路径。在 F 社区"蜀绣产业先导型公园式城镇生活社区"的营造过程中，A 街道对 F 社区的规划重点则是利用 F 社区党群服务中心片区和 FH 小区片区打造蜀绣特色商业街区，沿河修建环状绿道和蕴含蜀绣诗词、歌赋的文化景观。蜀绣主题功能区的建设，不仅是传统文化的空间再现，还在与现代文化、产业元素交融中获得新生。

具体空间与抽象空间相结合，线上与线下共时互动。除了社区实

第六章 文化空间：社区公共文化勃兴与共识形塑

体文化空间再现外，街道还积极构建以蜀绣为主题的互联网官方网站、微信公众号、微博"三位一体"的互联网联动营销平台，以文字、图片、影像等空间叙事的形式面向全球展示原产地的蜀绣文化，构建一种虚拟公共文化空间。虚拟文化空间策略主要包括两种：一是打造蜀绣产品电子商务平台，与知名电商如"京东""天下星农"等平台合作，通过"互联网＋蜀绣"，形成蜀绣宣传、展示、拍卖、团购、个性化定制的一条龙服务。二是推进营销可视化，利用网络平台开展绣娘、大师在线宣传推介，开展线上、线下互动式体验和互动式订单定制活动，为消费者提供可追踪的订单服务等。[①] 观众可以通过选择新媒体或来蜀绣工坊、蜀绣博物馆参观，由此实现实体空间与网络空间的文化全覆盖。

空间的根本属性是人类活动的场所，离开了人才队伍的支撑，文化空间打造则是空中楼阁。随着蜀绣文化的传承与发扬，P 街道也将蜀绣文化的制度形态的文化资本不断强化，促进蜀绣产业公益人才的培育，推动蜀绣文化的传承。为此，P 街道制定了系列蜀绣产业支持政策，重点在于人才队伍建设，以专项基金项目为抓手，加强蜀绣人才的引进培育，重点培育领军型、经营型和创新型人才。一是优化蜀绣人才引进机制，争取在三年内每年培育和引进 1—2 名市级以上蜀绣大师或传承人入驻创业，加强社会对社区的蜀绣符号化的认知；蜀绣的技术层面创新则需要设计团队的支持，引进高端设计人才，打造蜀绣产品创意设计团队，促进蜀绣人才量和质的双提升，从而形成产业与人才的正向反馈机制，形成蜀绣人才聚集高地。二是与高校合作，实施高校产学研战略，选择成都市内三所以上的大学增设蜀绣专业培养点，科学设置和拓宽专业培养方向，着重加强设计人才和营销人才的

---

① 参见《成都市郫都区 A 街道办事处关于蜀绣文化产业三年（2018—2020）攻坚行动方案》。

培养。三是搭建平台，蜀绣产业能否做大做强，根据地的建设极为重要。通过职业院校与蜀绣企业联合建立人才培养和实训基地，逐步建立教育培训和岗位实践相结合的蜀绣人才培养机制。四是对积极开展人才培训、产品研发、产品生产、品牌推广、技术创新、市场开发等的蜀绣企业实行资金补贴和奖励扶持。[①] 2018—2020 年，经过 P 区政府和 A 街道的大力引进、孵化、培育，A 街道的蜀绣人才队伍建设已初见成效，已拥有约 30 名资历较深的绣娘，引进"蜀绣大师"约有 10 个。

作为蜀绣文化的真正发源地，F 社区引进和培育了不少优秀蜀绣人才。除了社区有不少资深的绣娘外，社区党群服务中心旁专门为街道引进的一位德高望重的蜀绣工艺大师设立了一栋邬学强大师工作室。目前，邬学强大师也成为 F 社区的蜀绣文化产业合伙人。邬学强大师从事刺绣 40 载，从 16 岁开始痴迷蜀绣，并在蜀绣工厂做过刺绣工。工厂解体下岗后，他另谋出路，开过出租车，做过市场营销，但始终难以割舍对蜀绣的热爱。在 A 街道的帮助下，他回归蜀绣行业，成长为国家级蜀绣技能大师，创办了自己的蜀绣工作室。大师的绝活就是蜀绣精品中对技法要求极高的双面三异绣，他参与刺绣的作品摆上了人民大会堂四川厅，独作单幅作品市价高达上百万元。为了培养蜀绣传承人，大师不仅免费招收学徒，还和学校合作，在学校安排蜀绣课程，招收喜欢刺绣的学生，并通过暑期社会实践宣传蜀绣文化。他表示：

> 干刺绣 40 年，蜀绣成就了我的今天。做一个好的匠人，一个好的传承人，一定是无私的。一是技术要无私，二是不要只盯住

[①] 参见《成都市郫都区 A 街道办事处关于蜀绣文化产业三年（2018—2020）攻坚行动方案》。

钱,要让大伙都挣到钱,这样才能走得长远。所以,我愿意把我的技术免费教给愿意学习的人。我每年也会把我赚到的钱,拿出一部分支持愿意从事这个行当的年轻人,为蜀绣的传承和保护出力。蜀绣,是一个很有潜力的企业领域,市场很大,绣品也趋于平民化。①

大师工作室后面还有七彩绣坊等两家蜀绣坊。"首批成都市工艺美术大师"LL便是七彩绣坊的技术指导,作为首批高级绣娘培养人才,被选派到郝学强大师工作室、成都纺织高等专科学校进修。在LL技术指导的带领下,蜀绣精品不断涌现,其中单面绣《繁花似锦》《荷花》《静物瓶花》,双面异色绣《芙蓉锦鲤》及双面全异绣《文君熊猫》等成果获得了国内外艺术家的普遍认可。2020年,社区还引进了CDB绣坊工作室,为其提供办公基地。

蜀绣产业公益人才认同政府制定的空间规划,他们也通过将自身与空间相结合,以其身体化形态促进社区蜀绣文化的发展。这些蜀绣产业公益人才具备较广的人脉和文化声望,能实现文化资本的汇集。文化资本的入驻不仅能迅速提升社区的知名度,也能迅速打破原有的社区空间壁垒,推动社区空间的快速变革。本社区以及其他社区的蜀绣爱好者也慕名来学蜀绣。"个人想学手艺的,自己出学费。如果是社区组织去学习的,就由社区支付学费。"(LY20201230)蜀绣学费的标准是不一样的,分为长期学员和不固定学员。蜀绣爱好者,通过拜师学艺,逐渐实现从身体化形态向客观形态文化资本的转变。这些蜀绣工作室一般都有持证的蜀绣技术讲师。体验者通过老师的讲解和示范,既能够加深对蜀绣文化的理解,也可以通过体验环节制作蜀绣作品,

---

① 《相约蜀绣大师郝学强——静心前行40年从匠人到大师》,《四川日报》(数字版),https://epaper.scdaily.cn/shtml/scrb/20190403/214012.shtml。

将其内化为自己的精神资本。

　　同时，辖区内的蜀绣公司、蜀绣坊扩大再生产的同时，把部分收益反哺到社区治理，即每年将其收益的1%捐赠到社区发展微基金里面，转化成社区公益项目，用于社区发展治理。不过，每年能够注入多少到微基金，社区无法给出一个明确的数字，"要根据他们的销售。因为蜀绣是属于三年不开张，开张吃三年的那种"（LH20201230）。

　　蜀绣文化空间作为社区空间转型的重要载体，通过美学空间的建构，将传统蜀地文化与现代社区连接，进一步传达了艺术生活化的特征。传统的蜀绣偏重"物像"写实和有距离的美学审视，而现代的蜀绣则把物与人的关系更紧密地联系起来，使蜀绣实现从平面到立体的转变，人与蜀绣空间融为一体。无论是蜀绣的物件或相关文创产品，还是蜀绣工坊中做工的绣娘，抑或是规划的蜀绣特色商业街区，都在逐渐拉近蜀绣这种高级工艺与普通民众的距离。蜀绣与电玩的结合，蜀绣的文创再生，更是将人们对蜀绣的传统认知颠覆，创造了新的美学。蜀绣文化的社区营造，重新将蜀绣文化纳入普通居民的日常生活。本来"当地妇女因为从小习得绣花技巧，对绣花没有太大的感觉"（LH20201230），但是蜀绣文创产业的多元注入，为蜀绣传统文化赋予了创新的因素，促使本地居民重新去认识蜀绣，进而推动了传统文化遗产的空间观念的变革。

　　在"蜀绣文化空间"的运作过程中，围绕文化资本出现了政府与社区之间的权力博弈。蜀绣文化虽然是F社区重要的文化资源和产业资源，但同时蜀绣也是A街道的支柱产业。政府加大了对蜀绣文化产业的街道规划和规模投入，街道重视培育和壮大蜀绣及蜀绣新文创市场主体，改制蜀绣合作社，成立集体经济性质的成都市绣缘蜀绣有限公司，并与A街道QG村集体经济结合，作为A蜀绣企业的龙头公司来培育。街道对社区经济资源和规划资源的投入，也在一定程度上制约了 F 社区在文化营造上的主体性作用发挥。

> F 社区还真没有什么特别的文化，现在要及时转换过来，只有选择蜀绣。但蜀绣是街道的，目前可能还有局限性。街道不可能让社区来指挥，因为街道成立了一个蜀绣公司。如果社区也弄，街道也弄，是不是有点争抢的意思？因为蜀绣以前给人的感觉就是高大上，就是砸钱那种，如果完全让社区来做，肯定没那么多钱投入。现在是尽量把蜀绣往生活上面来延伸，方便大众来接受它。（YL20201230）

因此，即便是地方文化产业也嵌入一个更大的结构化组织内部，这个结构则是由地方政府所主导，特定的村或社区是由政府主导的结构，在某种程度上难以摆脱结构而完全自主。但也因为依附，以及街道的规划和指导，从而实现与其他村、社区之间的协调，更容易获得区域文化产业效应。地方政府的行政规划打破了乡村和城市社区之间的行政边界，为推进城乡文化一体化的发展扫除了空间壁垒。

> A 街道的蜀绣文化公园分成 A、B、C、D 四个区，F 社区属于公园 A 区，河对面的 GQ 村属于 B 区。因为当时河对岸的 GQ 村有一块大空地，和街道想要的规模相符，于是就把 GQ 那边修建成一个蜀绣文化创意中心，位于 F 社区的街道蜀绣学院也一并迁了过去。

> 但我们这边还有 7 家绣坊，我们这儿才是蜀绣的真正发源地，也是真正的产业中心，蜀绣的创意、蜀绣的制作，基本上就是以这两方面为主。对面打造的是一个蜀绣的场景 IP，不过那边的蜀绣学院也可以生产。文化创意中心主要是作为创业、就业基地，当时和我们社区合作的。我们还合作投资了 10 万块钱，得了一个

基地牌子。总体上，我们两个村社属于一条蜀绣文化产业链，两边的运营模式还是一样的。（YL20201230）

文化生产的村社区间关系正是生产关系的空间结构的投射。这里的文化产业规划的"空间关系"表明，蜀绣文化产业的不同职能由地方政府而非资本将其分布在街道不同村和社区运行。地方政府在对各个村社所具备的空间地理要素、产业结构、交通便利、生态资源进行调研和规划后，把蜀绣文化产业的不同功能分类分配于不同村社。如此，村社在地方政府规划的蜀绣文化产业体系中明确其自身的角色和功能。各村社区在空间中组织蜀绣生产关系的不同方式，意味着它们处于地方政府的支配下。而任何一个村或社区在街道蜀绣文化产业体系中发挥的作用，主要是由它们对其蜀绣行业的贡献度决定的，因此它们与街道、社区之间的关系也会呈现不同的特征。

由此，蜀绣文化空间场景的营造是一个自上而下规划，又自下而上不断完善与加固的过程。空间中的权力、资本、文化、治理彼此交织在一起。蜀绣文化在基层治理现代化过程中实现了一种"空间转向"。"空间在建构日常生活过程中所起的作用，空间意义重大已成为普遍共识。"① 蜀绣不仅成为 A 街道和 F 社区的文化符号，也使得居民在日常生活中潜移默化地接受和认可这一空间所具备的文化意义，由此实现居民对高雅生活的向往。

第三节 集体记忆构建：社区共同体的精神整合

"集体意识作为人类物质存在的精神层面的整合，既有着规范社会秩序的功能，同时也赋予了个体社会存在的基本意义。然而，

---

① 李春敏：《马克思的社会空间理论研究》，上海世纪出版集团 2012 年版，第 6 页。

第六章 文化空间：社区公共文化勃兴与共识形塑

随着市场化改革与社会结构的变迁，社会分化的不断加剧，集体意识的衰弱促使了社会失范现象频频发生，个体与社会间的关系逐渐成为社会转型时期的显问题，成为执政者和社会各界急需解决的社会问题。"①"村改居"社区并非自然演化的结果，而是行政推动而成的一种城市空间。"村改居"社区的集体记忆何以可能？被建构起来的集体记忆是否会达成社区共识进而结成社区共同体？社区通过 F "记忆的文化建构力图实现对社区集体记忆的情境再现和结果想象，而这种集体记忆是在社区转型的背景中实现着不断往复的再生产"②。

早在20世纪20年代，法国社会学家莫里斯·哈布瓦赫在涂尔干的"集体意识"和柏格森的"习惯式记忆"和"回忆式记忆"的基础上，首次提出了集体记忆（Collective Memory）的概念，即"一个特定社会群体之成员共享往事的过程和结果，保证集体记忆传承的条件是社会交往及群体意识需要提取该记忆的延续性"。哈布瓦赫进一步指出，"集体记忆不是一个既定的概念，而是一个社会建构的过程"③。只有作为集体成员的个体才能进行记忆，个体是利用特定群体情境去记忆或再现过去的。④

社区集体记忆的建构必然与社区人群文化分布相结合。F 社区现有四大人群结构，即本地的失地农民、涉农区域的村民、外来常住人口和流动人口。F 社区的 3 队和 12 队属于涉农区域，有村集体资产，社区的集体记忆最初是根据失地农民和村民的集体记忆进行建构的。F 社

---

① 茹婧：《集体记忆的新维度：基于旁观者社会记忆的建构视角》，《贵州师范学院学报》2016年第5期。
② 茹婧：《集体记忆的新维度：基于旁观者社会记忆的建构视角》，《贵州师范学院学报》2016年第5期。
③ ［法］莫里斯·哈布瓦赫：《论集体记忆》，毕然、郭金华译，上海世纪出版集团、上海人民出版社2002年版，第39页。
④ 茹婧：《集体记忆的新维度：基于旁观者社会记忆的建构视角》，《贵州师范学院学报》2016年第5期。

区名字的由来，主要因原村有一块具有一百多年历史的四方碑，两米高左右，为当地地标性建筑。碑在中国历史上的作用有两种，一种是纪念王者，一种是纪念伟人。社区支部书记介绍道："社区的碑就是纪念有丰功伟绩的人，是通过歌颂某个人来塑造的碑。本地人知晓社区名字的由来，但是流动人口、常住人口是没有这种本地文化记忆的。"（PSY20200918）

"记忆本身如何形成是一个十分复杂的问题，它不仅是被历史、文化、政治等外部力量'形塑'的产物，也是记忆主体'能动性'地'建构'的结果。"① 社区通过"FB 记忆"的建构来促进居民融合，增强居民的凝聚力。一是在社区留下关于 FB 的历史痕迹、文化及精神；二是通过引导居民自觉参与社区文化打造，促使居民形成社区意识；三是推动蜀绣产业公益人才的培育，推动蜀绣文化的传承。

一 社区集体记忆的断裂与延续

从传统社会到现代社会，集体记忆的建构动力是不同的。"以共同体为核心的自律是传统熟人社会中个人和群体的记忆逻辑和行动准则，个人的认知和行为关系主要是在家庭"② 和村庄中获得和运行的。这种强大的集体信仰规范着个人的言行和价值认同，维系着乡村的秩序。而现代社会，社会分工的加剧、阶层流动的迅速化和固化矛盾共处，由此导致的利益主体的多元化，使得个体与集体的纽带日渐松散和瓦解。尽管迪尔凯姆致力于借助职业团体的道德重塑来避免社会分化和实现社会整合，但个体一旦脱离职业团体，进入陌生的社区空间，又

---

① 王汉生、刘亚秋：《社会记忆及其建构——一项关于知青集体记忆的研究》，《社会》2006 年第 3 期。
② 茹婧：《集体记忆的新维度：基于旁观者社会记忆的建构视角》，《贵州师范学院学报》2016 年第 5 期。

会面临新的道德动摇。因此，集体记忆的建构是陌生人社区社会关系再造的关键。

转型社区集体记忆的建构是一个漫长而又艰难的过程。由于 F 社区的历史痕迹保存不足，社区便以塑造 FB 文化精神作为切入点。

> 我们把这块儿逐步给老百姓呈现。当时我们想得比较狭隘，就是以 FB 这个"碑"字来说话，但是现在没提上来，我们社区的工作亮点要让居民具有荣誉感。以后在 FB 生活、居住、工作时，说起 FB 社区，他们觉得有种荣誉感。（PSY20200918）

社区通过购买服务的方式，委托社会组织通过举办"FB 记忆故事会""蜀绣·绣缘"交流沙龙等来凝聚文化共识。蜀绣文化虽然是社区的文化招牌，但目前跟社区记忆的关联性还不是很大。在对外宣传中，社区是把它们连在一起的，但是实际操作中，社区自己也承认还有很多短板，社区的蜀绣文化氛围还不浓厚，还需要一个较长的营造过程。

> 新居民晓得最多的就是 A 街道是蜀绣之乡，但是蜀绣跟他们生活的关联相对要少一些。一般居民家也不会摆放蜀绣作品。（YH20200918）

但社区也通过经常开展各种蜀绣体验课程，开展蜀绣比赛、蜀绣文化节，让蜀绣工作室的绣娘进示范小区授课，展示蜀绣作品等。

二 文艺活动助力社区集体记忆的再生产

城市的高速流动性和"村改居"社区的转型性，都使得"传统地方稳定性得以维系的范围和边界弱化了，地方特色消退，人们的地方忠诚开始模糊，简言之，地方不再是传统意义上生存及其意义的确定之源，而成为一个漏洞。这一状况无疑成为现代城市生活文化焦虑的最重要的原因之一"①。近年来，国家对社区公共资源的投放除了教育、医疗、交通等基础性公共服务外，还包括社区公共文化服务设施体系。文艺活动进社区已成为社区文化再造和实现社区融合的常规手段和方式。F社区也积极培育自组织开展各种文化汇演活动，引导居民自觉参与社区文化打造。目前社区活动分为两大类。一是传统节庆活动。社区极为重视重阳节和端午节两大传统节日。每到重阳节、端午节，社区就会在邻里中心或学校、广场开展大型社区文化活动，老人们参与的热情极高。"FB劳动庆典"文化会演活动，以社区内辛勤的劳动人民为主题，邀请社区居民一起参加，搜集各行劳动人民的影集做成视频，感受劳动人民的辛苦，唤醒社区居民对家园的爱，对社会的爱，珍惜现在的美好。二是社区服务活动。第一，社区居民运动会。社区每年春季会举办一次居民运动会，2020年已经举办了第四届居民运动会，年轻人参加的积极性很高。第二，"党员东方红会演"文化会演活动。以党的节庆为主题，唤醒居民对党的爱，以居委会为单位，组织居民学习舞蹈、文艺表演等，丰富社区的文化内涵，增强居民对社区的归属感和认同感，提升社区居民的文艺文化素养。第三，"我爱我家"文化会演活动。以国与家为主题，通过表演的形式，增强居民对国家、社会、社区的爱、归属感和认同感，同时提升社区居民对文艺的喜爱。综观社区的一系列文艺活动，无论是节庆活动，还是社区服务活动，始终贯穿着社区文化的生产与传播。文化生产是一种文化再造，是文化传播得以实现的前提，也是公共文化空间的重要体现。

---

① 胡大平：《生活在别处——地点的褪色与城市文化焦虑》，《华中科技大学学报》（社会科学版）2018年第1期。

第六章 文化空间：社区公共文化勃兴与共识形塑

如果将社区文艺活动看作第一层次的集体文化生产活动，那么通过"FB流芳华""FB情""FB爱"等社区微公益项目的发放与实施，则能够实现对社区空间的文化潜质及意义的深度发掘，是"FB记忆"文化传播效能的体现。不同形态的公共文化空间都有与其自身特点相匹配的文化生产方式。对"FB记忆"而言，其文化生产能力体现在整合社区景观资源、社区服务资源、挖掘社区公益生长点等方面。第一，"FB流芳华"社区公益环境守卫活动。募集社区志愿者、居委会工作人员、中小学生等到社区各院落进行除草、清洗活动，培养居民主人翁意识，增强居民保护公共空间的意识。第二，"FB情"公益慈善活动。发动社区居民将家里闲置的衣物、鞋袜、学习用具等物品搜集起来，让志愿者将这些物品分类并捐献给贫困山区。捐献物品者可以领取相应的生活用品作为鼓励。第三，"FB爱"公益为老服务活动。募集志愿者、居委会工作人员、中小学生一起探望"空巢家庭"的老人和养老院的老人。探望者与老人一起做老人们喜欢或需要的事情，如一起玩牌或下棋，一起看电视、聊天，或一起做手工等。此外，社区还举办了三届社区邻里节、端午节包粽子等文化活动。

文艺活动和微创投公益服务的文化生产能力与文化传播效能，与社区的动员与社会组织的服务介入息息相关，以此实现文化资源在社区范围内的共建共联共享。大型文艺汇演活动感染性强、信息传播广、交互性强、体验人群广泛，这些文化再造优势常常被运用于社区建设和社区治理。社区文艺活动从较少人参与，到现在期期爆满，居民参与意识逐渐增强，参与程度逐步提升，甚至连示范小区都自发举办起了小区活动，逐渐形成了社区居民自治的良好生态。

社区文化的营造还体现为通过微信平台的运营，实现文化和服务的实体空间再现和信息反馈。社区微信公众号包含了社区简介、社区风采、为民服务三大板块，其中社区风采板块会每周定期发布社区文化、社团活动、社区蝶变等内容。社区风采栏目发布的频率是比较高的，每次社区举办活动都会及时推送出来，每天发送工作日记，每周还推送一篇周记。通过对社区风采新闻的网上阅读，也能够对社区治理的状况有所了解。而为民服务板块包括居住证办理、经营场所证明流程、其他证件办理。线上办公极大地方便了居民办事。社区微信公众号的运营情况良好，受到三千多人的关注。此外，社区跟P区的一个工作室在合作研发以蜀绣文化元素为特色的社区抖音平台，但是目前抖音的内容还不是很多。社区支部书记对社区抖音的效果还是很称赞的，觉得它对于社区文化宣传还挺有效的，"抖音粉丝让社区在抖音的推广过程中夹带一些社区文化宣传，然后再做一些有意义的小视频。这样社区居民刷抖音时刷到自己社区的活动就会产生自豪感"（PSY20200918）。社区自媒体平台作为具体记录和展示社区文化记忆的互联网场域，同时也是塑造社区身份认同、展示社区文化价值和再现地方性知识的创新工具，它将社区文化治理引入更为宏观的互联网场域，推动了更为立体的社区文化治理的空间转向。但同时，也需警惕这种技术模式创造的仿真空间替代了社区的实在。

三 示范小区的示范效应与集体认同

FH小区作为F社区的中高档小区，因为小区地理位置优越，毗邻府河绿道，内部基础设施比较好，居民整体素质较高，小区参与社区活动的积极性比较高，被作为成都市示范小区打造点。社区支部书记谈道，"示范"这两个字就是要起到带头作用，要让其他小区看到他们优秀的地方。对于是否存在社区资源分配不均衡的问题，社区支部书记表示：

第六章 文化空间：社区公共文化勃兴与共识形塑

前期势必会多投入一些，比如硬件设施的投入，小区活动的筹备等，这块确实会投入多。因为它是示范的嘛！我们之前在小区内开展的乒乓球比赛，只有小区人员才能参加，不过，小区与小区之间要PK。示范小区确实做得好些，从选手到加油的观众，都比其他小区做事要高一层次。选手能力强，观众齐声呐喊助威，这个氛围是真的很好的。排名在第二、第三的或者没有获奖的其他小区就觉得，"这样要不得，我们要努力"，就会有赶超的氛围。我们的奖品就是三张乒乓球桌，然后哪个小区赢了，我们就把乒乓球桌给那个小区。示范小区赢得多，抬走了两张乒乓球桌。有的小区抬走了一张乒乓球桌，还有的小区输了没有奖品。输的小区代表就会给书记说："你还是给我们赞助下嘛！我们还想以后多练练。"通过这种比赛拉练，小区与小区之间也形成好的氛围。（PSY20200918）

个体并不是被动地生活在集体记忆的框架中，而是会根据自己的体验和记忆强化或改变集体记忆。社区居民愿意参与社区公共文体活动，表明他渴望在新的社区中获得归属感。在文体活动比赛时，小区与小区之间打开了彼此的隔阂，实现了一种空间开放性，参与者和助威者为各自小区的荣誉而战时，共同处于一种集体的行动结构中，在获奖过程中，又会因为小区公共设施奖品的发放，而对社区产生集体认知。这样，越是经常参与社区公共活动的居民，越是会从个体利益的视角对社区事务进行观察和判断，进而逐渐意识到个体与社区之间的利益关联，逐渐将社区意识和参与记忆嵌入个体记忆中。如此，社区记忆便在公共文化空间成形。而这种集体记忆会成为解决"村改居"社区居民身份认同危机的方法之一。

第四节　文化资本的生产：社区营造下自组织培育与社区治理转向

一　社区自组织的培育

2018 年，成都市进一步加大了社区可持续总体营造的发展力度，鼓励各区级政府购买社会组织服务，协同推进社区发展治理。亚洲的社区营造由 20 世纪 60 年代日本因工业化引发的环境恶化，由市民发起的造町运动推动起来。我国台湾地区于 20 世纪 90 年代借鉴日本社区营造的理念与手法，也掀起了一场声势浩大的社区可持续总体营造运动，形成了"台湾模式"。2016 年以来，中国大陆尤其是成都市民政部门积极引入同根同源的台湾地区的社区营造理念，将其与大陆的社区治理体系进行有机结合和创新。

社区营造作为一种图海纳意义上的"社会学干预"实践，确实可能推动社区治理和社区建设转向"自组织治理"[1]。2018 年是 F 社区从管理到治理的分水岭。2018 年前，"社区是上面安排做什么就做什么，重在治安、安全、环境，就按照要求去做"（PSY20200918）。社区支部书记去杭州、南京学习社区治理模式，"印象最深的就是南京某个社区。那个社区的办公地不大，但却有很多协会和志愿者、社工组织。而当时我们社区的太极拳、乐鼓队、歌舞表演队等对社区的事情表现得都很不积极"（PSY20200918）。社区 P 书记参访学习完这些发达地区的社区文化治理模式后深受感染和鼓舞，当即决定要重点培育和发展社区自己的组织。

---

[1] 郑中玉：《社区生产的行动与认知机制：一个自组织的视角》，《新视野》2019 年第 5 期。

第六章 文化空间：社区公共文化勃兴与共识形塑

F社区总人口31000多人，本地居民只有5700多人。A街道位于老场镇区域，随着老城两侧的拆迁，A街道的很多居民都搬迁到了F社区，居民的需求呈现多元化和复杂化态势。社区力图通过各种文化活动吸引居民对社区的关注，但社区居民公共意识不足，不愿意参加社区活动。尽管各小区建有居民微信群、自组织微信群、网格员微信群，但因活动比较单一，居民对其响应不积极。因此，挖掘骨干领袖，培育并发展社区自治组织、志愿服务团队成为F社区实现从管理到治理的重要手段。2018年，社区成立了社区自治基金，规定社区自组织可以在一定条件下申请成立，当时就吸引了社区比较活跃的文体队伍。这些文体队伍在社区和社工的培育下积极申请备案。到2020年为止，F社区已成立了老年人协会、游泳协会、爱乐团、太极协会、广场舞队、象棋协会、志愿者协会等九个自组织，总人数达到400多人。有意思的是，这些自组织的成员并不完全来自F社区。老年协会组织成员以本地居民居多。爱乐艺术团纯粹是社区的FH小区退休居民自发组织的队伍，乐器都是居民自己的，由团长来整合队伍。"比如说哪些人是以前音乐学院退休下来的，懂得某个乐器的，他应当充当什么角色，就安排相应的任务。只要你想加入他们团队就可以，他们每周都会在邻里生活馆开培训班。他们从基础的'哆来咪发唆、拉西哆'这种音乐开始教。"（YHY20200918）乐鼓队则是从G村迁移过来的，这个组织的人气也高。

游泳协会的会员不仅有F社区的，还有其他社区的居民。游泳协会的成立颇费周折，但其成立过程却反映了F社区的开放性和包容性。游泳协会的前身是成都市的一些游泳爱好者自发组建的游泳队，队员大多为当地的商人，他们经常会定点聚会喝茶、游泳健身和参加游泳比赛。在游泳时，发现有跳水自杀的人，他们还会去抢救。游泳队几次外出参赛，发现参赛要求中规定必须有挂靠组织。但是这些游泳爱好者都是跨区域的居民，没有可以挂靠的组织。一开始，他们想找社区挂靠，但没有哪个社区愿意接纳。然后，他们去找街道，街道也不愿意把他们挂靠进来。因为一旦承认游泳队的合法性，万一游泳队出了安全事故，街道和社区要承担责任。刚好F社区要培育自组织，看到游泳队的成员既有这种运动爱好，又在做公益，于是与游泳队沟通，表示愿意给他们登记备案。游泳队在F社区备案后，正式成为社区游泳协会。"社区化"后的游泳协会，以社区的名义自发组织和参与了很多游泳比赛。因为能代表社区出去参赛，游泳协会的会员们感受到了一种归属感和认同感，也与社区产生了积极的互动。

> 社区有其他事情需要他们帮忙的，他们也肯定愿意，那我们之间就建立了默契。虽然每年我们给游泳协会配备的资金有限，但是我觉得有这种资金来支持他们，他们就有底气去解决他们自己的困难。现在协会搞活动，都不用社区的自治资金。我们社区的自治资金很少，大多数还是他们找赞助，筹资来搞。（PSY20200918）

除了现有的九个自组织，为了推广社区蜀绣文化，2020年8月，社区通过服务招标聘请社工机构培育出一支经常做蜀绣服装展示的蜀绣旗袍队，以及一支由社区蜀绣工作坊商家组成的蜀绣志愿服务队。蜀绣志愿服务队的目的是把蜀绣带进各个商品房小区，通过讲解、进行简单的工艺品制作和蜀绣作品展示向居民们宣传蜀绣文化，营销蜀绣工艺。"目前在四个商品房小区开展活动，都是针对外来居民的。因为本地人还是比较了解蜀绣的。"（YHY20200918）

在社区自组织的发展过程中，起主导作用的是对于社会资本的支配权力。社区自组织的组织者在经济资本、社会资本的支配中占有优势，能够按照自己的意志自发形成组织。而社区并没有处于完全强势

第六章 文化空间：社区公共文化勃兴与共识形塑

地位，在前期缺乏街道支持的情况下，通过各种方式扶持志愿者服务队伍，并支持其备案，主动承担起组织保障的责任，维护和巩固组织者为社区空间赋予的文化意义和自治意义。难能可贵的是，社区自组织的成员并不限于本社区居民，对于愿意归属于社区的人，都表示出开放和包容的态度，积极有效地整合社区内外各种社会资源，发掘其自治潜能，协助培育其自组织能力。

到 2019 年上半年，P 区级政府和 A 街道开始重视社区治理。A 街道 Y 书记通过政府购买社会服务的方式，聘请了 X 社工组织，负责街道级社区发展治理中心的组建与街道级社区规划工作。X 社工组织的理事长带领团队对 A 街道各个村进行走访调研，在调研 F 社区时，也很惊讶社区有这么多志愿者服务队伍。社工机构理事长 Z 把 F 社区的治理经验报告给 A 街道党工委 Y 书记后，Y 书记也感到很振奋，认为 F 社区自治基础好，社区两委班子也比较年轻，有必要好好培养和提升一下，以后作为 A 街道社区治理的示范点位。

培育自组织的目的是促进社区社会关系连接，社会关系一改变，治理模式就会发生根本性转变。在自组织的培育过程中，自组织成员互动加强，资源高度流动，并因其自治资本逐渐与社区、地方政府的利益交织，形成了较为复杂的政社网格。地方政府在"治理锦标赛"中需要地方社会治理创新的样板，自组织在发展初期也需要政府和社区的资源支持。

在自组织的培育过程中，社会组织的引入，使得自组织的活动更加规范化，也可以利用他们的力量来帮社区推进社区文化传播和发展。社区两委干部表示："在没有引入社会组织之前，不知道社区的需求是什么。社区公共活动只能吸引中老年人，而且还以发放礼品为吸引的方式。社区宣传很局限，效果不佳。"2018 年，社区通过购买社会服务，引入社会组织做自组织培育。2020 年 4 月，社区还签了一个社工组织专门做蜀绣志愿服务队的培育。到 2020 年年底，社区已经有三家社工组织入驻。社区支部书记表示："因为人情化的管理，我觉得不是很有意思，所以专门引进了社工组织管理他们。在财务管理、项目申报等方式，社工组织要专业些。"（PSY20201230）

　　社会组织在对社区自组织的问题和需求的评估中发现，社区自组织仍面临发展困境。社区自组织大都是 2018 年才培育出来的，普遍处于发展起步阶段，且多为文娱团队类型，而公共议题类、儿童青少年服务类、外来务工人员服务类的社区自组织欠缺。自组织品牌特色不显著，资金来源渠道单一，自身造血功能不足，组织管理不健全，等靠要的依赖心态是现有社区自组织的主要问题。除了游泳协会因其会员多为商人，加之要购买救生衣，每年可以收取 600 元的会员费外，其他协会基本无法向会员收取会费。同时，社区自组织存在三大需求。一是能力提升的需求。社区自组织希望社区继续扶持至少 2—3 年，对其加大培育力度。二是场地的需求。现有基地不稳定，有可能面临拆迁的问题。社区自组织希望能有稳定的集合场地、器械存放地、办公场地。三是发展的需求。现有培训活动费用和购买乐器设备资金等不足，很多是会长自己垫钱。自组织希望通过搭建平台、整合外部资源，帮助创新公益+商业模式，提升其造血能力。为此，三个驻点社会组织从能力提升、场地建设、平台搭建、资源整合等不同层面对自组织进行培育。

　　经过社工组织和社区一年多的培育，无论是自组织的场地，还是自组织的能力都有了较大的改进和提高。社区文化的传播，一般是通过社区自组织开展各类活动。每年他们自发申报社区活动，社区根据他们申报的内容进行回复。申报成功后，社区也会给予场地、主持人经费等支持。自治组织活动次数由之前的一年一两次发展到现在至少每周有一次活动。其中太极、象棋、游泳、老年协会"天天有练习，

第六章 文化空间：社区公共文化勃兴与共识形塑

周周有交流，月月有比赛演出"。传统节日，几乎所有的活动都是自组织独立策划、组织、演出，特别是端午、元旦、元宵节，社区自组织更是会举办一系列大型活动，吸引大量居民参与。居民们从以前的自娱自乐到现在可以有组织地自行开展相关的活动。其中，游泳协会、长兴杨氏太极拳研究会等外部资源优势明显，经常举办各种活动。游泳协会的规模和影响力比较大，协会不仅开展日常的游泳锻炼，受成都市、台湾地区和香港地区的邀请参加马拉松比赛等，还成立了水上义务救援队，义务营救自杀、遇难人员和打捞因交通事故被冲进河里的车辆，已经打捞过五六辆车子。每年，游泳协会还与老年协会共同举办以纪念毛主席畅游长江为主题的游泳大赛。太极拳研究会于2017年举办了武术名家大会，2018年还举办了首届蜀绣太极拳比赛，吸引了大批太极拳爱好者聚集A镇切磋武艺。

社区自组织通过社区身份的建构，以开展文体活动、志愿者服务活动等方式进行着文化生产，进而实现社区自组织延展适合其自身的文化治理功能，积极主动参与社区发展治理进程。因此，社区自组织既是治理的对象，也是治理的工具，其目标是"透过文化和以文化为场域达致治理的目的"①。

二　社区压力型治理模式的转向困境

社区从管理逐渐转变到治理以来，社区支部书记肯定道："觉得很多问题、矛盾就是要少一些。以前做一件事情，你跟他说怎么做，做好了好说；做坏了，他要怪你。但是现在如果大家共同参与这个事情，做坏了，他们会共同想办法去弥补。所以这个理念转变在2018—2019年，我觉得对我们社区各方面工作带来了很多不同。现在只要社区发

---

① 吴理财：《文化治理的三张面孔》，《华中师范大学学报》（人文社会科学版）2014年第1期。

展治理工作需要人，这群人都会站出来服务。"（PSY20201230）正是得益于社区文化再造，社区中的人开始成为文化的制造者而非纯粹的消费者，社区人的主体性开始生成，进而使地方性的生活韵味开始浮现。

在处理社区与社会组织的关系方面，社区支部书记表示："坚持的点是一定要让社区全面去了解和掌控社会组织，不能让社工组织掌控我们。在引进社工组织之前，我们的活动全盘都是我们自己策划、协调，包括主持人、音响、人员组织、节目全部都是我们自己在弄。如果说不要社工组织，我们也完全可以自己做完。但是引入社工组织的目的，第一是开拓我们的思维，第二个是减轻我们的压力。很多活动他们来做，我们要做一些更需要我们做的事情。"（PSY20201230）

社区引入了社会组织后，虽然在自组织培育、社区活动方面，社区减轻了压力，但是行政性事务并没有减轻。社区经济、生态环境、社会治安，包括维稳这些管控性工作，仍是社区的日常事务。

> 治安环境卫生情况每周都还要通报，哪块区域环境差，责令我们整改。街道开会的时候要通报点名，给我们很大压力。如果不去花时间精力做这些事情，也会影响基层工作。街道领导认为基层工作才是社区的方向，社区稳定才是根本。（PSY20201230）

"中国各级政府是在各种压力的驱动下运行的，从上而下的政治行政命令是其中最核心的压力；压力型体制并不是新的现象，而是传统的动员体制在市场化、现代化这个新背景下的变形。"[①] 地方政府为了竞争而创新。地方政府以前热衷于搞经济的锦标赛，随着国家

[①] 荣敬本：《县乡两级的政治体制改革，如何建立民主的合作新体制——新密市县乡两级人民代表大会制度运作机制的调查研究报告》，《经济社会体制比较》1997年第4期。

治理能力现代化战略的提出，地方政府逐渐致力于搞社会治理创新的锦标赛。但对于一味追求社会治理创新，社区支部书记并不完全赞同：

> 一味去创新，把我们最初很多东西丢掉去创新的话，我觉得没有意义。我们自组织培育发展到今天，我觉得这是我们最基础的工作。没了他们这些人的基础，你再创新，拿什么创新？人都不支持你，你创什么新？让老百姓观念转变，让他参与融入社区才是最根本的。（PSY20201230）

小 结

文化治理正成为中国社区发展治理体系的重要组成部分，是诠释和实现人民对美好生活向往的社区产物。重新认知文化空间对于城市空间转向的重要性，从修补割裂的文化空间出发，建构契合地区人民生活方式的文化空间，强烈表现了当下城市空间转向的社会本位。[①] 文化空间结构的确立，不仅仅是地方政府文创产业发展战略的结果，也是社区和社区自组织对社区文化追求及主体性成长的结果。

文化空间构建是一个系统工程，包含了诸多方面，首要任务是完成抽象文化与具体产业的对接，这也是文化产业化的过程。需要寻求文化与产业之间的均衡点，保证产业与文化二者在都能保持自身特性的基础上不被异化。在20世纪40年代，工业化、产业化的发展将主体不断卷入资本与市场提供的产品中，二者之间边界的混乱导致产业

---

① 方琦、王伯承：《透视与内嵌：城市空间转向及其实践——理论探讨和三个案例》，《云南行政学院学报》2017年第4期。

消解了文化本身。在缺少自主反思的产业时代，每一个人被迫置于一个几乎没有差别的系统之中。实现工业化的文化生产虽然表面上大大增加了文化的丰富性，但产品的内涵却日益丧失，变得越来越趋同。蜀绣文化的地方特色可视为工业时代产业升级的结果，同时也试图在产业和文化之间寻找平衡。文化产业只有在各产业的碰撞中才更加能焕发活力，或者说，以文化名片为主导的社区发展中接下来就需要联通旅游、餐饮等诸多相关服务业，形成一条完整的产业链，让抽象的文化体系在现实生活中落地生根。

通过集体记忆重建文化共在感。中国悠久的传统文化在历史长河中不断传承，经久不衰，在证明自身强大的生命力的同时，也成为中华儿女的共同骄傲。现代城市社区兼具流动性、异质性的特征，构建一种社区整体的共在感就更为重要。文化记忆是社区历史与知识的储存，社区人员正是在这样的知识储存中获得关于自己的整体性和独特性的理解，并在此基础上形成了一种共同认知。集体记忆通过传统生活与现代情景的相呼应与重构而发挥作用，从而将社区情景纳入一定的知识联系之中，空间作为认知介质串联起彼此之间的认同。简·奥斯曼曾经指出，"文化记忆通过两种模式存在：首先通过档案形式存在，这个档案积累的文本、意象和行为规范，作为一个总体视野而起作用；其次是通过现实的方式存在，在这里，每一当代语境都把自己的意义置入客观化的记忆形象，赋予它自己的理解"[1]。社区集体记忆使传统文化与社会资本成为促进社区转型的可动员资源，而非结构性约束，由此培育具有地方性的新型城市社区文化。

培育自组织实现社区的整合功能。城市社区的另一个重要挑战就是居民之间黏合度不够，集体行动也只是限于有关自身利益的事项，

---

[1] 陶东风：《"文艺与记忆"研究范式及其批评实践——以三个关键词为核心的考察》，《文艺研究》2011年第6期。

第六章 文化空间：社区公共文化勃兴与共识形塑

参与感不足导致社区公共性匮乏。自上而下的纵向治理体系无法实现居民间的横向联系。社会组织的介入和自组织的培育，为实现一种新的社区治理的关系理性提供了可能。社区作为民众生活的场域，就需要承担起构建民众横向联系的职能，通过公共活动加强彼此联系，将社区打造成有温度的生活与治理共同体。社区自组织通过社区身份的建构，以开展文体活动、志愿者服务等方式进行着文化生产，进而实现社区自组织延展其自身的文化治理功能。

从集体记忆的建构到社区活动、自组织培育都与文化空间的社区营造息息相关。社区公共空间的文化营造只要做到文化与人的集体记忆的有机整合，就可以引发居民的情感共鸣和社区参与。集体记忆要想在利益关联性欠缺的陌生人社区中建构，必须回到社区公共性框架中进行重塑。社区公共性框架则有赖于文化共识、制度建构和社区支持网络系统的建立。

第七章

服务空间：社区党群联动与功能重建

正如列斐伏尔在《空间的生产》一书中指出，中国的空间实践模式"真正关注的是将人和整个空间纳入到构建一个不同的社会这一过程中来"①。新中国成立后，空间整合从两个维度入手，城市空间建制以单位为核心，农村则采用集体化的组织方式。乡村传统的公共空间与私人空间完全融合，"形成了这一时期特殊形式的集体生产生活的公共空间，形成了行政力量支配下的具有均质化特征的公共空间和意识形态控制下具有权力化特征的公共空间"②。单位制与集体化时代的空间治理模式意义重大，这二者通过高度组织化的社会改造方案在最短的时间之内完成了中国工业体系的建立③，同时，也是在国家整体贫穷落后的背景下节约治理成本、增加国家整体收益的重要方式。党和政府领导人民群众创造出了与资本主义空间截然不同的空间形式。单位制和集体制空间集生产与生活于一体，是锻造社会主义新人的重要场域。然而，随着市场经济的发展和单位、集体制空间的衰落与解体，

---

① [澳]薄大伟：《单位的前世今生：中国城市的社会空间与治理》，柴彦威等译，东南大学出版社2014年版，第127页。
② 王春程、孔燕、李广斌：《乡村公共空间演变特征及驱动机制研究》，《现代城市研究》2014年第4期。
③ 田毅鹏：《单位制与"工业主义"》，《学海》2016年第4期。

国家空间治理呈现不平衡、不充分发展的特征，体现在城乡之间、东西部之间、特大城市与小城镇之间，等等。社区空间也随着制度变革发生了新的变化，传统社区内部人与人之间的纽带发生质变，道德、理想和传统儒家文化等宏大叙事在市场经济锻造的经济人、理性人面前不堪一击。在涂尔干看来，现代社会引发的社会失范（Anomie），其深层次原因是传统道德纽带的式微。① 尽管诸多群众在物理空间上从属于一个集体，然而在心理和道德上却并未真正认同于这个集体，甚至会与集体产生对抗。"村改居"社区空间正是处于这一悖论之中，如何重构社区内部人员之间的纽带是当前最大的挑战。

基层治理的创新同样需要通过一种新的空间形式得以体现，以对日常生活、交往方式、服务形式产生重要影响。其中，党群服务中心在社区空间重塑的过程中发挥了引领作用，与毛泽东时代"代表自给自足且空间封闭的社区"② 不同，社区党群服务中心是共建、共享、共治的空间。党群服务中心的建设，既能通过一种服务空间来传播党和政府的方针政策以及为居民提供便民服务，也能通过共享空间促进社区居民的社会交往和社区参与。

第一节　社区空间重塑：从伦理秩序到混合秩序

一　传统农村空间的伦理秩序

空间既是治理实现的基础，也是空间秩序的表征。"村改居"社区的空间变革首先是物理层面的变，体现在传统农村生产方式终结与城

---

① ［法］埃米尔·涂尔干：《社会分工论》，渠东译，生活·读书·新知三联书店2000年版，第14—17页。
② ［澳］薄大伟：《单位的前世今生：中国城市的社会空间与治理》，柴彦威等译，东南大学出版社2014年版，第127页。

市生活开启的断裂带。断裂带处意味着一种新的秩序集合，既包含着传统文化与马列精神的混合，其次也是市场经济导致的社会变革的展开处。据此出发，"村改居"社区空间治理创新需要以村落伦理底色为基础，在中国特色社会主义道路中挖掘和激活本土优秀文化，从而为创新治理模式服务。

传统村落空间的秩序体现为伦理秩序，伦理秩序的核心是以儒家文化构建基层社会"家国同构"的政治理性，这对于传统的村落而言具有历史的合理性。首先，伦理秩序是由小农时代的生产方式决定的，小农经济的活动空间极为有限，交往半径较小，生产与生活基本能做到自给自足，这是国家统治的基础，是国家赋税的基本来源。在传统社会中，土地就是文化和社会关系的核心。小农生产的基础是构建国家治理大厦的根基。其次，农村伦理空间秩序是由以家族为核心的公共建筑和公共活动来加以强化的。祠堂是家族聚合的场域，是凝聚家族共同记忆的纽带。祠堂内部由祖先的牌位、规训话语等要素构成，既是连接家族成员生与死的桥梁，也是家族内部治理的主要载体，是指导在世家族成员活动的指南。家族人员不但在祠堂祭祀祖先，也作为各房子孙办理婚、丧、寿、喜等事件，并进行家族内部的议事。再次，伦理空间秩序是国家儒家教育在基层社会的展开。正如《大学》所云："古之欲明明德于天下者，先治其国；欲治其国者，先齐其家；欲齐其家者，先修其身。"中国的传统社会，家与国之间不是对抗的关系[1]，而是互为一体的建构，家国同构意味着二者的构造机理具有同质性，家庭是社会组织中的基础单位，也承担了国家最基本的社会组织功能，二者之间是和谐和相互促进的。

---

[1] 索福克勒斯的《安提戈涅》是西方最重要的文化文本之一，集中反映了家庭、国家与神权之间的对抗关系，黑格尔以此为例，论证国家价值优于个人价值，将安提戈涅代表的家庭伦理视为一种对社会共同体不利的个人主义。[德]黑格尔：《精神现象学》上卷，贺麟、王玖兴译，商务印书馆2022年版，第9页。

传统的村落空间，在1840年后，其面貌随着历史的律动不断被改造。革命时代，村落空间被政党不断整合；新中国成立后，碎片化的土地被纳入社会主义改造范围。在革命与建设的两个阶段，持续千年的农村伦理空间被新的空间秩序所代替。

二　社区空间的混合秩序

单位制与集体化建制时代的空间是整齐划一的均质空间，这样的均质与同质性是相对于市场经济而言的。市场经济体制的介入又引发了社会整体变革，资源与生产要素开始逐步流动，城乡空间壁垒逐步瓦解，从而进一步导致了社会结构、社会阶层不断分化。"村改居"社区空间是制度变革的产物，处于城与乡的粘连地带决定了其混合特征。

首先，城乡混合的空间秩序。"村改居"社区是中国大规模推行城市化的产物，直接触发了"乡土中国"向"城乡中国"的转变。城市与乡村由于空间秩序的不同，遵从这两种不同的治理逻辑。但"村改居"社区的过渡性特征却显现了这二者的混合，从而造成了治理错位。介于城市社区与乡村社会之间，"村改居"社区的共同体形态已不同于传统乡村共同体。村落空间和城市空间享有不同的空间生产规律。村落空间主要依靠自然规律组织生产活动，如日照、风、水、土地等因素，是由血缘、地缘和业缘结成的社区。城市空间则更多地依靠自上而下的规划和建设。在"村改居"社区空间完全采用城市化的治理理念，必然会引发传统空间与现代空间的冲突。从外在来看，社区已经是城市的一部分，但其内核没有太多改变，社区空间依旧存在着大量的农村生活习惯，如在公共空间种菜，将公共空间用地强行归为私人空间。不少"村改居"社区的农村集体用地和集体经济还没完全发生转型，集体经济的收益分配还呈现出不同的身份特征，从村落到城市的空间秩序还没有得到充分整合。

其次，村民与市民的身份混合。村落转型为现代城市社区，意味着农民身份的终结和市民身份的生成。因土地被征用而在户籍上由"村"转"居"的城郊新市民正是此类群体。户籍安排的市民化只是身份表面的变化，而如何构建起市民身份的自我认同则更为棘手，这也昭示了以市民身份认同形成为核心的身份转变具有深远意义。此外，更加复杂的是，部分"村改居"社区还存有涉农区域，这片区域意味着土地的所有权与村民的身份并未随社区的改制而发生转变。因此，同一社区，村民与失地农民是并存的。村民对社区仍保留着村、大队、生产队这样的乡土称呼。身份认同可被视为主体对某一社会身份及其相应的权利、义务、责任、忠诚对象、认同和行事规则等方面全面的、整体性的获得过程或认同状态。"村改居"社区的"居住空间"与"交往空间"的变革直接导致"村改居"社区共同体的社会资本流失、社会记忆离散及社区关联断裂等实践困境。混合身份的背后是"二元模糊"身份认同危机、"时空割裂"身份认同危机与"意愿游离"身份认同危机，其根源在于乡土记忆模糊与相关制度不平等或缺位，利益羁绊造成的认同定式和制度边界不清，以及新市民的"无能感"与制度滞后。[1]

最后，社区社会关系的混合。"村改居"社区空间的居民来源不同，有就地城镇化的居民，有还没被征地的农民，有近郊拆迁搬迁的居民，有外来商品房购买者和居住者，也有不少商家和临时务工人员。社区社会关系混合体现在两个方面。一是横向关系。流动空间替代了固化空间，相对稳定的、固化的人际关系逐渐弱化。地缘变革虽然无法改变血缘，但空间的异质性成分不断增加。外来流动人口不断增多

---

[1] 李蓉蓉、段萌琦：《城镇化进程中中国新市民的身份迷失——身份认同危机的类型学研究》，《经济社会体制比较》2019年第3期。

加速了"熟人"社会的瓦解，流动频率的增强导致横向关系极为不稳定。构建社区治理共同体的首要条件就在于人员稳定，但"村改居"社区流动与固化关系的内在矛盾导致了横向关系很难增强，社会治理共同体建设也成为无源之水。与此同时，新住民与原住民及流动人口混合居住，混居的社区空间因为利益纠纷、生活习惯和行为观念等差异会产生"土客"矛盾。本地的农村人与城市人也会因户籍、社会福利保障和公共服务等方面问题而产生城乡矛盾。二是纵向的治理关系。社区治理的主体、客体、结构、过程等诸多要素都会随着社区的物质基础变革而调整。撤村建居后的空间内部构成更为复杂，社会分工、收入、消费等诸多层面差异较大，由此形成了持续的多元化社会空间生产机制。社区治理主要依靠干部与群众以及群众之间的熟人社会联系。本乡本土的人是干部熟悉群众，群众之间也相互熟悉。合村并居或是外来人员则对两者都不熟悉。在公共规则还不完善的前提下，社区内部矛盾较多。相对于村落，城市社区空间资源的紧缺逐渐激活了社会群体的空间意识，进而引发了对空间功能使用权的争夺。

第二节 党群服务中心空间布局的标准化与亲民化

"村改居"社区服务空间形态经历了由经济—服务混合功能到服务—自治功能，再到政治和服务功能的空间转变，其目的是提升社区凝聚力，增强社区居民对社区的认同感和归属感。

一 社区邻里生活中心的空间生产

农村的家户空间生活结构是非必要可以不相往来的，各家各户都是自足的实体，各个家庭都只顾自身，正如古人所谓"各人自扫门前雪，莫管他人瓦上霜"。但村落需要进行公共活动时，彼此之间的

空间重构:"村改居"社区的协同治理实践

熟识可以促成集体行动的统一。在离国家中心较远的区域,公共权力对基层社会的影响微乎其微。村落进入城市空间后,家户也从村落的篱笆扎成圈子围成的平房搬进了楼房,生活空间发生了质的变化,由此也造成了社区邻里之间的问题。邻里关系的变化是城市化发展的一种客观现象。首先,城市楼房的空间互不干扰,各家各户关起门生活,少了很多和邻居沟通的缘由。其次,城市居民参与社会分工体系,没有农耕生活的闲暇,无法在邻里关系方面投入太多的时间和精力,邻里关系冷漠化成为城市小区的常态。另外,城市的本质就是流动,是资源交换的场域,这就决定了其流动频率极高,社会流动导致社会资本无法有效凝聚和积累,社会信任度降低。如何构建一个新的平台加强邻里沟通,让邻里在活动中熟识,是重塑邻里关系的一个好方式。

FT邻里生活馆早在2018年建成,但真正作为F社区居委会和党群服务中心使用则是在2019年6月。F社区党群服务中心和居委会原址位于F社区空间的中心位置,夹在居民小区XG坊和FH之间,便于居民办事。邻里生活馆位于城镇东南面,坐落在蜀绣公园A片区①之中,左邻成都母亲河——府河,一条绿道贯穿于其中;右侧为场镇重要交通要道——犀安路。对于社区办公场所为何要搬离居民区而选择公园区域,社区支部书记说道:

> 这是因为P区委组织部部长有一天路过我们这边,他连车都没下,就说了一下,"F社区是在这边啊,把他们作为一个示范社区来做吧"。然后街道就把邻里中心作为我们社区的阵地来投入使用,要求我们搬过来。为什么要搬?第一可能是因为这里环境好,

---

① FB社区依据一河一路,将社区规划为A、B、C、D四大片区——A为社区公共生活示范区、B为蜀绣创意产业区、C为小区治理示范区、D为品质生活配套区。

第七章　服务空间：社区党群联动与功能重建

有很多东西可以看。那边老村委办公室没有那种开放式的办公区域，它都是老的那种办公区域，每个区域都是单独的房间，居民要找人找事，就是需要去各个房间。这边就是属于开放式办公区域。而且我们那边办公室在3楼和4楼，1楼、2楼租出去，别人在使用。这边就可以重新来设计，开放性的，老年人来办事，环境好，走过来舒服些。第二就是办公氛围也比较亲密些，舒服些。老办公室它不具备这方面的条件。但这边的缺点就是距离远。（PSY20201025）

老村委会办公室现在已改为老年日间照料中心，里面配有电视机、老年健身器材、棋牌、图书等文化体育娱乐设施。但实际上因为缺乏组织化管理，日间照料中心使用不善，逐渐沦为少数老年居民的麻将场所。疫情防控期间，日间照料中心基本停止使用。

社区办公室是分批搬迁的。最开始搬到邻里中心的是社区便民服务中心，社区两委的办公室还在老村委办公室。但是，社区两边办公不是很方便，不利于社区两委和工作人员之间的沟通。后来邻里中心隔壁的蜀绣学院因街道规划搬迁到河对面的GQ村，于是空置的楼便由社区两委暂时办公使用。

社区邻里生活馆做了"三化建设"后，2019年7月19日，P区社治委、民政局工作人员对F社区的亲民化公共空间进行了检查和验收。相关部门领导强调，需要将社区工作人员方便办公、社区居民乐于休闲这两点结合起来，建设更完善、功能性更强的亲民化公共空间。

社区邻里生活馆为三层建筑。一层为开放式的社区服务办公大厅和街道社区发展治理联合支持中心办公室，大厅中间配有沙发、茶几，作为聊天区间。社区服务办公室是开放式的。工作人员包括社区干部都在同一场所办公，从而淡化了空间隔离所隐藏的等级权力意识。并且社会组织办公室和群众接待中心也在同一层。这些空间安排时刻彰显社区必须与群众、社会组织保持密切联系。因此，党群服务中心的空间设计，依据的是"集体主义逻辑而不是个人主义的逻辑"①。社区办公场所与社会组织的办公场所存在于同一空间，有利于强化社区、社会组织和社工的"三社联动"。二层为多功能会议室，添置了投影仪、棋盘、书法桌、沙发、茶几等。多功能会议室常常作为社会组织人才的培训基地使用，社工论坛、社工人才培训讲座都在此进行。三层为茶馆议事厅，有吧台，还有一个大阳台，放置了秋千椅、咖啡桌等。A 街道的社区治理品牌项目 JX 茶馆落地在此。2020 年 9 月，社区 JX 茶馆挂牌成立，社区两委干部每周二、周四在茶馆开展定时聊，面对面与辖区居民交流，了解居民的困难和问题，听取居民对社区治理的建议。

社区服务空间的变迁表明，至少在专家和地方政府的规划意识中仍体现出柏格森指出的将"空间"视为表层的真实，而把时间作为深层的真实，时间与意识、创造和自由联系在一起，空间则主要被界定为与意识相对应的身体、物质和限制，意识是超越人体的、非空间的，折射出"时间优于空间"的偏好。在社会转型期，社区空间结构不会出现真空，桂勇认为在国家对城市邻里社会的动员控制能力上存在着"断裂"论与"嵌入"论两种对立的观点，提出了一种介于两者之间的"粘连"理论。在他看来，国家对城市邻里仍旧拥有一定的动员控制能力，尽管这种能力受到各种社会政治因素相当大的限制。②

---

① ［澳］薄大伟：《单位的前世今生：中国城市的社会空间与治理》，柴彦威等译，东南大学出版社 2014 年版，第 168 页。
② 桂勇：《邻里政治：城市基层的权力操作策略与国家—社会的粘连模式》，《社会》2007 年第 6 期。

二 社区邻里生活馆的亲民化再造

党的十八大以来,随着国情、党情、民情的深刻变化,习近平总书记在多个场合都反复强调了"美好生活"的治理理念,而美好生活的主体就是广大人民群众,习近平总书记反复强调"人民对美好生活的向往,就是我们的奋斗目标"①。社区正是人民美好生活达成的基础单元,其空间生产也必须符合这一根本要求。汉娜·阿伦特也指出:"一切人类活动都要受到如下事实的制约,即人必须共同生活在一起。每一位公民都隶属于两种生活秩序,他自己的生活和在共同体的生活。"② 事实上,这两种生活并非相互割裂的,而是相互影响、相互制约的。在社区生活中,私人生活的空间被限定在极其有限的住宅范围之内,公共空间的构建就显得格外重要,社区以亲民化理念为指导所打造的生活馆正是对这一美好生活理念的执行。

亲民化建设后的社区邻里生活馆的空间便利性不足及投入时间较短,仍让人误会是行政办公场所,空间布局浪费严重,普通居民对其知晓度和利用率不高,影响了居民对其空间用途的认同。

> 一开始的时候,因为一楼给别人的感觉好像还是有点行政化,然后再加上蜀绣商业街给人的感觉比较高大上,他们的茶楼都不像是我们这边居民自己做的茶房,给人的感觉就像有钱人来的地儿,外地人过来基本不往这边走,这边整体人气就不是很高。后来我们慢慢搬过来之后,社区居民才慢慢往这边来,再加上绿道修好了,人们经过这边,给人的感觉好像有社团活动。但是邻里空间也刚刚提出不久,可能很多居民不是很了解它到底是做什么

---

① 《习近平谈治国理政》,外文出版社2014年版,第4页。
② 汪晖、陈燕谷主编:《文化与公共性》,生活·读书·新知三联书店1998年版,第62—65页。

用的，所以还是不愿意进来。以前我们想过很多办法，像我们每天在大屏幕播放一些免费的电影或者是搞活动。我们有活动，他就来；没活动，就不来，那个电影还是放不下去，没人，后来就没办法了。（YS20200918）

邻里生活馆的空间形式一开始就是依据政府的行政指导来设计的。便民服务的需求与现有空间安排的脱节，导致社区居委会和居民之间长距离的空间分割。邻里中心并不处于社区的中心位置，而是处于府河边和公路之间，马路将社区的居住、生活与党群服务中心生硬分隔开，由此导致社区服务空间与生活空间、生产空间之间没有直接的可视化交流，缺少了福柯所谓的"全景敞视的凝视"，无法快速地实现社区认同。社区服务空间与居住空间的分离仍显示了政府权力嵌入社区的主导性以及对景观政治的空间偏好。新的社区服务空间无论是空间距离还是空间结构设置，都弱化了居民的社区交往需求，造成社区治理的困境。

苏贾在空间辩证法中就以"空间—时间—存在"的逻辑强调了空间是人类生活的首要原则，如要实现居住正义，需要改变生活，而首先当改造空间。① 通过重塑公共空间，将空间的民本属性与社会属性还原，可以再造社区社会关系，从而推动社区治理共同体的建构。2020年11月以来，重新规划和改建邻里空间片区成为F社区建设的重要工作。邻里生活馆的片区改造总共分成4个项目来进行，包括蜀绣商业街的导赏系统的安装，两个小型广场的改造，社区邻里生活馆和社区能量馆、社区大师馆三栋楼的改造和防水处理，三栋楼中间的广场改造。街道以补助的形式拨付400多万元给社区，社区作为主体来承建。

---

① Edward W. Soja, *Seeking Spatial Justice*, Minneapolis: University of Minnesota Press, 2010, pp. 198-120.

第七章 服务空间：社区党群联动与功能重建

由于F社区与街道的特殊区域关系，加之作为街道的示范社区，因此它在规划、服务提供、资金供给方面具有优先权。社区招投标后，与施工方研讨，施工方设计方案。在设计前，社区还与片区内的商家研讨，听取他们对设计方案的意见。"因为涉及一些商家的门口的改造，还需要征求他们的意见。"（YS20200930）方案由街道正式批准后开始施工。

改建后的邻里生活馆，占地面积570平方米，空间功能逐渐清晰和完善，主要作为社区党群便民服务中心使用。一楼大厅左侧为社区便民服务办事中心，设有社保查询机、自助办理机、户政业务终端机等，大厅右侧设有方塘小客厅、蜀绣展示区、微电影播放区以及三固化议事厅。二楼是社区两委的办公区域、各种功能室、活动室、会议室、微党校、治理服务驿站、党群服务站等，三楼仍为社区靖心茶馆。此外，邻里生活馆一楼大门还挂了一块醒目的牌子——退役军人社区服务站。这种政府部门的职能标牌近年来逐渐成为社区党群服务中心常见的符号标志。据社区PSY书记介绍：

> 邻里空间想达到很多部门的要求还是有缺陷的，像退役军人事务办过来要在这设个退役军人事务办牌子，人大来又说要设"人大之家"。我们这边哪里有空间可以设这些点呢？如果每个部门的点都设齐，那以后就是五花八门，什么都有，也不好。这些部门要求它部门的东西在社区里有所呈现，但是它不考虑社区具不具备这些条件。包括我们这边三楼的公示栏，公开的东西，宣传栏这些，也要增加。现在外面打造得这么漂亮，如果说强制增加这些东西，它就很突兀，跟原来这些东西比起来就很别扭，管理上也有问题。（PSY20201025）

邻里生活馆的亲民化服务空间生产和各职能部门的站点挂牌，在社区服务空间中呈现出复杂的符号秩序。邻里生活馆的多重空间命名中，党群服务中心的空间标志是最大最醒目的，表明社区公共空间的使用价值是政治性的。政府职能部门的工作点位在社区服务空间的投射，表明政府力图形成"全景敞视的凝视"。政党空间、行政空间与服务空间的重合叠加表明政党和基层政府仍然力图通过空间安排嵌入政党权力与各职能部门的行政权力，一方面是实现政党职能的社区展示，加强与群众的联系；另一方面是强化社区的政治化与行政化。邻里中心力图重现集体化时期的权力秩序，展现出"社会主义国家的权力，并将其放在了最中心的位置，象征着在群众中间，而不是从群众中隐藏起来"①。由此，邻里中心获得了政治空间、行政空间和服务空间的多重维度。随着社区治理现代化实践的深入，党群服务中心越来越成为社区的"构成性中心"。

第三节 社区公共能量馆：社区组织的空间重塑

社区邻里中心片区的改造使得暂时由社区两委办公的蜀绣学院楼的空间功能得以明确，被装修改造成了社区公共能量馆，2020年11月正式交由街道级社区发展治理支持中心独立运营，是一个集美学与艺术为一体的独立自主的社区公共空间。一楼有糖心社、生活美学空间、社区艺术中心，二楼有街道支持中心共享办公区、社治书屋联合共创室以及综合活动室等。公共空间的性质和结构影响着居民参与和社会互动的频率和性质，丰富且分布合理的社区公共空间有利于基层重构治理关系、优化公共服务、化解冲突矛盾、培育公共精神，良好的社

---

① [澳]薄大伟：《单位的前世今生：中国城市的社会空间与治理》，柴彦威等译，东南大学出版社2014年版，第168页。

区公共空间由此成为邻里互动及社区治理必不可少的外部条件。①

一 社区自组织的空间诉求

社区自组织被日益强调为社区自治的重要抓手，其作用是动员更多的居民加入自组织来为社区服务。自组织实际是集体取向的组织，"给成员提供凝聚力和身份，以及物质利益和基本的福利"。从治理术角度理解，自组织兼具集权与分权特征。政府和社区鼓励并动员居民参与，希望通过生产出一个自治空间来创造新的社会关系，但同时又希望这种参与设置在可控的范围之内。

如何将分散的、缺乏利益纽带的社区居民组织起来，社区自组织在社区中扮演着重要角色，其主要职责是传递党和政府的政策、法律和方针，倡导社区公益和社区文明，提高社区参与度和实现社区自治。自组织的重点就是组织居民开展针对支持社区的行动。社区对这些自组织的动员策略是，将居民吸纳到社区的政治社会结构中。这些自组织本身在社区早已存在，但他们各自为政，服务的对象也只限于会员。社区将这些志愿服务队吸纳加以整合和教育，目的是建立集体导向的社区自组织。近年来，社区治理的重点之一便是孵化和培育社区自组织。因社区购买服务入驻的社会组织，通过项目制的方式对社区内的自组织进行能力提升和自组织的目标重塑、社区自组织的财务管理等，不断提升自组织的政治觉悟、公共意识和服务能力。

一个有趣的空间需求是，社区自组织希望能在党群服务中心里占有一块办公空间。社区自组织多为文体娱乐性组织，他们的活动空间应主要为开放或半开放式的公共空间。但自组织却向社区提出办公的空间诉求。如哈维所说，"民众通常是以空间为媒介感知被建构的，并

---

① [丹麦] 扬·盖尔：《交往与空间》（第四版），何人可译，中国建筑工业出版社2002年版，第46—47页。

基于情感反应、习俗惯性、价值形态等采取相对固定的行为决策"[1]。他们希望能在社区邻里中心有自己的办公室,便于他们日常开会和文书处理工作。社区自组织的空间需求表明单位体制解体后,居民愿意在这种全景敞视中获得自身的合法性身份,希望获得党和政府的庇护,希望发展长期的政社人际关系网络,从而为其资源的获得提供可持续性保障。公共能量馆的场地通过盘活迁走的蜀绣学院而设立,为社区居民、社区自组织提供了公共空间,发挥自组织培育、居民议事等功能。

> 除了街道的必要的办公区域和头脑风暴的会议之类的,其他地方作为自组织工作的空间。(PSY20201230)

社区公共能量馆的改建,为社区自治提供了开放的空间环境,力图实现居民自我管理、自我服务、自我教育。公共能量馆的实际运营者是 XJY 社会工作服务中心。XJY 社会工作服务中心是成都市民政局注册的支持型、枢纽型社会组织,2018 年作为 A 街道政府购买服务的第三方,除此,居民自组织也会作为场地的管理者。

二 社区公共能量馆:共生关系再造

新的社区服务空间的改造,注重便民服务空间、自治空间与文化空间的有机功能分区,有助于明晰空间的边界与功能。逐渐崛起的社区自组织成为社区发展治理的重要推动力。它们共同建构起一种新的社区发展治理格局,并在社区日常互动实践中助力社区空间的重构。

---

[1] David Harvey, "From Managerialism to Entrepreneurialism: The Transformation in Urban Governance in Late Capitalism", *Human Geography*, Vol. 71, No. 1, 1989, pp. 3–17, 转引自蔡静诚、熊琳《"营造"社会治理共同体——空间视角下的社区营造研究》,《社会主义研究》2020 年第 4 期。

尽管它独立于原来的党群服务中心，但不意味着它与社区分离，它既保证了与社区的联系，又因自治空间与服务空间的适度分离有利于促成社区协同治理机制的建立，并有利于社区自组织主体的生成。

社区公共能量馆的改建本质上是一种社区共生关系的再造。在空间研究者卡奈看来，空间是社会关系展开的基本条件，人与人之间的互动首要条件是彼此共同在场。同时，空间本身也是事物展开过程的见证者，哈维就指出："在社会发展历程中，空间形式不是无生命的对象，而是内在蕴含于社会过程，同样社会过程也是空间的。"[①] 空间不是社会活动的外显或是容器，空间就是社会本身，其形式与过程离不开整体社会结构动态的塑造。空间与实践的辩证关系体现为人类创造新的社区物理空间的同时，也不断地改造着自身的精神世界，进而创生不断变化的各种社会关系，由此构成了新的社会生活领域。"每个社会、每种生产模式与社会关系都会生产自身独特的空间"[②]，空间也不断地在生产的过程中反作用于社会，二者相互影响，彼此建构。

第四节　空间规划与社区能动：服务空间的生产路径

一　社区规划讨论：社区空间生产的协同路径

空间本身蕴含了社会实践，社会实践不同的主体又构成性质不同的空间，列斐伏尔将城市空间的生产分为空间再现、空间实践、再现空间三个层面。首先，空间再现是一种自上而下的理性构建过程，是规划师、政客等精英阶层对空间的构想与设计，也是福柯所谓的由知识—权力主导的空间分配，背后是一种治理关系和支配性的社会秩序；

[①] David Harvey, *Social Justice and the City*, The Johns Hopkins University Press, 1975.
[②] 蔡静诚、熊琳：《"营造"社会治理共同体——空间视角下的社区营造研究》，《社会主义研究》2020年第4期。

其次，空间实践是自下而上、由内而外的空间构建，来自社会成员对空间的感知与行动，行动者通过空间解读，对空间实施使用、控制、改造等行动，从而生产社会空间，形成社会结构；最后，再现空间则意味着空间抗争，社会成员在空间结构的压抑和支配的矛盾下引发抗争，从而试图改变与占用空间。①

F社区的空间规划是权力逻辑与社区权利逻辑互动的结果。社区规划并非只是政府官员与规划师等精英阶层对社区的构想与设计。由于此次社区规划涉及F社区的空间重构，涉及商家企业、居民、社区等多方利益主体的利益关系，因此A街道对社区的规划极为重视，特别授权街道社区发展治理支持中心的X社会工作服务中心理事长做统筹规划。有关政府、社区与社会组织的关系的探讨中，多强调社会工作参与基层治理是一种"弱嵌入"以及依附性自主。本部分将通过F社区的社区规划的生产路径来考察政府、社会组织与社区如何在共建共治的互动中形成"规划式"的社区空间。

2019年，A街道购买了30万元的社会服务，将X社会工作服务中心引入街道城乡社区治理体系规划范畴。F社区作为A街道的重点示范社区，也是A街道社区治理规划中的一部分。2019年4月，由X社会工作服务中心召集社区规划师导师团成员与街道各部室干部、工作人员和社区两委召开规划讨论会，研讨规划制定的原则、内容以及规划会发布细节。在规划讨论会中，街道与社会工作组织、社区规划师导师团之间就社区规划的理念目标与规划体系展开了激烈的争论。有趣的是，在社会工作机构第一次设计的社区规划方案中，社区产业发展的规划占据核心位置，也即规划的理念更强调文创产业发展促治理，而街道和社区规划师导师团则本着以生态为本的原则，认为街道和社

---

① [法]亨利·列斐伏尔：《空间与政治（第二版）》，李春译，上海人民出版社2008年版，第58—59页。

区受环城生态控制区的地理影响，规划应从发展转向治理。特别是街道党工委书记要求 X 社工机构在社区规划方案的命名上去掉"发展"二字，只写社区治理规划。讨论会上，围绕着发展与治理的规划思路，政府、社会组织、社区规划师各持己见，一时没有定论。

但是，经过此轮的研讨，街道对成都市公园城市战略和成都市城乡社区发展治理总体规划指导思想的坚持，为后续街道级社区总体规划打下了治理的基调。基层政府在街道级社区规划过程中，始终坚持在"合法性框架中寻找话语工具"[①]。从这次研讨会中不难发现，地方政府从原有的单一社区规划，到主动邀请社会组织承接社区规划，改变了以往政府权力主导规划的策略，使得社区、社会组织、高校专家学者、社区普通居民也能以社区治理共同体的身份参与社区规划，是自上而下和自下而上的社区营造中参与过程的体现。通过多方主体的参与，不仅体现了各方对规划理念的认知与态度，还逐渐进行了知识整合和社会创新的达成。

A 街道城乡社区治理规划体系是一个街道级的治理体系，并没有在具体的社区场域中去实现。2019 年年底，在 P 区委的全面指导下，A 街道开始推动示范社区和主题社区建设。A 街道由街道社区发展治理支持中心联合社区规划师、高校社会工作专业师生、F 社区两委以及成都建筑师设计院等多元主体，以社区需求为导向，对 F 社区的发展与治理状况进行了整体梳理，形成了成都市首个主题公园式城市生活社区规划。

尽管街道级社区规划强调治理的核心作用，但作为示范社区的 F 社区又对社区规划的理念做了调整。F 社区的社区规划经过 X 社会工作服务中心和社区两委、社区规划师、社区商家、社区自组织长达半

---

① 黄晓星：《"上下分合轨迹"：社区空间的生产——关于南苑肿瘤医院的抗争故事》，《社会学研究》2012 年第 1 期。

年的多轮研讨和协商，交 A 街道审批通过。

> 刚开始在设计之前，我们是把所有设计方案拿给我们的商家看。去年的商家一起开会研讨，听取他们的一些意见。因为涉及一些商家的门口的改造，还需要争取他们的意见。（PSY20200918）

从 F 社区规划方案的最终版可以发现，各方逐渐在分歧中达成共识，明确了发展与治理可以和谐共生，发展是社区的动力，治理可以有效规范发展，并促进发展的实现，两者是相互促进、相互建构的。因此，社区规划的最终方案明确了社区定位为蜀绣产业先导型公园式城镇生活社区，即建设蜀绣引领的文化创意产业示范区，多元参与的绿道生态经济示范区，邻里守望互助的人文精神示范区。因此，F 社区规划方案的出台是不同话语相互博弈的结果。不同主体对社区规划合理性、合法性的想象和认知都促成了他们对社区规划参与的投入，由此营造出了一种社区空间生产的话语体系。

而这种空间话语体系的实现，也得益于 X 社会工作服务中心的参与。X 社会工作服务中心的服务区域集中于 A 街道所在的 P 区，主要承接各街道级社区规划服务，对 P 区的发展治理状况和特色有比较成熟和系统的梳理把握，形成了比较有特色的社会规划思路。因此，X 社会工作服务中心在与地方政府、社区的不断互动博弈过程中，凭借其专业优势，参与地方政府有关基层治理的政策咨询、制度建设，形成了自身的品牌优势。X 社会工作服务中心参与街道级规划和社区规划是一种专业治理的实现。专业治理是社工机构介入地方政治社会生态后的一种漫长的转型过程。这就是所谓的治理化，是一种系统的、不对称的对治理者和治理对象的社会机制。它正在某种形式上挑战原有的绝对的和没有约束的总体式的治理权。社会工作组织携带着自己的专业理念与技术，将规划治理模式输送到地方政府的治理体系，进而对地方的权力机制、治理生态和技术起积极作用，进而促成了一种合作治理的实现。X 社会工作服务中心以社区规划作为合作治理的契机，通过多次的社区规划协商会，将自身的规划知识导入其中，并在不断培育 F 社区两委干部治理能力的过程中，激发他们的主体性，将社区"分散的自主性在一定程度上整合起来"①，使得社区各方利益都能得到兼顾。

二 "主题社区规划"的空间解读

在 F 社区规划调整过程中，从以政府规划理念为主，到社会组织培育赋能，社区两委和社区自组织主体建构，以社区文创产业为支撑的社区服务空间，充分展现了社区服务空间的专业性、文创性和治理性三种逻辑的实现。

A 街道处在一个环城生态控制区，F 社区又处在一个核心区域。F 社区的主题社区规划就是以蜀绣公园为核心的 A、B、C、D 四个区域的规划，占地 50 多公顷，涵盖了社区的公共服务配套区域、小区生活区域、蜀绣商业场景以及待建地块的整个片区。之所以重点规划该片区，是因为它覆盖了 A 街道的主要场镇，是 A 街道的大门。A 街道还具有城市拓展空间的区域就是 F 社区所在的空间区域，这个空间包含了 A 街道 15 万人的生活和公共区域。

F 社区的资源优势比较明显，包括文化广场、蜀绣博物馆、蜀绣学院、景观田园、绿道入口、邻里生活馆等，但存在的问题包括：一是社区空间公共服务配套不足。片区人口充足，F 社区几乎成为 A 街道市民公共生活的核心区域，但是它又缺乏开拓性、品质性的公共生活服务设施配套。二是社区组织化问题，F 社区干部比较年轻化，居民的

---

① 黄晓星：《"上下分合轨迹"：社区空间的生产——关于南苑肿瘤医院的抗争故事》，《社会学研究》2012 年第 1 期。

参与热情高，但是党群服务中心的覆盖率和社会组织的人群覆盖率是比较低的。F社区人均社会组织的数量严重不足，有很多组织有形态，但是没有运营能力。三是社区的蜀绣文化浓厚，但是缺乏与新时代相结合的文化创意和综合的文创服务功能，蜀绣旅游产业并没有发挥这个区域真正的产业引擎作用。四是虽然社区有着优质的生态本底，但是人可进入、可共享的空间是不足的，整个绿道的消费经济是非常不足的。

为此，F社区将"绣花针"的蜀绣工匠精神融入社区规划治理过程，把蜀绣的精细化治理运用到街区共治、小区治理、网格化治理中，以蜀绣主题打造公园式城镇生活社区，将蜀绣文创、蜀绣文化传承综合运用到社区中，用蜀绣产业推动社区发展，用文化传承凝聚人心，运用美学打造绿道和公园式场景，提升周边的美感，打造蜀绣IP。社区从社区业态、文态和神态三个方面对社区规划进行了分解。

> 第一个是业态，就是典型的蜀绣业态；第二个是文态，就是文化传承，第三个是神态，即蜀绣的工匠精神、绣花针的这种功夫。如何去推动这个群众的精细化服务和精细化治理，大概就是从社区业态、文态和神态去表达我们整个蜀绣主题，其实这也是传统属性与现代生活的一个关联。（ZLX20201120）

F社区以"党建引领+社会协同+专业支撑"的组织体系，"公园城市建设的生态、人文价值"的建设理念，"集体经济组织或者社区服务公司"的投资方式、"政府主导+社区主体+市场逻辑"的运营方式和"政府服务+市场服务+公益服务"的服务对四个示范点进行建设。①

---

① 参考社区内部资料《主题社区规划发布暨年度整体营造推介会会议手册》，2020年11月。

第七章 服务空间：社区党群联动与功能重建

A 区文教传承公共生活区，实现蜀绣文化传承和公共生活配套，以蜀绣邻里聚落为主，包括方糖邻里生活片区、方糖能量馆、社区治理支持中心、社会企业、大师工作室和蜀绣商业街区。主要是以 F 社区为主导，党建引领下的以社会企业、社会组织、高校师生加自组织为补充的联合建设，实现"公共服务 + 生活服务 + 文化传承"效益。

> 尤其是整个公共资产建设，方糖能量馆，以及其他村社区，像 SW 村、TD 村等邻里综合体和党群中心，都可以由政府 + 市场 + 商业逻辑的方式实现整个空间的可持续化运营。（ZLX20201120）

B 区蜀绣创意产业园区，是这个片区的颜值生态和文化创意 IP，重点推动的是以蜀绣创意产业园、蜀绣产业 IP 店以及"绣咖啡""绣茶坊"为核心的综合人才培养中心，运作逻辑是"政府引导 + 集体经济主体 + 商业逻辑建设"，实现"市场 + 公益"效益。

> 希望这个园区能够成为这个地方的精神文化和创意空间美学应用的引领，实现守望互助的人文精神示范。（ZLX20201120）

C 区为小区治理示范区，首批推动的主要是 FH 小区，推动 5 分钟的生活圈的实现，配套的方式是政府领导、社会企业和社会组织来实现低偿供应。FH 小区的户外运动空间，以及首个以小区综合治理的网格化综合治理服务中心已经通过了规划和设计，将在 2021 年年底呈现。未来在小区，在家门口即可有基础的公共配套服务。FH 小区模式试验成功后，F 社区将把小区精细化治理的工作朝着全域推进。FH 小区是 F 社区改制后建的首批商品房小区，已经十多年了，小区比较老旧，小区的生活氛围是积极的，但是小区的物业管理问题、活动空间不足问题、停车难问题等难以解决。社区和 X 社工机构提出以不改变土地性质的方式，将小区空间跟公园绿道结合的运动空间和服务空间，包括社区运动中心和休息中心，而运动中心目前已经基本建成。在2021年年底，社区会重点呈现网格化治理服务中心和以茶馆的名义建成的绿道服务驿站。

D区生活服务配套区，目前已纳入P区的综合招商引资规划范畴。以蜀绣商业和蜀绣产业为核心的，就是将未建地块，通过政府主导加国有市场和商业逻辑的方式全面提升A街道品质消费和品质生活的商业场景。比如蜀绣的主题酒店、主题商业街区等。

以上四大示范点的建设遵循的社区治理原则是政府治理、社会调节和公众参与，再以场景营造的方式，推动社区生产、生活、生态的融合。营造以整个C区和D区为核心的社区生活场景，去推动社区生活关系的实现。营造以A区和B区为核心的社区产业场景，去推动蜀绣文化的传承与创新。社区生态场景营造就是重新去调整和梳理A、B、C、D四大片区的绿道和生态资源。通过四大场景的规划和建设，以人民为中心，实现生产、生活、生态的有机统一。到2020年年底，社区已经初步呈现了A、B、C三个区域的基本形态，2021年进一步推动景观云桥邻里生活综合体，让居民在家门口就可以获得物美价廉的社区公共服务。

三 "主题社区规划"发布：服务空间"知情权"的践行

如何去呈现社区规划呢？F社区主题社区规划发布会暨年度整体营造推介会的举办可视为社区营造目标的实现。2020年11月20日，由成都市P区A街道办事处主办、成都市P区A街道F社区居民委员会承办、A街道城乡社区发展治理联合支持中心、X社会工作服务中心协办的"绣美·方糖"主题社区规划发布暨年度整体营造推介会在方糖邻里生活馆外的中心广场举行。

活动旨在面向全域发布"绣美方糖"主题社区规划、系统街道社区主题规划、网格化治理体系分解计划，社区年度综合营造计划。会议内容和流程：P区区委社治委副主任做会议致辞，F社区党委负责人PSY分享了社区主题社区规划的探索历程，街道联合支持中心规划师ZLX对F社区主题社区规划进行详细解读。社区第五网格网格长YL以FH小区为例，详细介绍了F社区网格化治理创新体系的探索思路和试点成效。现场对首批11位社区网格长颁发聘书。社区居民委员会主任助理HZ对社区年度综合营造计划做了推介说明，第一是公园式城镇社区建设推进计划，即方糖邻里聚落建设，由社区与平台公司共同投资运营；第二是网格化治理共治推进计划，完成10个网格建设（含8个党建阵地和14处"靖心茶馆"营造）；第三是新生活消费场景、特色街区营造计划，以吸引社会组织和自组织的加入，以社区为主体，社会企业＋社会组织＋自治组织为补充的联合建设；第四是多元共治场景营造计划，即亲子活动中心和社区运动中心建设，采用社区经济体运营模式，社会企业＋社会组织，实现低偿＋公益。活动最后是方糖能量馆和方糖邻里生活馆的开馆仪式，由P区区委组织部副部长、区委"两新"工委书记和A街道人大工委主任将代表责任的"钥匙"交付给F社区党委负责人PSY和联合支持中心负责人LNC。开馆仪式意味着通过方糖能量馆和邻里生活馆为社区居民提供休闲娱乐空间，以特色场景营造推动社区发展治理。

　　社区服务空间的两大核心建筑——方糖能量馆和方糖邻里中心的"方糖"二字，是由街道、社区两委与街道社区发展治理支持中心的F社会工作服务中心的理事长共同商议确定的。绣美方糖也是F蜀秀主题公园城市生活社区的核心规划理念。"方糖"取自朱熹《观书有感》中，"半亩方塘一鉴开，天光云影共徘徊"中"方塘"的谐音。正如街道联合支持中心规划师ZLX在开幕式上讲道："方塘代表着F社区的生活品位，一方面，社区有着珍贵的府河水源，生态为本是社区服务的核心宗旨；另一方面，是希望用糖果的概念告诉居民，所有的社区发展治理，如果用老百姓的话来讲，就是让你的生活过得甜一点。方糖，就是 F 社区让你的生活有点甜。意思是社区干部与广大社区居民同心协力和用着半亩方塘之地，为社区居民带来更加美好甜蜜的生活"（ZLX20201120）。

此次活动最大的特色在于，摒弃了以往在大型封闭式会议室进行规划发布的做法，选择在社区服务空间的开放式广场进行，不仅邀请区级政府部门领导、街道领导，还邀请了各社会组织机构、街道各村社干部和社区自组织、居民骨干共同见证社区规划和社区年度综合营造计划的发布。同时，整场发布会的策划内容和流程也主要是 F 社区工作班子在 X 社会工作服务中心的引导下自主策划而成的。

社区通过社区规划的全域发布，充分展现了社区自主性的提升。社区两委干部从之前不知道社区治理的内涵和运作逻辑，到现在其社区治理的认知能力、实操能力得到极大提升。正如 X 社会工作服务中心理事长 ZLX 表扬道：

> 这次发布会都是社区自己策划的，包括他们的发言稿、会议流程、场地设计、工作人员的工作服装都是他们一手操办的。我们机构只是提了一些小小的建议。社区那几个干部以前哪敢站在这么大的场合上去谈社区治理体系？讲都讲不清楚。你看他们现在的发言，虽然比较紧张，但是对自己社区的治理工作已经有了比较清晰的认识。他们的能力这一年确实提升很快。（ZLX20201120）

社区规划发布会，是一种社区教育的生动展现，更是政府、社区、市场、社会组织四者共建共治共享的成效检验会。通过发布会，社区居民和社会组织、地方政府了解了更多的社区发展治理的情况,尤其是居民的空间知情权得到了实现。在这场社区规划发布会中,社区11支自组织的代表全程见证了社区规划的发布和社区营造计划的推介。社区居民对空间的认知得到进一步提升,其社区意识也逐步深化,加深了对社区美好生活的想象和向往。在这样一个多元主体参与规划的社区中,社区"拥有了使自己发声的空间",通过与不同级别的政府部门、社区商家、社区自组织、社区居民、社会组织的治理互动,实现了自主性成长。社区规划从讨论、设计、再讨论,到审批,再到发布的一系列过程也是社区营造过程的再现。"将原本隐藏在政府强势权力后面的支配性网络结构逐一解剖"①,政府的主动放权、让权,赋予了社会组织和社区对社区规划、社区治理体系的自我探索和创新,并从政策、物质、资金等方面给予了积极的资源支持。这种多元主体参与的社区规划,可以避免落入技术官僚设计的总体性规划的枷锁中,能够在空间的再造中积极应对空间中存在的矛盾与冲突。

小　结

正如列斐伏尔所揭示的,空间"一直都是政治性的、战略性的"②。F社区服务空间的不断改造升级以及再规划,正体现了社区空间的生产是一个战略性的实践过程,是人们对社区公共空间进行政治性的加工、塑造的过程,也是社区关系生产的过程,它们彼此建构。③地方政府与社区、社会组织之间的关系通过社区规划得以表现,进而

---

① 黄晓星:《"上下分合轨迹":社区空间的生产——关于南苑肿瘤医院的抗争故事》,《社会学研究》2012年第1期。
② [法]亨利·列斐伏尔:《空间与政治(第二版)》,李春译,上海人民出版社2008年版,第37页。
③ 蔡静诚、熊琳:《"营造"社会治理共同体——空间视角下的社区营造研究》,《社会主义研究》2020年第4期。

把三者之间的关系投射到空间中，从而又生产出不断迈向治理的空间，是一种"上下共治"和多元参与的过程。

社区在不同人的眼中具有不同的含义，而这不同的含义和认知又会主导民众的行动逻辑。中国城镇化进程中，发展与稳定这一对矛盾如何解决是社会治理的根本性问题，事关中国特色社会主义道路能否顺利进行。在早期的城镇化和征地搬迁中，由于拆迁款、征地方式、赔偿标准等利益引发的矛盾引发了大量的群体性事件，政府的城镇化需要科层制体系负责执行，但民众又往往不能理解，二者之间的沟通渠道堵塞导致了社区管理无法落实到位。随着社会发展脚步加快，治理资源不断丰富，"村改居"社区的空间营造有了物质基础做支撑，实现从管理—掌控型向平台—服务型转型。

从管理—掌控型向平台—服务型转型，不但是空间治理机制的创新，也是治理结构的创新，意味着"村改居"社区治理随着社会主要矛盾的转移也进入了新的阶段。从治理机制来看，社区不再是管理者眼里需要被强力管控的场所，而是一个实现美好生活的场域。空间创新的前提是明确社区并不是一个需要被外力强制管控和消极被动的场所，而是能锻造人性、优化人格，并对人进行引导与提升，从而纳入社会之中的生活场域，有助于将人民的生活还给人民。空间服务的理念的核心在于其开放性、包容性与多元性。"方糖"邻里生活馆、"方糖"公共能量馆、大师工作室的服务空间适应了不同群众的生活需求。无主体的治理模式意味着更加注重以空间为载体来规划个体的行动，并以个体的行动以及个体间的相互交流重建社会网络关系，积累社会资本，作为社区老大难的参与治理也逐步得到解决。好的社区空间营造需要将社会的不同元素都纳入其中，满足不同主体的需求，让政府、市场和社会的各方都参与其中，在生活场域的互动过程中实现信息的共享并加强彼此的认同及信任，社区治理也随之形成正反馈。在市场

第七章 服务空间：社区党群联动与功能重建

经济驰骋的时代，人与人之间的壁垒不断加深的前提下，社区空间的创新就在于形成一种自我保护机制，以生活化的空间载体来对抗资本与货币的侵扰，防止人的异化，重建以人的主体性为根基的自主生活。

由方糖邻里生活馆、方糖公共能量馆、大师工作室构成的F社区服务空间的布局可以窥视出，方糖邻里生活馆始终位于服务空间的中心轴上。而邻里生活馆的实质是党群服务中心，以此凸显政党权力在社区和居民日常生活中的核心领导地位。"空间象征意义，既反映了党和国家在单位生活中的中心地位，也体现了毛泽东著名的群众路线思想，亦即领导必须在群众中生活和工作。"[①] 同时，方糖公共能量馆的改建，则是近年来基层治理创新实践中培育出的具有自主性的社会组织、社会企业和社区自组织多元主体共建共治的空间实践和再现空间。因此，在社区空间按照自治的逻辑逐步运作的过程中，此前政府的主导地位并没有消失，而是为社区发展治理让出一定的弹性空间。

从社区规划的设计与发布的全过程，我们不难发现，社区规划是在特定的社会历史条件下进行的，必然面对因社会结构转型而产生的基本社会矛盾和代表各种利益的力量之间的冲突。[②] 正如亚历山大·加文对巴黎、纽约、芝加哥和费城四大城市规划的分析所指出的，规划即博弈。[③] 也就是说，社区规划是政府、社区、社会组织、专家、商家、企业、媒体以及居民自组织共同参与制定的。而党群服务空间这个超功能性的"构成性中心"已俨然成为社区规划中最为重要的空间要素，并且在党建引领下的社区治理图景中不断得到定位和巩固。

[①] ［澳］薄大伟：《单位的前世今生：中国城市的社会空间与治理》，柴彦威等译，东南大学出版社2014年版，第148页。

[②] 胡大平：《从马克思主义城市社会学到空间政治学——来自西方人文研究的教益》，《新时代马克思主义论丛》2020年第2期。

[③] ［美］亚历山大·加文：《规划博弈：从四座伟大城市理解城市规划》，曹海军等译，北京时代华文书局2015年版。

第八章

网格空间：社区技术治理与风险规控

自2015年以来，网格化服务管理被国家明确作为城乡规划的基本方向，并规定到2020年，实现全国各县（市、区、旗）的中心城区网格化管理全覆盖①的总体目标，各地基层治理方式变革呈现出"无网格，不治理"②的发展态势。习近平总书记在党的二十大报告中指出，要"完善网格化管理、精细化服务、信息化支撑的基层治理平台，健全城乡社区治理体系，及时把矛盾纠纷化解在基层、化解在萌芽状态"。③ 社区网格空间的崛起，意味着一种地域式立体网格化的城市管理模式的出现。它是继社区之后，被政府所推崇的微观层面的治理场域，可以更精细地、无缝地嵌入社区的日常生活，力图实现城市管理与民生服务的有效对接。但网络化管理沉迷于技术治理带来的社会控制，忽视了网格空间的生活性所带来的对居民心理、关系和需求的审

---

① 《中共中央办公厅 国务院办公厅印发〈关于加强社会治安防控体系建设的意见〉》，中华人民共和国人民政府网，http://www.gov.cn/gongbao/content/2015/content_2847873.htm。
② 王雪竹：《基层社会治理：从网格化管理到网络化治理》，《理论探索》2020年第2期。
③ 习近平：《高举中国特色社会主义伟大旗帜 为全面建设社会主义现代化国家而团结奋斗——在中国共产党第二十次全国代表大会上的报告》，人民出版社2022年版，第54页。

第八章 网格空间：社区技术治理与风险规控

视与回应，忽视了技术与社会关系再造之间的关联，无法有效动员地方社会关系网络的社区参与。从网格化管理到网格化治理的基层治理变革，本质上应是一种以美好生活为导向的空间治理回应。网格空间的生产与社区治理之间交互影响的关系是本章的核心关切点。本章拟以 F 社区网格化服务管理改革的实践为个案，试图理解在网格空间生产中社区治理何以可能。首先考察社区网格空间的生产实践及治理困境，进而分析网格化治理的空间革新思路，以此提出空间治理的价值转向和目标重塑。

第一节 社区网格化的空间生产与治理实践

"当代的全球化和城市化已不是马克思恩格斯'世界历史'视野下的全球化和近代资本主义工业文明语境下的城市化，而主要是网格化和信息化视阈下的全球化和城市化。"[①] 近年来，成都在加快迈入国际化现代大都市的进程中，积极全面推进城市基层治理体制创新改革。P 区作为成都中心城区的重要组成部分，在网格化服务管理体系探索中形成了独特的创新模式，并被评选为 2019 年全国创新社会治理优秀案例，具有中国西部地区网格化管理服务模式的典型性。P 区网格化管理始于 2017 年，但经过 2 年实践验证，出现了城市网格交叉纵横和多头管理，社会治理的专业化不足，以及民生化服务的可及性不强[②]等困境。为此，P 区于 2019 年 9 月开始从"三个一"网格架构和"多维一体"制度体系两个层面探索网格化服务管理体系改革。P 区网格化服务管理改革以来，在一定程度上实现了信息整合与共享、服务效率提

[①] 李春敏：《马克思的社会空间理论研究》，上海世纪出版集团 2012 年版，第 280 页。
[②] 《四川省成都市郫都区：探索实践网格化服务管理，智能网格提升社会治理效能》，人民网，https://www.sohu.com/a/356713717_114731。

高和维稳绩效提升等成效。F 社区的网格化管理服务模式起源于 2017 年 P 区网格化管理模式的建立，并随着 2019 年 9 月全区网格化管理服务模式改革而调整。

网格化治理作为一种新的社区治理路径，造就了一种新的治理单元，即网格空间。第一，网格化管理技术构建出了一种新的空间单位，改造了传统的空间内涵。传统的社区治理是将社区作为一个生活共同体的地域空间，将其划分为私人空间与公共空间。但随着网格化管理模式的介入，催生出一种新的微观城市空间形式——网格空间，重塑了政府和社会对空间的多维认知与实践。网格空间作为社区空间的再组织化，是一种"通过治理而运作的共享时间的行政与社会实践并存的一种物质组织"，它集地理、社会关系、价值与技术于一体。网格空间改造了传统社区空间的定义模式，显示出了精细化和生活化的特征。第二，新网格的构建会锻造一种新的空间关系，形成一种新的治理模式。空间的社会性和生产性"表现在两方面：第一，空间弥漫着各种社会关系，它是社会实践展开的场所与中介，标识了这一实践的范围与边界，能对其产生重要影响；第二，空间是在历史的、政治的过程中被形塑的，其中充满了符号、意义与意识形态，因此不能将空间想象成客观、中性的东西，而应在'生产'的语境中去描述"[①]。治理空间变化引发的治理单元变革，意味着治理模式的更新。这体现为网格空间将传统社区治理空间切割后再整合，试图形成一个"全方位、多维度、高韧性的现代基层治理体系"。为了更好地理解网格空间的结构功能和生产逻辑，将网格空间分为"权力的空间"和"生活的空间"两大维度进行理解。

---

① 营立成：《作为社会学视角的空间：空间解释的面向与限度》，《社会学评论》2017 年第 6 期。

一 国家权力的空间再造：技术治理与社会控制

国家通过建构抽象同质的空间表征，引导公共资源的分配，进而生产出有利于巩固和加强现有的权力关系的城市空间。① 空间表征的生产过程本质是占主导地位的行动者对城市社会内在矛盾的一种应对策略。权力、话语与技术在空间表征的生产过程中发挥着关键性作用。在总体性社会日益解体的过程中，网格空间正是政府通过社区空间的再造应对流动加剧的城市精细化治理困境的一种空间嵌入策略。网格化管理技术"即时性信息链接、共享性资源平台、规范性运作流程等特性较好地契合了地方政府高效应对城市管理压力、快捷提供公共服务的需求"②。在嵌入过程中，政法委员会（以下简称"政法委"）职能部门"始终扮演着主导者角色，如从网格的发起、管理、运行以及网格员的考核等方面"③。

（一）网格化空间生成的单一权力主体

相较于近代自发生成的城市空间，现代中国城市化浪潮下的社区更多的是一种权力主导、资本为辅的空间产物。"村改居"社区作为一种城市和乡村、传统与现代混合而生的独特场域，多样性的土地制度、异质性的人口结构以及属性各异的房屋产权制度，促成了社区多元化的亚文化群。亚文化群体的生活惯习和互动模式必然导致社区空间的分割与重组。国家政权下沉社区便成为城市化进程中行政主导而生的转型空间的必然结果。

---

① 孙小逸：《空间的生产与城市的权利：理论、应用及其中国意义》，《公共行政评论》2015年第3期。
② 姚茂华、舒晓虎：《技术理性与治理逻辑：社区治理技术运用反思及其跨越》，《吉首大学学报》（社会科学版）2019年第6期。
③ 祁文博：《网格化社会治理：理论逻辑、运行机制与风险规避》，《北京社会科学》2020年第1期。

而治安功能介入社区空间正是政府积极运作最显著的结果。总体性社会瓦解之前,警察对社区空间的渗透能力是有限的。但随着总体性社会的瓦解,流动人口的大量融入,城市社区开始发生结构性的变革,使得政府意识到应以社区为单位进行人口管理与控制。网格化管理通过问题的发现与排查,是"基层社会问题和风险因素规避的有效方式"①,成为近年来基层政府社会治理创新的首选技术。2017 年以来,P 区网格化管理服务的发起者和牵头者是 P 区委政法委,由区社会治安综合治理管理委员会办公室(以下简称"P 区综治办")具体落实执行。政法委部门力图通过建构一个精准高效的社区网格化管理服务系统,以维护社会稳定。

区委政法委对社区空间的网格划分,有一套科学的划分依据。网格划分的依据一般是"运用技术嵌入的方式依据行政规划、属地管理、人口规模以及空间便利等条件划分网格"②。同时,"综治办"又注重网格划分的层次性,既依据行政规划、属地管理和人口规模,还注重从纵向上下层级网格工作和横向治理工作内容进行网格层次的精细化划分。政法委的网格理念是将社区空间结构视为相对封闭的,通过对空间的重新划分和区隔,选聘专职网格员去管辖的空间里勘查社区的治安、环境等情况,并应用他们所学习到的知识和技术进行问题识别。2019 年,P 区委政法委按照"街巷定界、规模适度、无缝覆盖、动态调整"的原则,结合城乡社区面积、辖区单位人数、服务管理对象等情况,对全区原属不同部门的 15 张网、1689 个网格进行整合,优化为区综治办牵头的 1 张网、589 个网格,其中 589 个网格又划分出 555 个

---

① 何海兵:《城市社区体制改革的历程与困境分析——以上海为例》,《华东理工大学学报》(社会科学版)2012 年第 3 期。
② 祁文博:《网格化社会治理:理论逻辑、运行机制与风险规避》,《北京社会科学》2020 年第 1 期。

一般网格和 34 个专属网格。① 这里的一般网格是以村（社区）为单元划分的。F 社区存在大量自建房，网格划分在依据人口规模和道路规划等划分原则外，还注重自建房与商品房小区搭配划分。F 社区划分为十大网格，每个网格人口数不均等，但基本控制在三四千人。如，一网格约 4300 人，二网格约 3200 人，三网格约 3100 人，四网格约 3500 人，五网格约 3100 人，六网格约 3800 人，七网格约 4800 人，八网格约 3200 人，九网格约 3500 人，十网格约 3000 人。由此，完成了一个以区委政法委为主导的可被研判的网格化管理空间，实现了现代信息技术和官僚技术对社区的渗透，完成了网格空间与社区空间的功能叠加。

（二）网格化空间生成的技术机制

政府生产的网格化空间形成了集组织架构、制度设置、技术操作模式、应用评价为一体的统筹联动的分层问题反映与回应的技术机制。在组织架构的设置方面，P 区设立三级网格化服务管理组织架构，即区级网格化服务管理中心—街道级网格化服务管理分中心—社区网格化服务管理工作站，"通过治理链条的延伸与拉长，不断实现行政权力的下移"②。

在制度设置方面，为确保组织架构的规范运行，P 区综治办从 2017 年 5 月到 2019 年 9 月接连印发了一套网格化治理制度体系。第一，网格化服务管理体系运行机制，包括《P 区网格化服务管理体系运行指导意见》《网格化服务管理工作流程图》《网格员定期联系群众走访制度》《网格化协调工作联席会议机制》。尤其是为了规范下沉网

---

① 《四川省成都市郫都区：探索实践网格化服务管理，智能网格提升社会治理效能》，人民网，https://www.sohu.com/a/356713717_114731。
② 祁文博：《网格化社会治理：理论逻辑、运行机制与风险规避》，《北京社会科学》2020 年第 1 期。

格的业务，P 区综治办在区委政法委的指导下，主动联系区级职能部门讨论部门职责范围内可供下沉的相关业务和职责，梳理出 15 个部门的 48 项职责，统筹下沉到辖区内的各网格，规定凡是需要下沉网格的临时性工作必须先报告区网格化服务管理中心，由区网格化服务管理中心根据下沉事项的标准和要求判断决定。第二，网格员管理培训考核机制，包括《网格及网格员管理办法》《网格员绩效考核办法》《网格员培训制度》。第三，问题处理和督查机制，涉及事项处理机制、网格化服务管理事件跟踪督办制度、《网格化服务管理督查考核总则》等。

在技术操作模式及应用评价方面，P 区以统筹联动的分层问题反映与回应机制为抓手，运用"互联网+"技术，将社区事务分类及数据化，创建了网格化管理信息系统，并为全区 589 个专职网格员配备了安装有"网格 e 通" App 的手机终端，通过业务流程再造实现"发现上报、指挥派遣、处置反馈、任务核查、考核评价、结案存档"的闭环运行流程。对网格化管理的评价以"目标责任，量化考核"为主，网格（人财物）数量、问题发现量及处置率、服务人次等成为评价网格化管理效能的主要指标。①

（三）网格化空间的治理执行主体

2019 年，P 区委政法委采取政府购买服务的方式，在全省率先实现一级网格员队伍专职化，统一招聘了以返乡大学生和熟悉本网格内情况的人员为主体的 589 名专职网格员。专职网格员的录用方式，表明了他们受地方政法委管理，以行政隶属关系专职于所居住的社区，是社区与政府的"中间层"联络人。F 社区的 10 个网格共配备了 10 个专职网格员。

---

① 姚茂华、舒晓虎：《技术理性与治理逻辑：社区治理技术运用反思及其跨越》，《吉首大学学报》（社会科学版）2019 年第 6 期。

专职网格员在社区中不仅充当社区问题诊断人员,而且具有维护社会秩序的功能。专职网格员作为网格化服务管理的具体责任人,依托"大联动、微治理"体系和网格化服务管理信息平台履行社情民意搜集、民生服务管理、应急响应、矛盾纠纷劝调、社会治安防范、流动人口和特殊人群服务管理、突发事件、违法犯罪、安全隐患报告、政策法规宣传等15项基本职责。① 从专职网格员的职责可以看出,网格化管理服务采取的是以预防为主的控制取向,预防控制的对象是社区的居民和流动人口,通过辖区人口统计掌握相关群体的年龄、性别、职业、居住状况、户籍的具体情况,以更有效地维护社区秩序。在众多职责中,专职网格员的主要职责是通过定期入户清查人口以确定流动人口与社区的界限关系。

> 目前我们的工作就是公安那边的"一标三识"。因为我们是城乡接合部,有很多自建房。多余的房间都是房东租出去的,人员的流动性就比较大,所以自建房子管理难度要高于小区,但可以通过房东管理流动人口。我们跟房东说,你们新出租的房屋,必须告诉租客要主动申报,但是有房东没有去落实这些事,就需要我们去清查。(DYQ2020729)

除履行公安部门的"一标三识"的主要工作外,专职网格员还需勘察环境消防网格问题,通过网格巡防与居民交流,发现邻里或家庭之间的矛盾纠纷并及时反馈处理。而在信息的上报上,网格员根据对问题的诊断有选择性地上报。"通过我们手持终端上报上去,然后可以通过自己的终端选择处理。自己解决不了的,点上报的按钮就行了。"(DYQ2020729)

---

① 《智能化、专职化网格服务提升社会治理效能》,搜狐网,2020年9月6日,https://www.sohu.com/na/416590422_120798024。

专职网格员工作期间，需要穿戴统一的工装和胸牌证其身份，并通过手持网格手机来监测和管理所辖网格的风险及其成因。从巡查空间上看，专职网格员每天的巡查路线不固定，手机终端里的"网络e通"软件会记录网格员的工作路径以及发现的问题。巡查路径或巡查的重点内容必须做到"四访三巡"。"四访"是指访特殊人群，流动人口、出租房屋、小区院落业委会和居（村）委会。"三巡"是巡环境污染问题，消防、治安、道路安全以及市政设施。"四访"的空间涉及重点群体居住场所和社区组织办公区域，"三巡"则涉及公共空间。特别是在做公安部门的"一标三识"时，每位专职网格员管理与服务的居民对象有 3000—4000 人，需要一户户上门登记户籍信息，工作量大且繁杂，但得益于专职网格员进行的社区人口统计调查工作，其人口清查效率明显高于自然社区中户籍警的工作效率。"公安把网格人员分为从业人员和居住人员，我们对在我们区域内居住的或者从业的人员进行及时维护更新，因为我们在'一标三识'上面做得比较扎实，公安那边就能及时掌握着。"（DYQ20200729）通过对这三大空间的日常巡查和监控，专职网格员从管理的角度进行了空间清理、空间诊断和分类。

从时间安排上看，专职网格员每天的工作时间也不固定。"因为我们没有固定的上班时间，把手上的工作做了之后，可以做一些自己的事情。现在镇上的领导，他们也不是说你不能做这个副业，你可以做，但是要以网格化管理为主。"（DYQ20200729）尽管专职网格员的薪资待遇并不高，每个月拿到手就 2000 元，但因为灵活的工作时间，专职网格员的流失率并不高。巡查时间虽然不固定，但至少要保证在自己的网格内每天上午和下午各巡一次，且每次巡查时间不低于两小时。对于每日巡查截止时间，专职网格员的手持终端上面的 App 是有严格要求的，要求网格员 12 点之前必须把上午的 2 小时转完，21 点之前完成下午的 2 小时巡查。手机 App 会精确地记录下他们每次巡查的次数和起止时间。因为专职网格员只负责自己管辖的网格，网格都不是很大，因此多采用徒步巡查的方式。徒步的好处是，网格员在网格内随走随停，便于细致地采集信息或者发现问题，还可以与居民交流。此外，专职网格员每月向网格化服务管理信息平台上报有效信息，并指导二、三、四级网格员共同开展网格化服务管理工作。专职网格员巡查时间的灵活性与规范性，体现出明显的管理性质。同时，巡查时间的规范性又与社区内各网格空间的分割与整合相结合，使得叠加在社区之上的网络化管理系统正通过一种科学、信息化的网络环境保障着政府权力下沉，以应对复杂流动的社会环境。

为了培养出专业的社区问题诊断人员，P 区重视专职网格员的教育培训工作。每月都会集中培训专职网格员，培训注重"灵活多样、务求实用"的原则，采用讲课、召开座谈会、外出参观学习等多种方式，培训内容既包括党的路线、方针、政策和国家的法律、法规，也包括社会治理知识、网格管理基础知识和实务操作方法、下沉网格各职能部门工作职责要求等。其中，消防公安职能部门的相关专业知识培训尤为频繁。"公安自己联系职能部门人员来给我们讲怎样去甄别和鉴别问题。"（DYQ20200729）从培训的业务类型和内容，可以分析出专职网格员至少具有三种职能：鉴别问题、清查人口、信息上报。专职网格员的作用是将所查找到的问题与风险及时报送到所持终端，将网格的信息整合进政法委网络系统，形成一种例行式的行政程序。"我们只是传递信息而已，决策都是领导来做。"（DYQ20200729）

网格员信息传递功能的过度强化，弱化了专职网格员的主体性；同时专职网格员因为较少与网格空间的社会互动，没有形成一种可以被居民接受的社会自治程序，弱化了社区的自治性。由此判断，专职网格员在社区中的"公共形象"仍是由政法委体制控制下的网格化管理程序加以认定的。专职网格员的"专业认同"是政法委通过网格空间的设置和控制，运用网络信息系统的建立，来为专职网格员的身份赋予内涵；同时，通过政治思想和业务知识的培训等措施，实现了国家权力对社区日常生活的全面掌控。专职网格员的专业性并非完全体现在处理问题技术的经验方面，更能够体现在发现问题和预防问题上，其行政功能大于社会功能。为此，社区支部书记对辖区内的专职网格员的工作有些不满：

> 网格员他有自己的个性，他在挖掘这些事件的时候，没有去认真挖掘。说良心话，有些时候在家里面可以汇报，有些时候要去转才能报。但是有些网格员不是那么尽责。理想中的网格员，就是自己在小区里头转，在网格里转，发现问题之后报上去，社区可以通过某个层面解决这个问题，这是理想状态。但实际中，网格员把信息采集完了之后，有事情就报上去，没事情就可以睡觉去了。我们的网格员排名在全区都是中下，他没有做到位的。（PSY20201120）

除了专职网格员外，政法委还按照"一格多员、一员多职、多职齐管"原则，组建了由综治巡逻队员、城管协管员和广大人民群众构成的二、三、四级兼职网格员队伍，力图建构社区网格支持系统。根据专职网格员的反馈，专职网格员与二级村社区的联防队联系比较紧密。

> 我们有问题都会给他们说，因为他们有能力，也能代表社区共同解决这些问题。所以一二级联动起来也比较紧密。（DYQ20200729）

涉及小区的网格员，与小区的物管或者保安联系得比较紧密，但与四级的群众积极分子联系比较少。尽管政府对兼职网格员设立了一笔每个月100元的专项资金,通过专职网格员发给自己网格内的热心居民。"他们提供了线索情报或者问题,就可以用这笔资金,然后给他们发个红包,买个东西。"(DYQ20200729)但因为报酬不多,普通居民的积极性调动不足,专职网格员基本就把专项资金奖励给保安。

专职网格员的绩效考核是网格化管理服务的重要组成部分。P区建立了政府主导下的网格员绩效考核机制,设立了网格员工作奖励基金,由区网格化服务监管中心会同环保、安监、公安等职能部门对一级专职网格员履职情况进行不定期的抽查核实,考核形式包括抽查考核、领导综合评价、民意满意率等。早期为了在考核中获得奖励,专职网格员会展开上报锦标赛。

> 以前大家都是在竞赛,就通过上报的信息,然后得分,看哪个街道得到更多,就这样排名,现在没有竞赛了。因为上报的信息太多,很多部门是完成不了的,然后就要让专职网格员选择信息上报。尽管考核机制发生了改变,专职网格员遇到问题仍然选择上报,但具体来说能不能解决,是领导的工作了。(DYQ20200729)

专职网格员的"官民二重性"符合中国基层治理最常见的代理人特性,其官方性实现了地方政府服务下沉和合法性权威基础的牢固性,民间性保障了基层服务管理的可及性和治理成本的可控性。通过这个组织机制的实施,确保所辖区域自我监管和风险防范功能的实现。

从以上网格空间的建构主体、技术机制和执行主体可以看出,网格化空间生产的本质具有政治意蕴,是为了实现对生活空间的技术治理。"国家精英通过对空间的表征的话语建构,来塑造和改变人们对空间的认知，从而合法化国家对城市空间的介入。"① 政府将网格化管理机制嵌入社区空间，社区内部不同类型的空间形式通过重新整合压缩为一个量化指标即信息价值，通过大数据的分析与归类等方式来明晰网格空间中的风险因子、权力边界和责任划分。这种空间本身是应对国家治理的需求、重建国家与个体联系的结构形式。社区被建构成一个信息传送与责任管理的空间。网格员通过对社区信息与资源的收集与归总，进行着网络空间的日常维护。国家利用传送来的信息，实现社区空间管理的合理化。

网格化空间的出现，是国家权力下沉所建构出的维稳空间，"政治机构重新指向日常生活，以激发社会自治的动力来整合日常生活。政治结构这个最高层次返回了日常生活这个最低层次。"② 作为一种空间治理策略，"国家所塑造的抽象空间和居民在日常生活中所体验到的差异化的生活空间之间"存在怎样的互动逻辑，网格化管理服务机制是否能有效改变社区空间治理的不平衡性，居民的社区认同怎样分化，网格空间中的个体境遇如何，则需要做进一步的分析。

二 生活的空间：居民的网格空间感知与服务需求

列斐伏尔的"空间生产分析框架不仅看到了在社会中占统治地位的同质化的国家空间对城市的影响，也强调每个城市居民对城市的使用在空间生产中的变革作用"③。网格空间是社区使用者可以感知和定义城市权利的空间，包括对住宅空间和公共空间的权利。不同的网格

---

① [法] 亨利·列斐伏尔：《日常生活批判》第 2 卷，叶齐茂、倪晓晖译，社会科学文献出版社 2018 年版，第 412 页。
② [法] 亨利·列斐伏尔：《日常生活批判》第 2 卷，叶齐茂、倪晓晖译，社会科学文献出版社 2018 年版，第 412 页。
③ 孙小逸：《空间的生产与城市的权利：理论、应用及其中国意义》，《公共行政评论》2015 年第 3 期。

空间，社区居民对其权利的理解与需求也会交错重叠。对于社区居民如何采取行动来实现网格空间的权利，是适应居住空间还是治理变革公共空间，都被视为社区居民对生活空间权利的主张。

（一）网格空间重塑居民的空间认知与体验

网格化管理促成了一种新的社区空间分化与整合。"村改居"社区的空间结构原本存在多元性特质，依据产权与居住人口的特点，可以划分为拆迁安置房、失地农民自建房、商品房小区、传统街区等，每类小区居民其居住问题和享有的权利是有差异的。P区委政法委建构的网格空间，从人口构成来看，是相邻居住片区的人口的聚集体，改变了原有的社区空间分类，如商品房小区、安置小区、自建房这些带有明显身份标志的空间；从功能上看，网格空间具有管理与服务功能、信息传播与风险防控功能，同时还隐含着实现社会整合的功能。随着后单位体制和社区制时代的到来，以单位为核心的传统集体认同必然面临进一步消解，将会有一种更具包容性与异质性的社区多元文化主义取而代之。网格化管理本身就具备空间基础性内涵之地理性和场景性特点，为网格空间中的"共时性互动"提供了物质基础，它将居民重组和纳入一个更近的网格体系。这种网格化过程赋予社区一种新的地域内涵，它是小区与社区之间的一种中观场域。它通过网络信息的运作与传递将各个小区连接。网格化空间建构出的社会认同会加深对"我们是谁""我们在哪儿""我们可以做什么"等问题的理解。网格空间是一种更具可接近性与可感知性的地域空间，使得各阶层可以建立更加紧密的联系，会成为社区治理可以有效利用的场域，是一种更加开放与包容的空间。

网格空间主要以信息的传递与控制来整合网格空间，通过空间内部的上下互动来实现支配。信息化成为现代化社区治理变革的重要特点，但与鲍曼所认为的信息化使空间贬值而时间凸显不同，空间仍是社区信息化实现的重要条件。网格化管理借助于信息技术手段，使网格空间内的信息能瞬间传送至政府平台，但速度凸显的结果并没有导致空间优势的丧失，相反，空间的价值仍是存在的，因为信息上传的结果必须及时反馈，并由原来的网格空间"起点"经过终端平台，再回到"终点"。可以说，社区时代的到来，预示着"空间时代"的回归。对于城市化，空间的发展价值从未丧失过。空间与时间并置的时代，将改变人们"彼此相处、共存和决策集体事务的方式"，居民将会逐渐意识到社区空间承载着他们的共同利益，因此地方性行为的互动加剧，将会促进社区多元文化的发展，增强社区的活力。

单位体制改革后，流动到社区中的居民，其"日常生活的一个长期特征就是技术真空"，但随着社区网格化时代的来临，信息技术已经引入日常生活，促使日常生活结合到按照科层制管理技术组织起来的网络系统中，使得社区日常生活不再与没有控制的流动社会接触。或者反过来讲，让个体的日常生活通过网格技术重新与社会联系起来。网格化管理信息系统，作为一种权力运作技术，通过社区空间的重组与再造，重新建立了国家与社会、国家与个体之间的关系，并促使了社区权力结构的分化与再生产。基层政府为精细化治理而采用的网格化管理，促进了行政下沉，为后单位体制改革与个体化社会中的基层治理创新提供了合法性的基础。

但是目前网格化管理服务更偏向于纵向互动，缺少较多的共时性互动，即使存在专职网格员与社区居民一对多的单向互动，也是一种以管控为主的互动。尤其是城市化进程中产生的"村改居"社区，缺乏传统社区自治的土壤，管理主导的网格空间并没有改变社区居民的日常生活习惯和交往场域，居民之间的共时性互动尚未形成，居民的空间观念并没有发生根本转变，由此导致网格化管理服务呈现出"脱域"的特征。

（二）网格空间的居民需求与权利

列斐伏尔引入城市的权利的概念来声张城市居民对城市空间享有参与和占有的权利。社区居民对居住空间的权利应是网格空间治理的应有之义。社区居民对人居环境的权利意识逐步提高，不同网格的居民对社区空间的需求既有差异，也有共性。

"村改居"社区本身就是多样性共生和发展不平衡的空间。作为典型的城乡接合部，多样性的经济结构和社会结构常常导致生产空间与居住空间混杂而生。区域内"散乱污"企业分布密集，产业形态杂乱、证照和安全环保等相关手续不齐、从业人员素质低，给环境治理、消防安全等造成极大的影响。服务加工和木制品加工等家庭作坊多分布在散居院落和集中安置区域。九网格、十网格的失地农民自建房大多用来批量生产服装，大多自建房是住宿与生产、仓储及经营等混用的"三合一"场所，服装等易引发火灾，且房屋没有逃生通道，存在较大的安全隐患。此外，各网格存在公共空间不足和设施与环境维护不到位的情况。一网格、三网格安置点公共空间狭小且基本无绿化或人文景观，儿童游乐设施、老人健身设施不足且缺乏维护，污水管道问题、电线电路安全隐患、道路失修问题、环境卫生问题和广场舞噪声问题都很显著。"马家庄的道路维修问题，希望翻新而不是每次只填坑；垃圾清理和路面清洁以及污水管道的处理；增加安保巡逻；路灯修建；安置点、广场卫生间没人打扫，希望营造更好的社区环境。"（CHY20191214）二网格包括划地安置小区和散居区域，居住点较为零散，路灯少且部分已经坏掉，道路存在破损。三网格为涉农区域，耕地规划不够精细，有闲置耕地未开发，东风渠护栏部分损毁常年未修，危房有人居住，缺乏锻炼器材和休闲娱乐场所等。社区邻里中心离居民点较远，空间布局浪费严重，利用率不高。"可供小孩玩乐的专门设施较少，这在一定程度上增加了家长带孩子的难度，虽然社区中心有儿童玩乐设施，但是对一些小区来说太远，希望可以在自己的小区附近或里面有这样的空间。"（CHY20191214）老年日间照料中心使用率较低。"希望老年日间照料中心能日常开放，不要老是关着门，希望老年居民们都能普遍受益。"（WGF20191214）社区教育资源比较匮乏，没有公立幼儿园和教育培训机构。社区人口流动频繁，治安压力大。府河绿道路灯较少，沿岸钓鱼屡禁不止，钓鱼人常常破坏护栏。社区道路分岔口多，府河桥和绿道连接处缺少人行道和红绿灯，交通安全隐患比较突出。

通过对社区问题和需求的评估发现，社区居民主要有环境卫生、出行便利与安全、居民融合、休闲娱乐、教育资源和居家养老的需求。但是，不同居民群体需求的内容和层次也有明显差异。F社区本地居民的需求主要包括提升居民素质的相关服务，以及解决房屋小产权问题的服务及维权服务。外地租户对社区缺少归属感，对环境和设施不以为然，租户与社区以及本地居民的联系较弱，需要居民融合服务、融入社区服务和社区的宣传服务。老年人的服务需求是对空巢老人和失独老人的关怀服务、照顾者的技术培训服务、心理咨询服务等。残疾人的服务需求包括残疾人出行、生活照料的服务，照顾者的技术培训服务，以及心理咨询服务等。妇女儿童服务需求是校园门口的交通安全服务，妇女儿童的维权热线普及。儿童服务需求首先是健康教育和安全教育，其次是兴趣特长班和假期托管服务。此外，居民对社区参与的需求也逐渐增大。第一，信息和渠道的需求，希望能够有了解的机会和参与的渠道，部分外来居民不知道有活动开展，并且对社区空间不了解，导致不知道去哪参加；第二，活动空间的需求，希望社区活动可以开到小区或者扩大辐射范围，因为有的居民因为太远不愿参加；第三，活动时间的需求，大部分居民空闲时间在下午三点及以后，开展活动可在这个时间段；第四，活动内容的需求，希望开展符合各类人口年龄段,具有时代性的活动;第五,参与意愿的需求,社区内外来务工人员较多,将主要精力放在了工作上,加之很多工作没有固定的休息时间,导致他们参加社区活动的意愿不高。

可以看出,社区空间的生成过程本身也是不同居民群体追求社区生活权利的过程,是居民对城市社区美好生活的追求与体验。社区居民希望"通过生产一个多元化的差异空间来满足社区生活的不同需求"①。网格空间不仅仅是政治的产物,也是政治与社会互动的产物。而现阶段,政府建构的以维稳为主的抽象空间和居民期望的以权利实现为主的生活空间之间存在功能错位和衔接不足的矛盾和冲突。

第二节 网格化空间的社区治理困境

一 科层化治理与网格化管理融合失调

网格化管理尽管实现了功能上的信息整合,但由于相关治理机制滞后,导致网格治理功能的潜能无法得到充分释放,出现了"高技术与低效能""投入大与收益低"的矛盾,反而影响了治理效能的提升。如何将科层治理与网格管理二者有机融合,则构成了重要挑战,主要集中在三个层面。

第一,科层制度的治理惯性造就了网格信息治理选择化。在P社区的治理过程中,尽管建立了常态化信息采集制度,避免了信息孤岛、碎片化信息等问题,但专职网格员在App终端采集上报网格类的各种问题过多,导致"社区解决不了,哪怕到了综治中心,他们派单给各个部门,部门也有点难办,因为很多都需要专项资金来去解决"

---

① 孙小逸:《空间的生产与城市的权利:理论、应用及其中国意义》,《公共行政评论》2015年第3期。

（LN2020611）。由于网格内利益主体的多元化、治理事务的复杂化和突发性以及社区治理事务的跨行政边界化，受现有财政预算体制的制约，容易造成治理资源与治理对象不匹配。没有专项治理资金，相关职能部门就没有对上报事件的解决手段，这就导致了网格化管理服务实践中信息沉淀与资源悬浮之间的矛盾。"造成了整个平台里面很多解决不了的数据就沉淀在里面了，而需要问题解决率来衡量他们的装置平台的运行情况，后来他们就给网格员说，能够解决的你们就报上来，不能解决的尽量不要报，所以目前来说中心平台里面很多数据不是那么真实。"（LN2020611）从职能部门对网格员信息上报的要求由"事无巨细"转向"易解决"来看，以行政为主导的网格化管理服务，在政府资金有限的情况下，职能部门偏向于容易解决的治理问题，这就容易导致基层治理的"选择性服务"现象的出现。

第二，专职网格员的科层设置导致网格化信息渠道的单向化。P区打造专职化网格员队伍，是为了提高网格员的工作积极性和社会治理的专业化。专职网格员本应通过资源信息的传递和问题发现上报，帮助政府提升社区治理的能力。但作为"社会控制的代理人"的专职网格员却面临工作伦理上的难题，一方面需要及时进行信息上报，完成网格职责；另一方面却又需要根据相关职能部门的执行能力扮演信息的筛选者，做选择性上报。

> 网格化管理服务平台是很好的，但是延伸到小区的时候，只有网格员去传递信息，而社区或者是小组长居民没有反馈意见的渠道。感觉及时回复的那些社区问题其实都很表面，没有深层次把社区治理问题彻底解决。（LN2020611）

网格空间中信息收集无法做到客观真实，导致专职网格员无法与居民实现信息共享。基层治理由此呈现出系统问题拆分化、复杂问题简单化、疑难杂症被消失化等治理怪象，形式上的良好治理以选择性解决为前提，无法深度满足网格内居民的诉求。

第三，条块的治权连接问题导致了治理行动滞后或无效。目前的社区网格工作虽然是"由块发现，由条处理"，但条块决策中缺乏互动与连接机制，如"再经块确认"等环节缺失。这就无法有效"确认案件的及时处理以及条块的有序联动"①。社区治理中的条块分置会进一步导致制度与行动脱耦，同时刚性的网格边界与行政手段也会阻碍社区社会资本的累积。

> 过去行政管理的形式比较单一，针对差异化和多元化的需求，它没有一个针对性的服务，只有满足差异化需求的精细化治理，才能吸引更多的网格化力量参与我们的社区治理，从而达到共建共治共享的局面。（YL20201120）

二 网格化管理和社区治理协同不足

网格化的治理工具属性在治理结果上没有完全导向社区治理"共享，共建，共治"的目的属性。社区网格空间将成为社区行动者对社区主导权竞争与争夺的新场域。网格空间与社区空间的矛盾成为社区权力格局不均衡的一种表现。社区网格化服务管理体系的建立，重组了基层社会的治理结构。国家对基层治理的精细化和信息化逐渐增强，社区日常生活空间也逐渐被纳入地方政府的管辖范围。地方政府通过社区的网格空间设置和专职网格员的聘用，将社区中更加微观的空间建构进国家网格化管理体系，将网格员整合进地方政府治理体系。这种社区网格化过程，再次分化了社区的治理结构，形成了多个权力中

---

① 徐选国、吴柏钧：《城市基层治理的社会化机制——以深圳市Z街"网格化管理社会化服务"项目为例》，《浙江工商大学学报》2018年第2期。

心的治理体系。但是，由于网格化管理的角色主要定位于问题评估和信息上传，因此网格员更多与纵向的公权力部门发生直接关系，而横向的社会权力与纵向权力之间并没有真正建立起来。网格中的居民并没有在网格化管理体系中明晰其权责关系，反而加强了地方政府对社区网格的全面责任。

> 现在政法委的网格化管理和社区治理之间还是"两张皮"。现在网格员是归政法委直接管理，社区都没有管辖的权利，所以与社区之间互动不好。他们的大联动微治理平台是一个很好的收集、整理、处置、反馈的闭环，但是关键的问题在于它的数据来源太过狭窄，仅仅是网格员手持终端，而且上级部门对他们的考核要看平台的处置率，所以在实际操作中就导致能解决的才会进入平台，更多解决不了的进不了平台，所以前端数据不够真实。后端问题就是部门之间的横向联动没有形成，解决问题这端不实，所以只能说平台很好，实际运行效果不好说。（LN20200511）

网格化管理的后端问题是部门的横向联动没有形成，存在"数据孤岛"的现象，对地方政府内部的治权结构带来了整合的挑战。"治权分割一直是国家政权建设想要对抗的东西。但在实践中，行政系统内部控制权分立，多个、多层的权属之间拒绝协作，互不支持的行为比比皆是。"① 尽管网格空间的生产是为了应对"不同职能部门对于治理事项识别不清、效率低下、推诿扯皮以及治理真空的问题"②。目前成都市 P 区想参考杭州建城市大脑作为城市治理的运营指挥中心来打破各个部门、商家之间的数据壁垒，实现数据的互通共联，其中希望

---

① 张静：《社会治理：组织、观念与方法》，商务印书馆 2019 年版，第 107 页。
② 祁文博：《网格化社会治理：理论逻辑、运行机制与风险规避》，《北京社会科学》2020 年第 1 期。

网格化管理和社区治理之间能有效整合。"但是政法委有点害怕他们做出来的网格信息平台被我们抢了,舍不得共享。当时市里成立社治委是想统筹协调社区治理力量的,但是我们作为和其他部门平级的部门,对人家年终考核这些都没有太大的权重,人家是可以不理我们的。所以从市里来说,整合起来就非常痛苦,区里想要去整合就更难。"(LN20200511)如果基层管治网格,既没有实现行政系统内部的权责明晰和有效协同,也"没有在个体与公共之间承担应责、代表、协调和勾连的角色,那么它的作用仅仅是盯住问题,而不是解决问题,因为它无法起到吸收冲突的社会平衡器作用"[①]。

三 技术空间与生活空间治理分割

政府管理者更多关注到网格化空间的物质性和技术性,而忽视了网格化空间的社会性,由此造成技术空间与生活空间的治理分割。网格化管理是国家运用空间话语对社区空间进行问题诊断,将社区秩序的矛盾归结为居民自治意识和经验的缺乏,意图采用科学主义、理性主义、功能主义的模型去建构,从而合法化国家权力对社区空间的介入和管制。网格员与居民之间是监控与被监控的单向度关系。正如福柯的"微观空间政治学"所考察的"全景监视"的权力技术,是一种少数人对多数人的监控,监控是全方位的、深层次的。网格空间中的居民与事件成为被审视和监督的客体,忽视了网格空间的情境性所带来的对心理、规范与关系的审视。

> 在访问街坊特殊人群时,首先需要对特殊人群分类,一类是有精神障碍的,还有一类是犯过事的。他们都是重点人员,都是涉及管控的,看他们在不在我们网格里居住,或者说他们去了哪

[①] 张静:《社会治理:组织、观念与方法》,商务印书馆2019年版,第98页。

里，我们需要联系他的家人，要掌握他的行踪。如果涉及精神上有问题的居民，我们会定期看一下他们，看他们的精神状况，会不会对社会有影响。关键是了解他们的信息，告知政府相关部门。因为有些部门也不是说有人手去掌握这些信息，需要我们把信息提供给他们，然后他们来做决策。因为我们没有执法的权力，所以就需要和民警或者和社区联防队一起去走访或者调查，然后通过我们的手持终端把这个信息抄送给村上或者镇上、政法委。我们也会去走访困境家庭，但只是走访了解他们的信息，我们就起到上传下达的作用。（ZMG20200420）

网格规划和信息技术以科学性为基础，这造成城市空间的一种假象，似乎一切都是可被测量的、可被信息化的和可控的。同时，社区网格员在社区权力格局中的权力运作方式与关系影响着社区网格空间的生产。网格员更多依靠网格手机技术来实现网格管理目标，传统的社区积极分子网络系统以及人情面子等社交网络的运用没有被重视，进而也使得服务力量与居民需求不匹配。

以前的网格只是一个单一的管理模式，而我们的网格员只负责网格内流动人口的登记管理和安全信息的上报，针对网格居民提出的问题，只是梳理和上报，没有进行跟踪和解决，从而引发了各种社会矛盾。（YL20201120）

由于网格化空间是政法委所建构的抽象空间，所呈现的主要是一种自上而下的治安信息空间，它与社区两委和居民所感知和参与的地理空间存在割裂。现有的网络管理仅仅停留在信息技术的权力运作方面，忽视了技术与人际关系再造之间的关联，无法有效地动员地方社会关系网络的社区参与。

第八章 网格空间：社区技术治理与风险规控

尽管政府力图定义和控制网格化空间来实现其权力，但实际上社区居民基于日常生活的场域与惯习而形成的对社区空间的想象与认知，在一定程度上削弱了国家利用信息技术建立起来的同质化空间。由此，网格化管理技术的运用并没有改变社区治理"内卷化"状态，在某种程度上延缓了社区组织自治功能的有效发挥。

尽管技术空间与生活空间出现割裂，但不可否认的是信息技术正在逐渐渗透到社区日常生活中。列斐伏尔认为空间的表征作为一种抽象的空间并不是人们每天生活和经历的空间，而是被符号和话语塑造而成的，但实际上网格空间与其他抽象空间不同的是权力和技术嵌入的正是人们每天生活的空间。由于权力过度推崇技术理性，更是要警惕行政控制导向的观念向生活领域入侵。这与哈贝马斯所谓的"生活世界的殖民化"，即现代社会的行政机制侵蚀了私人领域的观点不谋而合。社区治理的科技化和信息化逐渐变得重要。借助互联网、手机终端、网格信息中心平台等技术，通过常态化信息采集模式，注重信息的动态采集、录入、更新以及信息的综合集成和关联比对，可以实现信息的有效整合和共享应用。由于减少了信息收集的冗长和零散，信息技术将会增加社区治理的自由时间。但矛盾的是，治理技术正逐渐"把日常生活改造成更高一级的创造性活动"[①]。同时，社区日常生活也影响到城市管理和基层社会治理的变革方式。两者的相互作用不断解构和建构社区空间的生产。另外，网格化管理力图把日常生活问题化后再简单化，"整体着眼于'维稳'与'控制'，通过人为建构区域化的边界实现对完整生活场域的网格化切割，这种切割在达到分而治之目的的同时，其聚焦点更大程度上是实现对秩序再生产"[②]。

[①] ［法］亨利·列斐伏尔：《日常生活批判》第2卷，叶齐茂、倪晓晖译，社会科学文献出版社2018年版，第236—237页。

[②] 祁文博：《网格化社会治理：理论逻辑、运行机制与风险规避》，《北京社会科学》2020年第1期。

因此，必须警惕基层权力通过网格化对日常生活进行过度的渗透和异化。

第三节　找回社会：社区网格化治理的空间革新路径

现有的网格化管理服务模式在引入信息技术的同时，没有对网格化空间进行社会组织化建构，反而加剧了网格空间的科层化与组织僵化、信息过滤化等问题，并不能完全满足社区居民的需求以及有效调动居民的参与积极性。随着国家网格化治理理念的全面普及，2020年7月起，成都市P区社治委在党建引领下，重新进行社区网格化治理体制改革，改革的重点是以群众需求为导向，将更多的民生服务项目沉入网格系统，以实现网格系统内的民生工作"群众响应实时化、需求驱动常态化、服务匹配精准化"①。2020年11月，A街道开始在市级示范社区F社区进行网格化治理实践探索。

一　多元共治共营：党建引领下社区网格化治理体系搭建

"通过党建引领助推政社合作，是新时代社会治理转型的重要趋势。"② 探索多元主体协同治理，是网格化管理服务转型的根本。F社区通过党建引领加强与社会组织、自组织与政府在网格化治理改革中的合作。从2018年起，F社区所在的A街道就通过项目化方式引入X社会工作服务机构参与制定了街道级社区发展治理三年规划，首个街

---

① 《从网格化治理体系入手，把服务触角延伸到社区——成都郫都区安靖街道创新探索融和治理新模式》，封面新闻，https：//baijiahao.baidu.com/s？id=1673712598257028914&wfr=spider&for=pc。
② 徐选国、吴柏钧：《城市基层治理的社会化机制——以深圳市Z街"网格化管理社会化服务"项目为例》，《浙江工商大学学报》2018年第2期。

道级联合支持中心也落地在 F 社区的邻里中心,并委托给 X 社会工作服务机构运营。"社会工作在参与社会治理创新、深化社区治理成效方面具有重要优势。"① 基于 X 社会工作机构与 F 社区共同在邻里中心办公的便利性,以及对 X 社会工作机构的专业认同,F 社区在街道党工委的指导下,也通过购买服务的方式邀请 X 社会工作机构制定《2020 年 F 社区网格化治理示范方案》,对现有网格化管理服务存在的问题、改革思路、网格框架、网格力量职责、运营机制、工作流程、考核机制进行了梳理、分析和完善。F 社区开展的新一轮网格化治理改革,主要表现为以实现多元化需求为治理目标,以小区为网格单元,以网格组织化和多元共治为行动策略,以场景共营为激励机制。

一是以实现多元化需求为治理目标。F 社区与 X 社会工作机构在对原有的网格化管理服务状况进行调研后,发现存在行政有效但治理无效、精细化治理,以及服务力量与居民需求不匹配三大问题,也就是原有的网格化管理服务失效的症结在于偏行政目标而轻需求目标,因此将满足网格居民的多元化需求作为此轮网格化治理的终极目标。以网格居民多元化需求为终极目标,有助于实现"行政本位向社区本位转变"②。

二是以小区为网格治理单元。原来的网格划分是 P 区委政法委主导的划分,是将小区和自建房搭配起来划成网格单元;而现在 P 区城市社区发展治理委员会(以下简称"社治委")主导的网格化治理,则以居民小区为网格治理单元。为实现将组织嵌入网格,F 社区和 X 社会工作机构讨论后决定将原有网格再细化,为此设立一级网格 1 个,二级网格 11 个,三级网格 27 个,四级网格 139 个。以网格为覆盖面,

---

① 何雪松:《基层社区治理与社会工作的专业回应》,《浙江工商大学学报》2016 年第 4 期。

② 徐选国、吴柏钧:《城市基层治理的社会化机制——以深圳市 Z 街"网格化管理社会化服务"项目为例》,《浙江工商大学学报》2018 年第 2 期。

以本地居民小区为中心点，将治理融入生活。每个二级网格梳理出网格范围、网格数据。网格数据厘清网格内的人口数、户数、党员、议事会、个体数、网格阵、社区自组织、网格力量及网格资源等。F 社区在中高档商品房小区 FH 示范小区进行试点，采取空间打造、文化植入和小区有机更新的方式，形成指导性的建设目标和纲要。

三是以网格组织化和多元共治为行动策略。尽管原来的网格化管理模式实现了组织化，但偏行政化，强调专职网格员组织进政法委行政体系中以实现治安职能，网格员的考核、聘用、信息汇报和问题处理方式都体现出浓厚的科层制方式。专职网格员与网格居民之间的横向联系缺乏，网格资源整合不足。网格空间呈现出单一行政管理特质，网格空间等同于行政空间。为了有效发挥网格化治理的功能，必须再组织化社会，建立社会认同纽带。F 社区重新梳理了社区治理体系，包括组织架构、治理力量和运行机制。网格化治理的核心主线定性为"组织建在网格上，治理融入生活中"，为此其整体思路是"一核一格，多元共治"。"一核一格"是"以基层党组织建设为核心，实现网格组织全覆盖"；"多元共治"则是以小区为网格治理单元，将党小组、社区两委、网格员、专业社会组织、业委会、物业和志愿服务队等多元力量整合为网格小组，再搭建网格议事平台，各级网格由各网格长召开联席会议，协商解决居民诉求，以实现网格化治理真正嵌入居民的生活世界。

四是以协商民主和场景共营为工作机制。第一，搭建网格议事平台，各级网格召开联席会议，了解和协商解决居民诉求，原则上联席会议召集人为各级网格长。第二，完善联动响应机制。建立"区—街道—社区—综合网格—小区—楼梯"六级联动；依托"三固化"工作机制，运用小区（院落）事务分层分类响应机制，加强小区事务联动处置。第三，建立"党组织（自治组织）—社区警力—业委会—物业公司—社会组织"五方协同机制。以多元参与、多方共治为目标，明确了居民小组—小区网格—社区两委—社区网格的网格治理力量职责，设立网格管理责任公示牌。为提升网格员的社会认同度和网格员的责任意识，新成立的二级网格员队伍，细分为网格长和网格力量，并明确人员姓名、职务、联系方式、网格管理范围等，并动员网格内的自组织参与网格化治理工作。其中，一级网格的网格长是社区的党委负责人，但是网格上的指导员是街道的分管领导；二级网格的网格力量主要由两委成员和后备干部构成；三级网格工作人员主要是由党小组、业委会、物业、社工组织、志愿者服务队伍；四级网格由党员楼栋长、社区力量、社区民警和网格力量构成。梳理出网格力量之后，又明确了网格力量的职责。网格化空间的协商治理体系最终要实现网格利益和网格资源配置的均衡，行政权与社区权力之间的平衡。第四，以场景共营和网格评比为激励机制：首先，设立网格服务点，将F社区项目计划中的JX茶馆开进各网格服务点，以商业+公益的运营机制开展网格服务工作；其次，设立网格公益微创投，以网格为单位，鼓励网格成员联合申报；再次，根据网格特点，建立网格场景IP，满足网格内居民的多元需求，协调各级机构，力争将矛盾化解在网格；最后是网格评比机制，根据网格的问题发现量及处置率和治理能力进行评比。通过对网格的组织化生产，重构网格空间对于网格居民的意义和责任，逐渐形成"六个一"的网格化运行机制，即街道社区综合网格。小区楼栋为六级联动，党组织、社区警力、业委会、物业公司、社会组织五方协同。

二 F社区网格化治理体系的试运行

社区网格化治理体系搭建完成后，F社区率先在第五网格FH小区进行了试运行。在试运行的过程中，取得了一定的成效。2020年9月，

FH 小区和玉林小区一期、二期之间的围墙被暴雨冲垮，围墙的维修费用在 10 万元左右。业主要求对围墙进行修复，但是又不能动用他们的维修基金。这笔费用从何而来呢？FH 小区的网格长 YL 将小区的党小组、物业和业委会组织起来召开了一个联席会议，多次研讨小区围墙倒塌的解决方案，最后达成了一个共识，就是由业主委员会和物业利用小区的公共收益部分来对围墙进行维修。FH 小区第 3 期 24 栋 1 单元的电梯故障是一个常态性问题。因为物业在电梯坏了时才修，没有从根本上去解决，反反复复地修，引发了高楼层业主的不满。网格长联系到了街道的安全部门、小区的党小组和物业，形成了一个专业的维修团队，对电梯进行了检修。现在小区的电梯基本上处于正常的运行状态。

网格化治理工作的开展，使得小区实现了精细化治理，形成了发现问题—收集问题—跟踪问题—处理问题的一个闭环，及时响应居民的需求，将矛盾化解在网格当中。社区支部书记 PSY 对探索的网格化治理模式及其试运行效果给出了积极的评价：

> 网格化治理在我们这儿推进得比较顺利，很好的一个治理机遇是以前我们这儿的一个业委会主任带起来的，因为他说什么事情，都是我们同小区一起去做。网格员是综合办的，没有那种号召力。如果你喊那种爱好者前来参与，人气一下就起来了。FH 小区的业委会主任，就是我们醒狮队的狮头；还有我们 XX 团的继承人 ZJB，他以前是党校的，现在住在我们这边，由他们两个自组织在这儿牵头。自组织成员的参与，在治理中相对而言就有很多抓手。疫情防控也好，平时的一些工作规划也好，给他们说一说，他们也积极参与。他们一同参与，那些小区居民也都参与了。从治理的层面，网络化的顺利进行还是得益于多方共同参与，它跟之前网格员单一活动有质的区别。网格化治理我觉得很不错，有

问题都会主动过来反映和讨论、解决。接下来社区将会在其余的 10 个网格全面铺开网格化治理工作。（PSY20201120）

网格化治理关注网络内的生活性事务，以生活地域为单元划分网格，注重网格内居民治理力量的组织化参与和共赢，整合现有的网格行政力量和权力的文化网络协同收集信息、协商议事和联动处置，及时将需求和矛盾解决在网格中，在一定程度上可以超越现有的科层制网格化管理的困境，使得政府管理与社会治理双重互动逻辑下的精细化治理得以可能。

三　重构社会性：网格化治理的价值转向和目标重塑

"追求基层治理的社会性成为网格化的根本意义所在，也成为破解原有网格化实践中条块分离的体制弊端和机制障碍的源头活水。"① 既然网格化管理是为了适应社区治理的需要，那么，重构网格空间的社会性，按照社会治理的理念与模式有效动员居民、建构起多元互动的社会网络关系，强调协商民主，注重社区多元主体需求的满足，才能体现网格化治理的本质。从 F 社区网格化治理的试运行来看，网格化空间实践正实现价值转向和目标重塑。

第一，由行政管理主义向多元共治主义的治理价值转变。20 世纪 90 年代以来，城市空间的权力运作方式发生了较大转变。首先，1994 年分税制改革促使城市管理权从国家下移到地方政府，地方政府积极投入"经营城市"的工作。其次，受全球化经济衰退的影响，地方政府积极通过治理机制创新来提升城市形象，以吸引投资。最后，随着管理的部分失灵，地方政府逐渐与社会组织联合成为城市治理创新联

---

① 徐选国、吴柏钧：《城市基层治理的社会化机制——以深圳市 Z 街"网格化管理社会化服务"项目为例》，《浙江工商大学学报》2018 年第 2 期。

盟。政府采用服务发包的形式，选取社会组织、社会企业等承接基层治理项目来提升治理绩效，实现对基层社会的可控性治理。与网格化管理相比，网格化治理意味着从"行政体系"向"社会支持系统"的转换，生活空间在其中发挥着基础性作用。这种空间生产更强调意识形态与文化对社会的渗透与对话，通过培育居民的社区参与意识，实现对社区空间的秩序再造。

第二，从问题导向向需求导向的服务价值转变。以往网格化管理是出于"诊断社会"的目的，基层政府利用空间规划技术与信息监测技术对社区空间进行问题诊断，认为社区治理困境的根源在于信息收集不及时、问题解决不精细等。网格化管理理念遵循的是一种个案诊疗的方式，采取医学的治疗流程，诊断与信息上报是中心环节，遵守了发现问题—诊断问题—上报问题—解决问题的工作流程。而网格化治理则从满足居民多元化需求入手，注重资源与需求的对接，重视人在社区中，充分挖掘社区的资源和社会资本，强调上下协作、居民自治，促进社区居民、自组织与社区之间的协同互动，通过社区内生力量的发育和壮大来推动社区发展。

第三，再组织社会的网格社会工作是社区网格化治理的实践表征。推动社区由网格化管理向网络化治理转型，实现社区治理现代化以及社区的善治成为新时代的必需。① 首先，再造可治理的网格社会是社区网格化治理的价值目标。卡斯特尔将全球化中的城市社会概括为"网络社会"，但是，网络社会并不能完全准确地概括同样卷入全球化和快速城市化中的中国城市。与西方资本推动的城市化不同的是，中国的城市化主要是权力主导的。中国城市的网格社会并不仅仅是卡斯特尔所考察的以电子网络为基本形象，没有固定边界的流动空间。处于网格化管理的中国城市化可以概括为网格社会，与资本所产生的流动空

---

① 王雪竹：《基层社会治理：从网格化管理到网络化治理》，《理论探索》2020年第2期。

第八章 网格空间：社区技术治理与风险规控

间不同，它产生了一种社会主义的空间，是以电子网络平台为终端，以社区地域空间为实在，有固定边界，但信息和技术在其中流动，并以实现社区内组织互动为最终目的的时空压缩式的空间。它力图通过权责明晰化和服务精准化、风险可控化来避免或克服权力与资本生产的空间导致的空间资源不平衡所引发的空间不正义。这种新的空间逻辑正逐渐变革个体与社会、社会与政府之间的关系。技术理性只有适度嵌入生活世界，才能达成网格社会的可能。列斐伏尔认为，"无论其是艺术的、哲学的或政治的，都必须证明它在日常生活里具有现实性。只有在日常生活层次上，这类创造才能得到检验"[1]。网格化治理要证明其在社区日常生活中的现实性，就必须通过社区支持网络的建构来增强社会的自主性。网格化治理不仅生产出了一种新的空间治理形式，形塑了新的社会关系，同时，它也会被空间中的社会关系重新进行整合和再生产。因此，网格空间不仅仅是行政管理的空间投射，也是有目的和意义的社会产物。网格社会的形成，将有助于人们通过居住和参与而产生对空间的心理感受和形象性认识，即哈维所讲的空间表象，这是"基于生活体验而形成的一种感性化空间记忆的再现。它可以支配人们的空间行为，进而整合空间并维持空间秩序"[2]。在社区网格社会中，空间的社会资本主要表现为以社区基础，以网格为治理边界的地方支持网络，由此获得社区归属感和社区凝聚力。其次，迈向协商民主是社区网格化治理的运作原则。协商治理作为公共治理的一种形式，表现为多元治理主体的决策和行动的方式以及治理手段。社区网格化空间的协商治理体系要实现网格利益和网格资源配置的均衡、行政权力与社区权力之间的平衡。最后，网格社会工作是网格化治理的

---

[1] ［法］亨利·列斐伏尔：《日常生活批判》第 2 卷，叶齐茂、倪晓晖译，社会科学文献出版社 2018 年版，第 274 页。

[2] 王艺璇：《空间资本差异视角下的城市居住秩序和空间区隔——基于两类社区的比较研究》，《城市问题》2020 年第 3 期。

专业趋势。"由于政府需要依赖社会的组织化资源，而政府和这些社会组织并非简单的上下级关系，所以他需要发展出具有灵活性和适应性的、不同于行政体系的、能够应对社会组织的多元性方法，来推进任务的执行。"[①] 社会工作介入网格治理，应与社区支持网络系统建立互动关系，其中与网格员之间的合作应成为网格化社会治理的重点。网格社工应着重于社区支持体系的干预，促进网格中支持功能的发挥，获得网格中居民与环境之间的和谐。"Biegel、Shore 和 Gordon 指出社区支持体系可发挥三个层面的功能，即预防、治疗与复健。"[②] 网格员熟悉各自网格空间的资源、问题和社会支持网络状况，由他们寻找潜在的服务对象和社区资源可能更为有效。网格员可以扮演寻找社区高危人群、困难人群的角色。因此，在现有的专职网格员的教育培训制度中，除了常规化的政治思想和各职能部门的业务知识的培训外，应增加专职网格员社会工作专业理论与方法技巧的训练。社会工作者在为社区提供服务时，可以在社区两委的引介下，积极寻求与各网格的网格员们合作，邀请他们参与社会工作服务，促使其在案主家访、评估案主的问题与需求、增加社区支持方面发挥重要的作用。

小　结

对于单位体制解体后的流动社会，重建权力与社会的关系，必须寻找新的作用点以达到治理的成效，解决的办法就是通过社区营造、社区规划、社区网格化等空间生产形式将权力嵌入日常生活。网格化管理的实践就是行政权力通过空间网格化来实现城市的系统化和精细

[①] 张静：《社会治理：组织、观念与方法》，商务印书馆 2019 年版，第 115 页。
[②] 宋丽玉主编：《社会工作理论：处遇模式与案例分析》，（台北）洪业文化事业有限公司 2018 年版，第 333 页。

第八章 网格空间：社区技术治理与风险规控

化管理。

在推进城市管理精细化、智能化的过程中，政法委系统主导的网格化管理服务系统嵌入社区，把社区纳入一个严密的档案化网格，由于过于强调专职网格员在社区中的风险预防与社会控制功能，没有有效地连接社区自组织网络，发挥其在社区内的文化与自治功能，因此尽管实现了自然社区与网格社区的叠合，但并没有真正有效提升基层社会治理效能。列斐伏尔早在《日常生活的批判》一书中就剖析出日常生活空间涉及四个空间维度：需要、劳动、愉悦和博弈。因行政权力生产和主导的网格空间意图将通过社区空间的分割化、精细化和信息化再生产出一个更易接近居民日常生活的空间。在这样的行政空间中，需要并非纯粹的社会需要，而更多的是监控和维稳需要，同时它并未通过对居民人际交往需求的激发来带动居民的参与，更多的是网格员的例行公事，因此无法有效转变居民的日常生活方式。因此，这四大维度虽然是联系在一起的，却并不连接。

伴随着城市空间的使用价值诉求的凸显，空间的重构成为政府与社区多元主体共同的诉求。政府与社会的关系通过社区及其网格化空间这一多重服务场域，在逐渐转向多元协同为主、控制预防为辅的治理模式。随着党和政府在社区的深入，社区空间从权力再生产的载体向社会关系生产的媒介转变。网格化治理的转向，意味着城市正发生着社会关系重塑、公共权力再造、社区文化营造等变迁。

空间组织作为一种政治和社会的产物，必然在实践过程中产生各种权力之争，并反过来影响空间的形塑和发展。社区网格化管理的出现，打破了原有的社区权力格局，而为了应对这种空间的生产，又导致了新的权力格局的出现，并反过来影响社区空间治理的模式与特征。网格空间的治理多元性表现在三个方面。第一，网格空间是在政治和社区变迁的过程中被形塑的，其中充满了意识形态与权力之争、符号和意义，需要在互动和"生产"的语境下去描述它。网格空间本身是一种行政的产物，确切地说，网格化服务管理模式的推行最初是由区综治办牵头，产生于有目的的综治办的行政实践。随着网格化管理向网格化治理的转型，区委社治委的行政权力也开始嵌入该网格空间。因此，政府部门之间的政绩锦标赛不可避免渗入其中。尤其是综治办与社治委不同的行政理念必然存在矛盾与隔阂，彼此互不信任将导致网格空间成为新一轮行政权力争夺的场域。部门权力若无法有效实现协同和整体性，必将因为权力之争导致网格空间的权责不明，最终导致空间成为政治利益的工具。第二，除了行政权力嵌入和竞争外，治理导向的网格空间还弥漫着各种社会关系，如负责网格化管理服务创新的社会工作机构、社区两委、街道等，多元主体势必在网格实践中标记各自的范围与边界，同时也在互动中达成共识，能对网格空间的重构产生重要影响。第三，通过空间视域来检视治理情境和社区生活，暗含作为人之存在的生活空间与权力—技术嵌入的理性空间在基层治理实践中必然面临着博弈。

从网格化管理到网格化治理的基层治理变革，本质上是对美好生活导向的空间治理的回应。社区空间旨在营造人与人之间的共在感，在社会治理共同体话语建构中，网格化空间的技术嵌入、组织安排与服务策略的目的应在于社区的情感整合和生活治理。网格化治理改革能否实现技术空间与生活空间的平衡，如何构建有温度的生活治理共同体，仍需要理论和实践的进一步探索。

第九章

空间正义与以人为本:"村改居"社区的协同治理体系构建

"村改居"社区空间变革内嵌于中国特色社会主义发展道路之中。2020年,我国进入新发展阶段,这是"在全面建成小康社会、实现第一个百年奋斗目标之后,全面建设社会主义现代化国家,向第二个百年奋斗目标进军的发展阶段"[①]。将"村改居"社区放置于新的发展阶段,其重要意义也能得到进一步彰显。首先,"村改居"社区作为城市与乡村的过渡形态,总体上保证了城乡融合秩序的基本稳定;其次,"村改居"社区作为一种新的空间生活载体,是从农村向城市转型中产业跨越的前提条件,是改善人民生活的重要抓手;最后,党的十九届五中全会着重强调要进一步优化国土空间布局,对推进区域协调发展和新型城镇化提出了新的要求,而其核心则是推动以人为核心的新型城镇化的战略,为构建高质量发展的国土空间布局提供支撑。这也要求从国家到社区空间治理需要一盘棋的概念,"村改居"空间协同治理也需要与国家空间战略目标相结合。

"村改居"社区治理研究的重要意义也因此而生,从整体上而言,

---

① 林建华:《全面建设社会主义现代化国家的中国意义和世界意义》,《思想教育研究》2020年第12期。

将"村改居"社区单元放置于国家空间来看是微不足道的，但小小的自然村落向城市社区转变的背后，却映射出中国社会发展的伟大成就。2010年我国城市化率只有49.68%，2019年我国城市化率却已经达到60.6%，提高了将近十个百分点的城镇化率，这是历史上的奇迹。尽管早年学术界预测中国城市化率超过50%之后会导致严重的"城市病"，但事实却并非如此，其中的主要原因就在于中国的城镇化是一个渐进、多元、分阶段的历史过程。城市、乡村与"村改居"社区的三元结构保持了乡村社会向城市转型的基本稳定。"村改居"社区是中国乡村向城市转型的一个重要阶段，既不会迅速地消失，也不会持久地存在，这是由中国城镇化发展的历史阶段所决定的。马克思在《〈政治经济学批判〉序言》中指出了"两个决不会"："无论哪一个社会形态，在它所能容纳的全部生产力发挥出来以前，是决不会灭亡的；而新的更高的生产关系，在它的物质存在条件在旧社会的胎胞里成熟以前，是决不会出现的。"[1] "村改居"社区空间代表了中国城镇化历史的一个重要转型阶段，是透视城乡社会过渡的重要视角。

中国特色社会主义道路的空间治理的特色就在于是整体推进、协同发展，超越了西方以资本为动力的城市化进程，其优越性就体现为城镇化的核心在人，是以人本身为出发点的新型城镇化，通过推进城市更新行动，优化城市生态修复、功能完善工程，"统筹城市规划、建设、管理，合理确定城市规模、人口密度、空间结构"，促进大中小城市和小城镇协调发展。随着科技快速发展和社会不断进步，我国现代化建设实践越来越丰富和复杂，具有越来越强的综合性、动态性和系统性，突出表现为空间范围越来越大，速度越来越快，层次结构越来越复杂，结果和影响越来越广泛和深远。[2] 尤其是，"城市生活实际上

---

[1] 《马克思恩格斯选集》第2卷，人民出版社2012年版，第32页。
[2] 詹成付：《深入理解"坚持系统观念"》，《人民日报》2020年11月12日第9版。

第九章　空间正义与以人为本："村改居"社区的协同治理体系构建

与隐喻上的空间界线构成主体认同的空间向度。今天，围绕着城市空间的生产和再生产，实际上出现了各种各样的利益角逐，其中资本和权力对城市空间的渗透和介入最为激烈，其结果造成了各种各样的空间剥夺、挤压、隔离和分割等现象"①。因此，任何一个城市空间尺度的变化都会进一步影响"村改居"社区空间的治理。"协同治理并非是一个步调一致的空间，各主体均有不同的运作机制，其目标是寻求统一性与多样性的互补。"②当前的"村改居"社区的根本任务在于如何实现共建、共治、共享的新的治理格局，核心就在于聚焦于"共"字本身，实现从社区局部到国家整体的空间正义。

协同治理，作为 21 世纪以来治理理论体系中的重要理论流派，逐渐成为国内外社会科学理论研究的热点。目前国外协同治理理论框架已经形成了诸如"跨部门协同的理论框架""协同治理的 SFIC 框架""协同型公共管理、协同政府的理论框架""协同治理体系的整合性框架、执行框架"等代表性理论框架，"但这些理论框架主要是基于西方的公共治理实践提炼总结的，对我国的公共治理实践、协同治理实践的解释力有待验证"③。国内学者也围绕协同治理的分析框架进行了理论探索与本土实践的研究，仍陷于协同学理论对系统内部间协同的痴迷，同时"缺乏整合性，主要的建构路径是分门别类解释和分析某个类型的协同治理活动和现象"，虽然也有学者将协同治理的理论框架放在国家治理体系和治理能力现代化的总体性框架中进行构建④，但总体而言，缺少对基层治理现代化场景下中国城镇化的重

---

① 文军：《空间正义：城市空间分配与再生产的要义——"小区拆墙政策"的空间社会学》，《武汉大学学报》（人文科学版）2016 年第 3 期。
② 于飞：《多主体协同治理机制探析》，《学理论》2015 年第 1 期。
③ 赖先进：《国家治理现代化场景下协同治理理论框架的构建》，《党政研究》2020 年第 3 期。
④ 赖先进：《国家治理现代化场景下协同治理理论框架的构建》，《党政研究》2020 年第 3 期。

要转型空间——"村改居"社区的协同治理理论框架的探索,缺少将治理放在"村改居"社区这一复合性空间中进行解释性框架的建构,因此,本部分将从治理空间层次、治理主体层次、治理机制层次、治理技术层次四个方面出发,构建我国"村改居"社区空间转型和协同治理的体系框架。

第一节 空间协同:人本空间的互构式治理

正如列斐伏尔所言,每一个"物品"都应放入总体中,都应在空间中来理解。这就要求把空间当作一个总体来理解、想象、把握和生产。从总体性到局部性,空间的层次和维度都属于一个统一的概念和同一种生产活动。① 如何通过城市空间的转型来实现社区空间与社区发展治理的互构,是社区治理创新路径的重要思考面向。多元主体协同治理的目标是打造一个共建、共享、共治的社区治理共同体,其意义在于实现社区民众生活世界的回归。习近平总书记在多个场合强调:"人民对美好生活的向往,就是我们的奋斗目标。"而社区空间美好生活的构成是物质、精神、伦理三向度的统一,这也要求未来的社区空间构建超越传统居住等功能,通过空间功能的多元复合实现居民美好生活的目标。

一 虚实空间的互嵌

在当前"互联网+"与各种信息技术不断革新的时代,社区构建的空间尺度被不断放大,算法革命与网络的发展不断解构原本的具体物质空间的同时,也极大地改造了人的精神世界。马歇尔·麦克卢

---

① [法]亨利·列斐伏尔:《空间与政治(第二版)》,李春译,上海人民出版社2015年版,第94页。

汉所言，媒介就是信息本身，信息技术是社会发展的基本动力，任何一种新媒介的产生都会扩展人类感知和认识世界的边界。处于当今的大数据与算法时代，技术算法改造了社会运行的规则和运作模式。对于内容产业而言，基于算法推荐的内容分发机制，可以满足不同受众的个性化信息需求。但人们并未在这种美好愿景中沉湎太久，对新技术的警惕致使算法分发不断受到质疑。因为在算法推荐系统下，算法基于用户的社交关系和信息偏好，推荐与用户高度匹配的个性化内容，而这可能会引发一定的问题。互联网时代的信息泛滥所造成的"信息茧房"[①]，以及算法革命与精准推送所造就的新时代的"单向度的人"[②]，这将带来人类主体性异化风险，社区空间构建需要凭借"虚实结合""以虚导实"的治理策略将民众带回生活世界。

首先，虚实结合的空间治理的重要意义在于破除了科层制内部的条块管理的矛盾，通过虚拟空间化解了二者的张力。"村改居"社区从整体上而言已经属于城市社区的一部分，而科层制体系面对的现代城市空间是一个精密、细化、互动频率极高的系统，其组织化程度与社会分工都极为复杂，流动不但重塑了城市社区的空间生态，打破了原本相对稳定的人口结构与社会关系，使社会分化的基础从行政隶属、

---

① 美国法学教授凯斯·桑斯坦在其《信息乌托邦》一书中提出了信息茧房的概念，意指，传播体系个人化所导致的信息封闭的后果。当个体只关注自我选择的或能够愉悦自身的内容，而减少对其他信息的接触，久而久之，便会像蚕一样逐渐桎梏于自我编织的"茧房"之中。桑斯坦认为，这将导致视野偏狭和思想封闭甚至极化，进而会加强偏见并制造出非理性的极端主义，直至侵害政治民主。参见［美］凯斯·桑斯坦《信息乌托邦：众人如何生产知识》，毕竟悦译，法律出版社2008年版。

② 工业社会所谓的单向度的人，是指发达工业社会是压制了人们心中的否定性、批判性、超越性的向度，使这个社会成为单向度的社会，而生活于其中的人成了单向度的人，这种人丧失了自由和创造力，不再想象或追求与现实生活不同的另一种生活。信息时代也会面临着同样的风险，算法革命可以精准地计算个体需求，网络推送只会迎合客户，个体会沉迷于抽象世界而丧失生活的超越性向度。参见［美］赫伯特·马尔库塞《单向度的人——发达工业社会意识形态研究》，刘继译，上海译文出版社2006年版。

空间重构:"村改居"社区的协同治理实践

地域分布转变为分工、收入、消费以及身份认同等,由此形成了持续的多元化社会空间生产机制。① 但传统的科层体系则由于历史惯性与路径依赖等因素的制约,在面对流动社会治理时反应相对滞后。詹姆斯·博曼就指出:"由于分工、专业化,社会组织功能趋于分化,政府各主体均为特定任务而创设,有着各自独特的利益驱动或者行为逻辑,形成'碎片化'的管理格局,从而缺乏一个运用权力与权威的中央整合机制……能够控制所有分化了的亚系统。"② 城市精细化管理力图借助互联网、手机终端、网格信息中心平台、人脸识别、监控视频等技术,通过常态化信息采集模式,注重信息的动态采集、录入、更新以及信息的综合集成和关联比对,以实现信息的有效整合和共享应用。由于减少了信息收集的冗长和零散,信息技术将会增加社区治理的自由时间。以第八章所考察的社区网格化治理为例,网格化意味着社区空间单元的重构,是以诊断社会为主的管理模式的一种革新。网格化管理形成了"问题—指挥—责任—联动—反馈"闭路环,体现出技术理性追求的务实、精准、效率等管理目标。③ 但在实践中,网格化管理仍存在"条块分割"与"碎片化"、责任关系不清、回应民众需求不力及治理绩效低下等困局。因此,网格化治理从满足居民多元化需求入手,注重资源与需求的对接,充分挖掘社区的资源和社会资本,强调上下协作、居民自治,促进社区居民、自组织与社区之间的协同互动,通过社区内生力量的发育和壮大来推动社区发展。

---

① 杨雪冬:《城市空间治理是国家治理的主要阵地》,《北京日报》2018年11月26日第14版。
② [美]詹姆斯·博曼:《公共协商:多元主义、复杂性与民主》,黄相怀译,中央编译出版社2006年版,第132页。
③ 孙柏瑛:《从网格化管理到网络化治理》,《中国纪检监察报》2020年9月10日第7版。

其次,"以虚导实"的空间生产策略意味着将民众从虚拟空间导入现实的生活世界。社区的本质是地缘生活共同体,然而在现代市场经济语境中的社区满足了地缘与生活,但与真正的共同体的建设目标还有相当的距离。其重要原因在于居民生活的碎片化、原子化倾向,缺少外力将民众生活世界再整合。"以虚导实"需要从两个层面落实,第一是上下关系,第二是横向联系。上下关系不是权力机制的上下,而是党与群众的上下,上是因为党的先进性,下是党建要引领社区群众成为自由发展的个体。横向联系则意味着重建社区人员的社会关系。马克思就指出,人的本质是一切社会关系的总和。现代社区处于理性化的城市空间,主体性、功利性的自我就好像是一个个封闭的实体,丰富居民间的横向联系需要更多和更高质量的交往。在面对社区公共事务时,横向的协商有利于民主决策,能够实现公共空间有效兼顾不同群体的需求以及连接人际关系。

二 生活空间与生态空间的协同

"村改居"社区在早期包含了生产空间,这是产业过渡与民生保障必不可少的一个阶段;而后在现代城市社区建构中,生产功能逐渐剥离,更加注重生活与生态空间的建构。

(一)生活性空间:本真的自我呈现

生活性空间体现了对传统居住空间的物理理念的超越,社区空间不但是居民自身活力与主体性的载体,更是社区居民产生交互关系的聚集点。社区"以人为本"的生活空间建构的主体是民众,这就决定了社区关注的是基本的碎片化的民生事情,如菜市场空间是否以就近原则方便居民,社区的公共空间是否满足了儿童玩耍与老年人锻炼需求等。生活型的空间营造不在于空间本身,而是以空间为载体,民众如何书写自身的情感与故事,让人在异化的城市中呈现本真的自我。

生活世界的本质是社交性。社区空间的营造目标最终都是满足社区居民的社会交往需求。

从历史来看，社区具有满足人们生产、交流、娱乐需求的作用，同时发挥着政治的、宗教的、商业的、市政的和社会的功能。城市研究相关领域的学者认为，在当今时代，公共空间在培养、增强和维持社区归属感方面起到很重要的作用。兰福德认为："城市的首要功能是允许和鼓励不同人之间、不同人群之间的全面交流和挑战，为人类的社交生活提供一个舞台。"[1] 罗威指出，人们经常在公共空间与朋友见面，在公共空间观察生活。[2] 生活型社区空间首先需要使居民产生安全感和归属感。马斯洛的需求层次理论强调，人们对于安全的需求仅次于生理上的需求。"环境的各种因素影响实质性安全和感知性安全，而安全感会影响人们对环境的使用。研究显示，影响街道安全感的环境因素有：环境的物理特征和对环境的维护；街道和空间的布局；土地利用的不同类型；对环境的改造；是否有人和人的活动的存在以及人及其活动的类型。"[3] 雅各布斯在关于城市的专题论文中把街道中的商店、酒吧、餐厅和其他第三场所确定为监控和安全的基本构成。社区公共环境的归属感则产生于那些具有历史传承性的场所、能满足人们日常需求的场所，以及能帮助建立社群关系的场所。其次，社区公共空间应具有实用性和便利性。研究表明，餐饮店、各种商店以及交易的存在让街道充满了吸引力。商铺和社区便民服务中心的多样化增加了它的实用性和便利性。

（二）生态型社区：重构"天人合一"的理想世界

生态型社区空间是为了回应现代城市建设过度技术化的问题。相

---

[1] Mumford L., *The Highway and the City*, London: Secker & Warburg, 1964, p. 173.
[2] Low, S. M., *On the Plaza: The Politics of Public Space and Culture*, Austin: University of Texas Press, 2000, p. 296.
[3] 万博：《当代北京学区空间研究》，博士学位论文，清华大学，2018年，第187页。

第九章 空间正义与以人为本:"村改居"社区的协同治理体系构建

对于自然意义的村落而言,现代城市是实践理性的产物,是人类将自觉能动性付诸实践的现实产物,其建构体现着人类的意志和理念。在《德意志意识形态》中,马克思、恩格斯从分工—私有制—城乡分离与对立这一分析进路出发,强调城乡对立是人类社会发展到一定阶段的必然结果,这种对立使人类丧失了整全而成为片面性的动物,使个体必须屈从整个分工体系的演变才能维系自身生存。与此同时,城市的另一本质在于资本对于自然的掠夺。恩格斯的著作《劳动在从猿到人转变过程中的作用》中有一段关于人类因砍伐森林受到大自然报复的记述,深刻警醒人类不要过分陶醉于人类对自然界的胜利,每一次这样的胜利都会引发自然界的报复。中国新时代发展理念就是以创新、协调、绿色、开放、共享为核心。正如习近平总书记所指出的:"我们既要绿水青山,也要金山银山。宁要绿水青山,不要金山银山,而且绿水青山就是金山银山。"①

生态型社区空间的构建需要秉承中国人传统的"天人合一"理念,追寻人与自然存在的和谐统一。《庄子·达生》有云:"天地者,万物之父母也。"人来源于自然,是自然的一部分,有人,天也;有天,亦天也,天人本是合一的。但由于人类的实践理性僭越了自然,在对自然强制改造的同时,人丧失了原来的自然本性,社区生态空间复归于自然,以生态空间为载体达到一种"万物与我为一"的自然境界。

生态型社区空间构建遵循了中国城市建设历史与逻辑的统一,如果说工业时代的社区空间是对早期自然农业社区的第一次否定,那么生态社区空间就是对工业城市社区的再否定。早期国家治理以自然为基础,看天吃饭的小农中国,在遵循天道的基础上,打造一个"风调

---

① 中共中央宣传部编:《习近平总书记系列重要讲话读本(2016年版)》,学习出版社、人民出版社2016年版,第230页。

雨顺、国泰民安"的生活格局。进入近代以后，中国从农业向工业社会转型过程中，自然世界的小农时代被工业时代所代替，自然资源被不断损害掠夺。生态社区建设是与生态文明时代相适应的新空间组织形式，侧重人与自然的和谐相处，由此形成可持续发展的人类居住区模式。

生态社区包含了自然生态的地域建设，如公园城市。在2020年10月24日举办的第二届公园城市论坛上，成都发布了近年来对建设践行新发展理念的公园城市的探索和实践，包括《公园城市·成都实践》《公园城市发展报告（2020）》《公园城市·未来人居示范研究》等报告，强调了公园城市的重大意义。社区属于城市的一部分，其战略也会与城市发展理念吻合，包含了有效的资源与能源利用。如垃圾分类在我国多个城市的实施。垃圾分类有利于提高垃圾的资源价值和经济价值，实现自然资源循环的闭环结构，物尽其用，降低处理成本，由此减少了对自然资源，特别是土地资源的消耗，这对于生态空间社区建设具有重要的意义。生态空间建设还意味着打造健康的生活场所，在基本物质需求满足之后，健康的社区更需要侧重情感、审美等更为高阶的精神需求。2021年3月，成都市委社治委宣布未来5年成都将建成3043个社区美空间，每个社区至少1个。社区美空间是立足社区范畴，扎根于社区，以社区为主要服务半径，提供普适审美体验，深度黏合社会价值、生活价值与美学价值的空间场景。"社区美空间关注的是社区居民'家门口'的变化，以展示社区地域文化、历史文化和产业特色为导向，融入美学元素，彰显主题特征，集艺术表达、文化展示、消费体验、情感交流等多功能于一体的社区美学运用场景。"①生态型社区空间也是一个平衡高效运转的生态系统，系统的本质是处

---

① 李颖：《未来5年成都将建3043个社区美空间》，《成都日报》2021年3月9日第8版。

于自身相互关系中以及与环境的相互关系中的要素集合,各个不同的要素集合成不同单元,不同的单元形成不同的结构。生态社区空间规划需要把握多个要素与单元的平衡,在社区设计上需要把握好空间分布、房屋构造、节能减排措施、绿化系统以及生活服务配套设施等一系列要素的布局,在社区空间内部各个要素叠加下能够平衡和高效运转,形成总体大于部分之和的效果。社区发展治理的理念、结构和机制只有作用于生态空间,依托于生态空间,并与生态空间融为一体,才能最终发挥其治理的效能。不同的发展治理理念和模式会形塑不同社区甚至同一社区不同阶段的生态空间的特质和结构,对生态空间生产和转型产生深刻的影响。因此,生态社区的构建,必须顺应当地的生态发展规律,及时促使社区的产业升级转型,恢复生态的本来面貌。同时,生态系统并不是一成不变的,其内部的各自然要素和子系统间会按照"自然规律进行能量的循环互动,呈现出一种具有自主性和活力性的动态平衡格局"。

生态系统并非与人类世界处于冲突之中,正如哈维所言,我们是处于"世界相互依赖的生命之网"的积极行动者。因此,生态治理不仅仅可以从生态实际出发,借助科学有效的生态治理技术;还可以充分挖掘社区的生态优势资源和人文资源,将人文资源嵌入生态资源中,实现生态空间的人文化,通过宏观政策的调控和内生机制的建构、多元主体的共同参与,协同探索有特色的生态社区发展治理的创新路径,不断推进生态治理从低层次向高层次发展,以更好地建设生态正义的人类命运共同体。从生态空间与社区发展治理的关系来看,生态空间是社区发展治理的前提与基础,而社区发展治理对生态空间具有能动性的影响,是生态空间良性运行的动力,生态空间与社区发展治理只有共同嵌入"生命之网",才能实现效能的最优化和生态正义的价值。

三 场景营造与社区治理的融合

在城市化与基层治理现代化的双轮驱动下，以满足人的需求为本质的场景营造成为近年来城市的重要叙事方式。场景营造可以塑造社区人文景观，提升社区文化品位和形象，特别是塑造"标志性"的社区场景，这是治理社区的重要路径。

（一）场景营造的属性协同：功能性、包容性与共享性

社区规划在理论上符合空间利用的功能最大化目标要求，但容易导致空间功能"单一性"和居民生活需求"复杂性"之间的矛盾，因此，可以通过场景营造来实现空间的功能扩展和优化。一是"空间功能优化"，即根据社区居民需要和空间特点，在公共空间上添加复合型的功能以满足居民多元化的需求，以避免空间资源的"无效配置"或"景观配置"；二是"空间布局优化"，即突出某一功能性空间规划应配置在社区中最有利于发挥其功能的位置。

营造具备包容性和可达性的公共环境仍然是社区的价值追求。治理者必须塑造包容性强的空间，如此使社区对于所有人都更具公平性。社区公共环境的建设必须体现对儿童的关怀。"在公共空间中获得的体验对儿童是非常宝贵的教育资源，可以让他们学会如何在真实生活中应对各种新局面"[①]，促进他们的身心健康和社交能力。我们国家已进入老龄化社会，在公共环境上考虑老年人的需求变得十分重要。因此要为老年人提供一个离家近、熟悉的、安全的、便利的公共空间。要考虑社会上的弱势群体。他们享有使用社区公共空间的同等权利。流浪者们很可能会在社区公共空间中待很长的时间，社区应该为他们创造谋生和积累社会资本的机会。

---

① 万博：《当代北京学区空间研究》，博士学位论文，清华大学，2018年，第156页。

（二）场景营造的资源协同：互利性与"效率性"

社区服务资源合理配置和使用离不开市场、国家与社区的互利共生。在政府购买服务的大背景下，会逐渐形成政府—资本—社会的社区服务产业链。如成都市新都区新繁街道汪家村探索出了政府、村集体、村民、社会四方协同打造的"拾里共享庭院"模式。"拾里共享庭院"采用住商一体、住商分离的运营模式，由新繁街道集中打造道路、生态等硬环境，汪家村则整合林地、林盘和村民闲置宅基地、房屋等资产成立了新都区陌上汪家商务服务有限公司，由该集体资产管理公司引入社会资本即四川源素轻旅文旅科技集团有限责任公司投入200余万元进行院落修复改造和统筹运营，发展庭院经济。中国社会科学院社会政策研究中心副主任杨团调研后给予了高度肯定："看到了村集体、农户、商家结成的共同体模式，看到了全链受益、真正的长效机制，是乡村振兴中一股清新的风。"尽管该模式与一次性长期流转的模式不同，但仍要时刻坚守在乡村振兴背景下引入多方资本进入乡村的生活世界，要达到资本服务人而不是异化人的目的。

在关注公共资源空间配置公平性的同时，也应兼顾公共资源配置的效率性。一是社区内有限的公共资源能够为最大多数居民所享受，将资源与人的需求紧密结合；二是发挥社区内公共资源本身的最佳和最大功用；三是指社区公共资源的供给在政治、经济、文化、社会等效果上达到最优平衡。

（三）场景营造的类型协同

把场景营造作为深化城乡社区发展治理的着力点，更好地助推城市高质量发展。按照城市场景营造的顶层设计，结合各街道和社区的特色，注重城镇社区、城乡结合部社区和乡村社区三大社区类型的场景协同营造，吸引社会组织、企业和居民参与场景营造，透过TOD 4.0高效城市连接体系，促进体育、消费、文化、生态、教育、服务等主题场景的落地和共享，注重社区后端运营，植入内容、注入活力、嫁接资源，实现社区生态价值、经济价值、美学价值和人文价值的融合，实现社区居民对美好生活的期待。

第二节　主体协同：跨越边界的多元共治

"村改居"社区空间治理的价值取向就是实现空间正义，通过空间治理多元主体的行动优化从而实现资源公平分配，要兼顾社区不同的群体利益，尊重社区居民的基本权利，并创造人人可享的基本保障和公共服务，提供均等自由的发展机会，其核心是兼顾效率与公平，实现整体利益与长远利益的最大化。多元主体协同治理在导向空间正义治理过程中，要针对社区公共事务，将国家、市场、社会等多元治理主体纳入治理过程，并注重发挥相互之间的协同作用，从而形成治理的协同效应，进而实现治理目标。[①] 与传统村落相比较，"村改居"社区的治理主体、治理过程、治理结构都发生了系统性、整体性变革。社区空间不是简单的物理居住空间，而是此在与情感、互动与体验的综合体，在此空间之内可以实现经验交流、智慧增长、精神升华，或者说，将社区锻造成一个人人都能构建起自主性的幸福生活场域。社区空间内的各个行动主体都不是孤立的，而是相互关联、相辅相成的。只有在各主体相互配合、形成合力的前提下，社区空间治理才有可能焕发出新的生机与活力。社区治理主体是基层治理的主要实践者，主要包括政府、社区、社会组织和市场四大主体。这些主体需要在明确共同治理目标的基础上，建立不同范围、程度、方式的合作关系以及相应的制度安排，从而实现社区治理资源的有效配置。

---

① 熊光清、熊健坤：《多中心协同治理模式：一种具备操作性的治理方案》，《中国人民大学学报》2018年第3期。

第九章　空间正义与以人为本："村改居"社区的协同治理体系构建

一　政府引导与"社区本位"公共性实现

20世纪90年代以来，随着城市化进程的加快，中国城乡社区持续经历了一种深层次的转型与重建，其中，政府在城乡空间重建中发挥着决定性与主导性的作用。在城乡空间重建过程中，政府需要厘清其服务责任与社区、市场、社会的互动边界，努力减少因激烈的社区再造引发的居民对生活世界的快速变革而产生的不适应问题，最大限度地激发社区活力，提升社区自治意识和能力。

政府主导的城市化使得原有的城乡空间边界变得越来越模糊，由此对地方政府尤其是基层政府的治理理念、治理方式和治理能力带来了更大的挑战。传统管理体制的惯性会阻碍社区治理的进程，突出地表现为"观念滞后、'本末'颠倒，社会治理的价值取向错位。有些部门在履行社会治理职能时，其价值取向不是从'公民本位''社会本位''权益本位'的理念出发，而是从'官本位''政府本位'出发，严重影响了政府社会治理职能的发挥"①。荣敬本将基层治理体制概括为"压力型体制"，就是压力都集中在基层，基层钱少事多，责任重大，一不小心就被问责。曹正汉将其概括为"上下分治体系"，正是这种向上负责的体制机制，形成了"社区治理国家化"的治理体制，导致了政党、国家和社会一体化的格局，使得党对社会事务的治理太过集中又事无巨细。②

为了实现空间正义和空间转型的稳定性，就必须重构政府与城乡空间之间的关系。

首先，政府在社区空间的资源配置上应坚持公平性与以人民为中

---

① 谢志强：《创新社会治理：治什么　谁来治　怎么治》，《光明日报》2016年7月13日第10版。
② 谢志强：《创新社会治理：治什么　谁来治　怎么治》，《光明日报》2016年7月13日第10版。

心的原则。在公正性和属人性原则下合理配置资源，实现城乡资源公正合理地双向流动，是空间正义的首要内涵。[①] 除了宏观层面的城乡地区差异外，在区域性治理进程中，同一区域的街道和乡镇的经济文化社会差异也是十分显著的。地方政府在区域内部的资源配置中容易将更多资源集中于优势资源较为明显的村镇和社区，其中，景观政治在一些示范社区和明星村中尤为突出，由此不仅会造成资源配置重复低效，也会加剧社区之间的发展治理差距。因此，政府需要通过政策和制度的调节进行区域内资源的合理配置，将更多资源投入有更多迫切需求的城乡接合部社区和老旧院落、失地农民安置区域。

其次，政府购买社会服务应以整合性原则与公益性原则为导向。改革开放以来，随着社会多元主体公共利益需求的增多，我国初步形成了政府主导、社会参与、公办民办并举的公共服务供给模式。近年来，政府购买社会服务的力度逐渐加大，但不少领域的公共服务仍存在服务需求满足单一化、服务专业化程度偏低、服务管理机制欠缺、服务成效不足等突出问题。同时，相关研究基于实证指出政府购买服务容易陷入"服务效能陷阱"，即政府购买社会服务未必降低服务成本，却可能降低公共服务质量，也可能降低政府能力，侵蚀社会组织的独立性；尤其是增加了腐败风险，导致公共责任的断裂，无法实现公共服务效用最大化。[②] 因此，迫切需要政府进一步强化公共服务职

[①] 龚天平、张军：《资本空间化与中国城乡空间关系重构——基于空间正义的视角》，《上海师范大学学报》（哲学社会科学版）2017年第2期。

[②] 有关政府购买服务的效能研究可参考以下文献：吴帆、周镇忠、刘叶《政府购买服务的美国经验及其对中国的借鉴意义——基于对一个公共服务个案的观察》，《公共行政评论》2016年第4期；杨安华《政府购买服务还是回购服务？——基于2000年以来欧美国家政府回购公共服务的考察》，《公共管理学报》2014年第3期；Jungk, Moon M. J., "The Double - edged Sword of Public - re - source Dependence: The Impact of Public Resources on Autonomyand", Legitimacy in Korean Cultural Nonprofit Organizations, *Policy Studies Journal*, Vol. 35, No. 2, 2007; Boyne G. A., "Bureaucratic Theory Meets Reality: Public Choiceand Service Contracting in U. S. Local Government", *Public Ad - ministration Review*, Vol. 58, No. 6, 1998.

能，创新社区公共服务供给模式，构建多层次、多方式的社区公共服务供给体系。2012年《民政部 财政部关于政府购买社会工作服务的指导意见》中提出，应坚持根据"人民群众最基本、最紧迫的需求实施社会工作服务项目，用人民群众社会服务需求是否得到有效满足作为检验政府购买社会工作服务的重要标准"，以"城市流动人口、农村留守人员、困难群体、特殊人群和受灾群众为重点"，逐步拓展政府购买的领域和范围，坚持政府主导、突出公益，应在组织领导、财政投入、购买主体和承接主体资质、购买内容和购买机制、项目管理、绩效评估等方面加强规范与监管，引导市场和社会力量按照公益导向原则组织实施服务项目。特别需要重视的是，社会服务的对象是社区中有需求的人群，"服务的内容涉及困难帮扶、纠纷调解、心理疏导、行为矫治"①、就业指导等方面，也涉及各个职能部门的服务范围，同一服务对象可能涉及不同部门服务的提供，因此，在政府购买社会服务中，各级相关职能部门应协同针对同一目标群体的需求进行服务供给的协同，避免服务资源浪费与服务质量低效化。

最后，政府应引领社区文化建设。文化治理是空间治理的重要组成部分。中国在短短的70余年就走完了西方国家三百年的现代化扩张之路，"时空压缩"的巨大压力造就了个体生存境遇的普遍迷茫。文化治理作为重塑人之存在与人生意义的支点，在当前的社区建设中其意义就更加重要。党的十九大报告专门强调了文化治理的重大意义。受传统乡村文化和现代城市文化的双重冲击与影响，城乡接合部社区的文化呈现多元化与混杂性的特点，这既是此类社区的特色体现，也导致了社区文化共识再造难度的加大。因此，政府应在保持城乡文化多元性和平等性的基础上，着重引导"村改居"社区的文化

---

① 《民政部 财政部关于政府购买社会工作服务的指导意见》，中华人民共和国中央人民政府网，http://www.gov.cn/zwgk/2012-11/28/content_2276803.htm。

建设方向和文化建设体系。在坚持党建引领的基础上，政府加大对社区文化服务活动的购买力度，有助于推动社区塑造文化品牌，丰富居民文化生活。

二 社会参与与社区自治增能

协同治理理论的预设与传统管理体制的不同主要体现为两点。第一，协同所对应的是公共管理体系的失调与失灵，大而全的、自上而下的治理体系无法做到面面俱到，对突发风险事件反应滞后，这就需要将不同主体纳入体系；第二，协同治理体系的核心就在于社会主体差异化，每一个主体都有着自身的社会再生产逻辑，这样的差异化是协同治理的基点。改革开放以来的制度变革促使传统管理体制瓦解，工会、青年团与妇联等诸多群团组织的社会基础也逐渐衰弱，这就要动员、还权、赋能、鼓励社会积极参与社区治理。

"空间是任何公共生活形式的基础。空间是任何权力运作的基础"①，社区空间也是居民日常生活和实现自治的场所。首先，建立以解决社区民生问题和实现居民美好生活为中心的社区治理格局。充分发挥社区党组织在基层治理中的引领作用，确立以社区公共事务治理为导向的社区治理体系，以合作共赢为驱动，围绕社区公共事务整合跨区域、跨部门、跨组织的人力资源、物质资源、信息资源和文化资源。其次，为促进社区资源的高效利用，需要提升居民的社区归属感和参与意识，社区居委会应加大社区购买服务力度，通过引入专业的社会组织提供社区服务。社会组织在服务策划中应以居民需求为根本，加强对社区能人的挖掘和培育，协助社区居委会整合参与社区治理的社会力量，通过专业服务赋能社区自组织，完善社区自组织的组织架

---

① [法] 米歇尔·福柯、保罗·雷比诺：《空间、知识、权力——福柯访谈录》，载包亚明主编《后现代型与地理学的政治》，上海教育出版社2001年版，第13页。

构、服务方向和功能定位。最后，社区和社会组织在培育社区自组织的过程中，应通过创建社区协商民主议事监督平台和联动机制，鼓励居民合法有序地行使表达权和参与权，引导居民自组织参与社区公共空间的规划和服务，建立社区互惠规范，协助社区建构社区支持网络，培育新的社区社会资本。

近年来，社会工作在参与基层治理过程中已经形成了基本的介入路径。社会工作参与基层治理的空间在于服务党委政府的治理工作，推进基层治理能力和水平的提升，满足不同群体的需求。社会工作主要是通过直接服务来参与基层治理，但随着社会工作组织的专业化发展，也有社会工作机构开始积极通过间接服务如行动研究、政策倡导与服务评估参与基层治理。社会工作作为一种新的资源整合和服务方式，其价值理念、服务模式及关系链接等嵌入基层治理体系，通过参与市级、区级、街道级社区发展治理规划的顶层设计、社区支持中心的平台建设以及"村改居"社区的前置安置工作等，使得城市基层协同治理成为可能。市区级和街道级政府与社会工作组织在治理规划体系、平台建设、链接和整合资源、协同社区等方面的合作，破解了现有的政府与社会组织之间的不对等关系，以及社会组织专业性不足等问题。对于构建共建共享的社会发展治理格局，推动基层社会治理创新，提升社会工作组织的专业性，具有重要的理论与实践意义。

在社区空间再生产的体系中，政府需要转变思维，重视社会工作的空间规划、政策倡导、资源整合、平台构建在基层治理中的重要作用。通过服务与规划相结合，规划制定与平台搭建、资源链接相结合，以规划促服务，以平台搭建整合各方资源参与社区共建，可以有效强化社会工作在基层治理中的专业地位和角色担当。要想使社会工作有效和可持续地参与同基层政府的合作，需要从以下三个层面去努力：一是做好督导平台建设。通过搭建高水平的社区发展治理督导学术交流平台，吸纳高校专家、社会组织精英、基层政府部门工作人员、社区规划师等加入，为社区发展提供智力支持和团队支持。二是做好宣传平台建设。本研究无论是 A 街道级的社区发展治理规划与项目发布会还是 F 社区的社区规划与年度项目发布会，都通过宣传的方式让政府部门、其他相关组织、社会民众参与，让其知晓基层治理的创新与进展，并实现共建共享共治，提升政府与社会公众对社会工作的专业认知和价值认知。三是做好街道级支持中心建设。通过搭建共建平台，吸纳各方社会组织参与街道社区的发展治理，提高街道社区治理空间的开放性和多元性、专业性。除了发挥社会工作的专业性作用外，还要重点发挥工青妇等群众组织、基层群众性自治组织等的协同作用，形成党委政府与社会力量互联、互补、互动的社会治理和公共服务网络。这些社会组织具有社会支持网络和社会资本的天然优势，可以将触角延伸到居民日常生活中，深入了解居民的诉求。社会组织参与基层社会治理的边界是坚持中国共产党的领导，拥护我国政治体制的合法性，为搭建国家与个体之间的联系提供有力的支持，因此在服务中"既要把握国家政策的顶层设计，又要了解基层民众的基本诉求"①，进而推动社会和谐发展。

三 市场嵌入与社区治理资源优化

20 世纪以来，中国开始了历史上从未有过的最迅猛的依托城市的工业化进程。② 市场在推动中国工业化和城市化发展的进程中发挥了积极的作用。但同时，马克思在《资本论》中就深刻揭示出，资本以追

---

① 杜平：《如何成为枢纽？一个社会组织探索内在性自主的个案研究》，《广东社会科学》2019 年第 2 期。
② ［美］爱德华·W. 苏贾：《寻求空间正义》，高春花、强乃社等译，社会科学文献出版社 2016 年版，第 188 页。

逐利润为主导的生产方式，最终将导致资产阶级和工人之间的尖锐对立，从而使反对资本主义的力量扩大和集结，最终资本主义将培养自己的掘墓人。在社会主义国家治理现代化进程中，面对资本和市场进入社区进而参与社区治理这一情况，需要不断厘清市场参与社区治理的空间边界，着重培育市场的协同治理能力，增强市场与社区、政府之间沟通协同。

首先，加强对资本的有效引导与管控，防止资本空间化造成对人的生活世界的过度干预和异化。政府和市场是城乡接合部社区空间生产的主要推动力。随着城乡接合部社区的深度转型与发展，政府需要对资本进入社区进行有效管控。一是引入资本进行社区空间的再生产。以居民生活需求为导向进行社区空间设计和公共服务设施资源配置，进一步规范社区商业用地规划和工商业经营范围，引导资本形塑满足居民综合性需求的经济空间，激活社区经济，为社区居民提供便捷多元的生活环境和就业机会。资本进入社区应以社区居民的需求为主，并不断协调资本的多元化，避免大产业对社区经济的垄断。近年来，互联网经济的无序扩张，已经引发了大资本与普通商贩的利益之争。2020年，围绕着社区菜市场而形成的社区团购模式成为大众关注的焦点。平衡生产、消费、交换与分配之间的关系，促进社区经济的健康发展，需要政府通过立法来予以管制。2020年12月11日，中央政治局会议通稿提及了"强化反垄断和防止资本无序扩张"，既要充分发挥资本在生产力发展中的积极推动作用，又要防止资本无序扩张，这是中国特色社会主义制度的核心优势体现，需要长期坚持。资本的特点决定了如果没有正确的引导和规范，在逐利性和社会效益相冲突的时候，资本一定会把逐利性放在第一位，其结果将是资本的无序扩张。因此，要想让资本与市场为社区服务，应厘清政府与资本之间的关系，这是需要基层政府在社区治理进程中不断反思的。二是市场主体在社区治理参与中的制度设计应力争使其在社区治理中既保有合法合理的利润空间，又能在实现市场利润的同时兼顾公共利益。① 物业公司作为社区治理的重要主体，应通过公开透明规范的招标流程选聘物业公司，明确开发商、物业公司与业主三方的权责关系。在"信托制"物业服务模式的小区试点中，不断规范和完善信托物业制度，重建业主、业主委员会与物业企业之间的信任关系。

其次，利用社区对抗空间资本化，避免资本对社区生态空间和生活空间的侵蚀和破坏。社会参与社区建设的动因之一就在于对市场经济所造成的不平等后果进行修补。在前市场社会中，执行经济交往空间功能的市场内嵌（embedded）于社会，逐利性行为被社会习俗或规范所规定。在市场社会到来后，经济活动脱嵌（disembeded）于社会，整个社会完全从属于市场的逻辑，在市场各种风险的压力下，社会的自我保护运动也随即展开。② 社区作为一个生活共同体，是抵抗资本侵蚀的最后堡垒。但资本本身的逐利性就意味着会流动到价值洼地。近年来，随着社区产业、乡村旅游业的发展，在满足社区少数利益群体的需求时，却造成了对社区其他利益群体的人居权利的剥夺，造成了社区生态网络的破坏。近年来，中国城市发展也正迎来深刻的空间转向，这次转向遵循的逻辑裹挟着对生态与社会共融的价值追求。在公园城市的发展过程中，生态开始逐步取代资本主导的态势，成为城市空间转向的重要依据。地方政府承认生态空间的重要性，城市的生态意义越来越被强调，力图借用生态空间体系的营造来重构城市与生态、生态与社会、生态与发展之间的和谐共生关系。资本的问题不在于资本本身，而是资本为谁服务，因此，要想有效引导市场参与城乡生活、

---

① 曹志刚：《加强和完善商品房社区治理》，《人民日报》（理论版）2017年6月15日第7版。
② [英]卡尔·波兰尼：《大转型：我们时代的政治与经济起源》，冯钢、刘阳译，浙江人民出版社2007年版，第50页。

生态空间的修复与营造，则需要政府通过立法和制定公共政策来合理规范和引导资本在社区的发展。

任何一个行动主体都被自身的功能、任务与目标所规定，由此形成的后果就是不同主体的社会行动非但没有增加社区的总体福利，反而会因为彼此立场不同而形成冲突，协同治理的根本任务就在于寻找各个治理主体之间的最大公约数，从而推动政府、市场、社会组织介入社区治理工作。这也要求从整体上有一个基本理念能超越这三者的利益，将这三者的行动纳入新的主导规则与逻辑体系中，实现自身发展与社区发展的统一，这也是当前我国社区建设的根本理念"以人为本"的体现。

第三节　机制协同：党建引领"一核多元"的整合式治理

"当前中国城乡空间利用、管理和发展的现实困境，即利益多元、权属复杂、诉求多样、状态嬗变、开放流动的城乡空间带来的挑战，理应蕴含破解困境、防范风险的政策框架。"[1] 全球治理委员会（Commission on Global Governance）在 1995 年《我们的全球伙伴关系》报告中明确指出，"治理是代理人管理共同事务多种方式的集合，它是一个包含各种制度安排的连续性过程"[2]。从系统论的视角出发，治理的重点在于重新挖掘与规范各个主体治理的联动机制，协同治理核心既要关注治理主体本身，更需要优化主体之间的联系机制。

在治理活动中，各类治理主体的协同合作根本上取决于各类制度

---

[1] 熊竞等：《从"空间治理"到"区划治理"：理论反思和实践路径》，《城市发展研究》2017 年第 11 期。
[2] 张力、逄强、张琦：《中国贫困治理的实践历程和主要经验》，《社会治理》2021 年第 1 期。

的协同性、系统性和整体性。① 社区治理作为基层治理现代化的基础与关键，它是以需求和问题为导向的，建构在合理的、系统的制度框架之内，由治理主体和治理客体参与，存在多元化协作的一种社会整合和变迁过程。实现协同治理机制的转型，需要经历从结构到理念的调整。② "村改居"社区在空间转型的进程中需要确保基层治理动力协同机制的规范与创新，构建党建引领城乡社区服务治理创新格局，建立社区利益表达与沟通协调机制、社区治理服务机制，以及社区评估监督防控应对机制。

一　完善党建引领社区服务治理创新格局

政党领导下的行政纵向整合机制是统领城郊社区公共空间结构转型的重要动力，倡导以党建机制推动多元主体协同参与城郊社区公共空间治理，是实现行政纵向整合机制与社会横向整合机制有效衔接的结构性保障。③ 可依据顶层设计创新探索主体嵌入、制度嵌入和目标嵌入等多重结构性嵌入机制，实现党建对社会治理的有效引领。④ 其中，应聚焦基层党组织政治功能、组织功能和服务功能的提升，打造开放、共治、共享的党建引领社区服务格局。一是优化提升镇（街）、村（社区）党群便民服务阵地功能，建成城乡社区"15 分钟党群服务圈"。民间维权纠纷调解、法律服务、退役士兵之家、妇女儿童之家、工会之家等群团组织治理平台进驻党群服务站点，在社区开展纠纷调处、职业规划辅导、法律援助、心理咨询与精神支持等社区公益服务。二

---

① 赖先进：《国家治理现代化场景下协同治理理论框架的构建》，《党政研究》2020 年第 3 期。
② 龚维斌主编：《中国特色社会主义社会治理体制》，经济管理出版社 2016 年版，第 167—168 页。
③ 李友梅：《治理转型深层挑战与理论构建新方向》，《社会科学》2020 年第 7 期。
④ 许爱梅、崇维祥：《结构性嵌入：党建引领社会治理的实现机制》，《党政研究》2019 年第 4 期。

是健全"市—区—镇(街)—村(社区)—小区网格"五级联动治理运行体系,实现纵向联动和横向互动的协同运作。三是创新构建党建"红联共建"工作机制。推动社区内国有企事业单位与非公企业、新社会组织党组织跨领域联动共建,把党建工作和企业生产、企业文化、职工素质提升、职工帮扶服务等结合起来,不断拓展共建形式外延、丰富"联创共建"内容内涵,创新联建方法模式,以高质量党建工作促进非公企业和社会组织高质量发展,充分激发非公企业和社会组织的社会责任意识和提升服务社会的能力。

二 构建社区利益表达与协调沟通机制

治理主体参与协同治理的动力源于特定的利益需求,因此,只有达成利益共识,多元利益主体的协同治理才可能实现。利益共识的达成就需要在利益表达、沟通协调、信息回应反馈上体现。

一是建设党建引领的多元利益表达回馈机制。利益表达机制的完善和细化将提升社区居民参与公共事务的积极性和有效性。可构建党委引领和居民提议相协同的利益表达机制,以确保居民利益诉求的规范性、代表性和可行性。社区党委应积极将党的政治优势和组织优势转化为小区治理优势,以小区治理公益创投为抓手,要求社会组织或社区自组织从居民最关心的利益需求入手设立服务项目计划,从需求表达、提案协商、资源整合、提案认领四个方面完善利益表达回馈机制。在居民需求表达方面,社区党委可促成小区党支部和社会组织、自组织合作,招募党员志愿者与社会组织、自组织通过入户访谈、骨干访谈、工作坊、线上征集的方式了解居民需求。需求调研完后,社区党委应协助社会组织和自组织对小区居民的需求进行归类分析,以此快速定位小区核心利益需求。在提案协商方面,将居民需求以线上线下的形式发布,由街道和社区党委根据街道工作重点,明确重点提案方向,以提案项目的方式向社会征集。提案征集后，可以通过社区议事会和社区提案项目申报会的方式，由社区议事会、社区工作实务专家、居民骨干进行打分投票，公开、民主地选出本社区最需要解决的议题。在资源整合和提案认领方面，可整合辖区企事业单位力量，落实公益服务清单、资源清单和项目清单，鼓励居民和企事业单位认领提案，形成多方主体共同参与的资源置换互动模式和共建共治创新模式，逐渐减少对政府资金的依赖。2019年来，作为"全国社区治理和服务创新实验区"的成都市金牛区积极创新"探索建立党建引领的社区提案工作机制"，形成了集价值理念、组织架构、制度设置、技术操作拼图于一体的社区提案机制。在价值理念方面，"以党建为核心、自治为基础、法治为保证、德治为支撑"，实现"社区参与有序化、社区议题合理化、社区协商规范化、社区共识最大化"；在组织架构方面，已建立社区提案区级平台1个，街道级社区提案支持平台15个，社区级社区提案服务平台48个，院落级社区提案平台140个；搭建了30个小区（院落）社区提案公共议事小组；在技术操作模式方面，创新建成与手机微信互联的集社区提案信息征集、发布、管理、反馈为一体的"金牛社区提案智慧平台"，居民可以随时通过手机上传社区提案。"截至目前，已累计发动约2200名居民、160家驻社区单位等，联动参与社区提案提出、审议、形成、落实、评估全过程"，汇集形成收集整治类提案8件、建设类提案14件、公共安全类提案1件、社区服务类提案5件、自治共治类提案18件；1859家社会组织、585名持证社工参与社区提案，街道、社区、小区（院落）联动实施社区提案58次，收集梳理1000余条信息，整改基础民生、保障民生、底线民生类问题122个。①

---

① 《创新"社区提案工作机制"金牛区全域推进"全国社区治理和服务创新实验区"建设》，金牛区人民政府网，http://www.jinniu.gov.cn/jinniu/c107145/2020－07/23/content_36a4ba1813ec470eb2ec771a2e930c11.shtml。

二是建立有效及时的纵横向沟通协商机制。有效及时的纵向和横向的沟通协商是促进政府与社会多方利益均衡，实现协同治理的重要条件。目前，各职能部门之间形成的领导小组、联席会等协同性组织机制，以及工作组、互派干部等交流合作机制已经成为城乡发展治理常态化机制，但是产生了"会常开，难落实"的怪象，因此需要建设有效及时的沟通协商落实机制，成立专门负责政府部门之间沟通的跨部门团队，并通过与街道社区社会组织联合会建成社区利益共同体，形成协商议事机制和支持载体，既加强纵向沟通，又强化横向交流。

三 建立供需对接与场景共营的社区治理服务机制

总体来看，社区利益调节保障机制、诉求表达和共治机制仍相对匮乏，使得社区难以有效平衡多方主体的利益需求。社区治理实践应以社区居民需求为基础，针对不同类型和性质的社区需求购买市场和社会服务。近年来，随着场景IP理念的推广，场景营造逐渐成为城市发展治理的动力来源之一，并开始在成都等城市推广。目前，除了通过城市中心城区网红场景的营造集聚人气和激活当地的消费业态，从2017年开始，成都市政府协同市委社治委、新经济发展委员会、公园城市管理局等新成立的部门，致力于场景营城治理实践，在公园城市治理大框架下，促进生态场景、生活场景、生产场景的融合，加快推进"百个公园"示范工程、街巷更新、社区花园、上班的路、回家的路等公共服务工程，增强市民对美好生活的向往和对城市公共服务的满意度。但目前这些城市更新和便民工程，涉及的多为城市跨街区的场景，采取的多为政府主导的自上而下的运营方式，居民参与的共营机制仍显不足。因此，基于社区内的场景营造和运营，可以通过网格化治理机制和协商民主与社区设计为主的社区空间营造机制的建设，推动网格公益微创投的实现，以此调动网格力量的积极性，自下而上地建立网格 IP 场景，解决社区营造的专家规划问题，满足网格居民的多元需求。协商治理作为公共治理的一种机制，表现为多元治理主体的决策和行动的方式以及治理手段和制度。为使公共空间有效兼顾不同群体的需求以及连接人际关系，应以协商民主参与的方式展开社区公共空间议题的讨论，盘点和活化社区闲置空间，进而通过参与式设计与互助合作的理念与模式来建构"可自由运用的空间"。结合"可自由运用的空间"与"主题型社群"吸引更多社区居民参与社区公共事务，建设友善型的社区。

四 建立"三位一体"的社区评估监督防控机制

一是完善社区治理绩效评估反馈机制。社区治理绩效评估应坚持以群众满意度为根本标准，坚持"考、评、议"结合，将考核适度指标化和绩效考评动态化结合起来。① 不断完善社区治理绩效评估机制，社区两委工作和社会工作强调服务供给与治理目标的精准化对接，其内涵包括精准识别居民的需求，精准区分不同居民群体的利益，精准提供管理与服务。② 治理绩效的动态化管理就是要将规范性的评价和效益性的评估相结合，克服"协同惰性"，建立起协同治理绩效评估多维指标体系，不断优化协同治理的流程、手段、方式方法等。更为重要的是探索建立全方位多维度多主体的绩效评估机制，开放绩效考核社会化平台，制定社区服务绩效考核办法，融合多元主体价值诉求，注重社区两委治理工作和社会组织服务工作的协同绩效考核，综合过程评估和成效评估考核，促进协同治理要素的全面化、过程化和社会化

---

① 王力平：《社会工作与基层治理的协同发展》，《甘肃社会科学》2019 年第 5 期。
② 南锐、康琪：《社会治理精细化的理论逻辑与实践路径》，《广东行政学院学报》2018 年第 1 期。

发展。尤其是对政府购买社会服务的项目绩效考评更应坚持全过程项目绩效评估。全过程项目绩效评估有助于实现人民民主和专业权力的统一。人民群众通过全过程项目绩效考核以及项目案例评选广泛参与政府购买社会服务项目的各个层面，体现出作为国家主体的地位与权能。这里的人民群众主要是在项目落地的社区、街道的居民、流动人口、商家、辖区企事业单位等。社区在广泛收集不同群体对项目的满意度和意见基础上，与服务主体、第三方评估单位和专家团队进行民主考评。

二是强化社区治理监督保障机制。首先，推动全面从严治党"四责协同"机制向社区下沉。规范社区财务监管，尤其是加强社区居委会日常报销、政府采购、政府购买服务项目、社区基金、社区公益创投基金的规范化和制度化建设，提高监督管理的力度，从源头上预防和治理腐败，推动社区治理工作的有效落实。其次，建立有效的群众监督网络体系。完善现有的社区议事会，同时协同设立社区工作联席会、社区社情民意建言会、社区事务评议会、社区重大事项听证会等制度，以制度监督和保障社区治理工作，同时建立"下评上"监督机制①，让居民对政府的政策法规、对社区两委的治理工作和政府购买服务项目享有充分的表决权。最后，强化社区舆论监督机制。舆论监督在行政监督中具有重要作用和意义，网络舆论更成为当下舆论监督的重镇，要让网络监督伴随社会工作服务一直"在线"，不仅要通过网络舆论了解民情民意，更要通过网络舆论引导正确的民意走向。② 因此，应构建党委引导、全面覆盖、权威高效的社区舆论监督体系，把线下监督同线上监督有机结合。

三是建立协同治理风险防控应对机制。城乡社区正处于全球大变

---

① 王力平：《社会工作与基层治理的协同发展》，《甘肃社会科学》2019 年第 5 期。
② 王力平：《社会工作与基层治理的协同发展》，《甘肃社会科学》2019 年第 5 期。

革的风险时代,因此协同治理风险防控预警机制的建构将有助于基层"有效治理"的实现。首先,建立高效的协同治理风险监测预警系统。城乡社区的转型涉及各个维度的空间的转型与变革,每个空间的转型又深刻影响到其他空间结构的改变,因此,城乡社区治理机制的构建与实践必须在对空间的深刻洞悉与研判中做自我变革与完善。应重点对社区治理工作涉及的生态、生产、生活空间进行科学规划和精准管理,做好需求与问题的有效回应。其次,避免项目锦标赛的政绩风险。将政府购买的"类别化"公共服务产品作为重点管理对象,聚焦"产品性质与供给端匹配度"的精准管理,规避"公共性拆解"风险[1],高度重视政府购买服务项目流程管控和反馈细节,解决好"服务"与"项目"之间的有效性和规范性衔接,开展有序的风险分析、风险评估和风险预警,避免治理低效、失效和无效所引发的公共服务危机。[2]

第四节 技术协同:线上线下融合的智慧化治理

社区智慧化治理的目的就是依托以大数据为基础的人工智能创新技术来为社区居民和辖区单位提供服务。在人工智能逐渐实现社区的空间嵌入之时,除了需要因地制宜地积极提升智慧化治理的水平,更要警惕人工智能对社区治理的异化,恪守以人为本的价值导向,从而实现以智能技术服务社区。

一 信息技术与社会技术的协同

社区治理需要信息技术和社会技术等多种治理技术的运用,其目

---

[1] 陈伟、黄洪:《政府购买公共服务的"公共性拆解"风险——以新公共管理为解释框架》,《河北学刊》2019年第2期。
[2] 王力平:《社会工作与基层治理的协同发展》,《甘肃社会科学》2019年第5期。

第九章　空间正义与以人为本："村改居"社区的协同治理体系构建

标就是从技术上攻克组织结构的壁垒和社区治理的"粗线条化"问题，以实现跨领域、跨区域、跨部门的信息共享和有效沟通互动。在社区治理实践过程中，"信息技术"的复杂结构需要政府部门来掌握，而社区与社会组织之间的行动则需要由"社会技术"来支撑和协调，使得社区与社会组织就如何有效操作"信息技术"达成共识。因此，在信息技术与社会技术交互作用中，"信息技术"的发展一般会扩展对"社会技术"的认知和运用，而"社会技术"的发展也会为"信息技术"提供新的模式与方法，二者处在不断协同演化过程中。

但是在社区治理实践中，政府、市场和社会组织更青睐于信息通信技术的运用。信息技术正在逐渐渗透到社区日常生活中。由于权力过度推崇技术理性，更要警惕行政控制导向的观念向生活领域入侵。这与哈贝马斯所谓的"生活世界的殖民化"，即现代社会的行政机制侵蚀了私人领域①的观点不谋而合。城市精细化管理力图借助互联网、手机终端、网格信息中心平台、人脸识别技术、监控视频技术等，通过常态化信息采集模式，注重信息的动态采集、录入、更新以及信息的综合集成和关联比对，以实现信息的有效整合和共享应用。由于解决了所收集信息的冗长和零散问题，信息技术将会增加社区治理的自由时间。但矛盾的是，现有的社区管理服务模式在引入信息物质技术的同时缺少对社区空间的社会组织化建构，反而加剧了社区空间的科层化与组织僵化、信息过滤化等问题，并不能完全满足社区居民的需求以及有效调动居民的参与积极性。因此需要通过运用信息通信技术，建立数字平台，将政府的网络信息技术与城乡社区的网格社会技术结合起来，实现政府与社会的协同治理。

第一，建立城市大脑数字平台。地方政府可积极借鉴杭州的"城市大脑"信息技术，构建智慧城市和智慧社区的治理创新格局。2016

---

① 阮新邦：《批判诠释与知识重建》，社会科学文献出版社1999年版，第70页。

年，杭州提出城市大脑项目，从最初实现城市大脑交通的局部探索，到综合治城的核心架构的重大突破，再到"数字抗疫"，形成了一套成熟的城市数字信息系统治理的杭州模式。2020年3月31日，习近平总书记高度评价了杭州智慧城市模式，指出："运用大数据、云计算、区块链、人工智能等前沿技术推动城市管理手段、管理模式、管理理念创新，从数字化到智能化再到智慧化，让城市更聪明一些、更智慧一些，是推动城市治理体系和治理能力现代化的必由之路，前景广阔。"①因此，应积极构建城市大脑作为城市治理的运营指挥中心，探索出更符合地方特色的"中枢系统+部门（区、县〈市〉）平台+数字驾驶舱+应用场景"的城市大脑核心构架，实现从条块式信息管理技术向综合集成发展模式的演进，实现由试点先行到全面推广，来打破城市治理跨部门、跨领域的信息共享技术障碍和信息数据壁垒。可针对目前网格化管理中存在的网格化管理和社区治理融合不足的问题，率先融合公安部门内部、政法部门和社区治理委员会之间的数据，然后再大力推进城市各区域、各部门、各行业数据的收集汇聚，促进数据互通共联，实现资源整合和共建共享，使"智慧城市建设逐渐实现信息基础设施层、服务平台层和智慧应用层的融合"，促进城市政治、经济、文化、生态与社会之间的协同发展。

第二，打造社区治理的全科网格。目前，各地正在探索的社区网格化治理改革正是对以诊断社会为主的社区管理模式的革新。社区网格化治理创新模式则是从满足居民多元化需求入手，注重资源与需求的对接，重视人在社区中，充分挖掘社区的资源和社会资本，强调上下协作、居民自治，促进社区居民、自组织与社区之间的协同互动，通过社区内生力量的发育和壮大来推动社区发展。技术理性要适度嵌

---

① 中共中央党史和文献研究院编：《习近平关于城市工作论述摘编》，中央文献出版社2023年版，第114—115页。

入生活世界，就必须通过社区支持网络的建构来促进社会的自主性，与社会组织协同，才能达成社会的可能。目前各地区在社区网格单元的划分上还存有争议，但应坚持系统性、属地性、便民性原则划分网格，可适度将居住空间的产权类型和资源的有效利用作为划分依据，革新社区网格治理单元，动员社区居民梳理出网格范围和网格数据，厘清网格内的人口数、户数、党员、议事会、个体数、网格阵、社区自组织、网格力量及网格资源等，破除原有的专职网格员行政化困境，建构党员网格员、专职网格员、自组织网格员多层级的"全科网格员"治理支持网络，推动网格化治理的精细化与组织化。

第三，促进网格数字平台和网格执行机制的协同。网格数字平台不仅要将多层级的网格员纳入信息平台，实现数据收集和反馈的及时化、多元化和有效化，同时为防止信息数量化、信息沉淀化与资源悬浮化之间的矛盾，需实行网格事务准入制度，分批分步推进职能部门与网格化管理、网格化治理之间的融合，强化权责明晰、权责统一和部门协同原则，将区、镇（街道）两级领导、驻村干部、村居（社区）干部纳入网格责任主体网络，将网格治理成效作为村社区干部履职和年度绩效考核、党员"先锋指数"考评等方面的重要依据以及问责追责的依据。同时，治理事务的跨行政性受现有财政预算体制的制约，治理呈现出系统问题拆分化、复杂问题简单化、疑难杂症被消失化等表面式治理怪象，无法深度满足网格居民诉求。因此需不断探索网格条块决策中的连接机制，改革现有的财政预算体制，促进网格行政手段与社区社会资本建构的协同发展。

第四，创新线下群众路线的实践方式，密切联系群众，促进居民参与。群众路线是中国共产党百年来披荆斩棘，领航中国驶向中华民族伟大复兴的必胜法宝和弥足珍贵的光荣传统，也是新时代国家治理现代化的根本途径。因此，应重视传统群众路线在社区治理实践中的运用。一是通过社区调研、社区规划和社区营造等创新动员群众的方式，提升群众参与社会治理的主体意识。二是通过参与式设计、志愿者服务积分制和社区保障激励资金等利益共享机制，激发群众参与社会治理的热情，着力满足群众的利益需求。三是通过"坝坝会"、茶馆茶会等传统议事方式，将社区重大事项的选择权和决策权交给居民。发动群众参与社区治理并不是简单地还权于民，而是在确保群众参与的基础上规范群众参与。要在党委、政府、社会组织与社区居民之间建立协调机制，明确职能和协调事项。四是通过走访、运用情理法等矛盾纠纷调解方法来处理群众之间的纠纷。党委要发挥好领导作用，政府要发挥好支持和发展社会组织作用，社会组织要发挥好在化解矛盾纠纷、维护社会秩序等方面的作用。在坚持群众路线的过程中，促进行政管理和社会调节、居民自治之间的良性互动。五是创新群众路线的实践方式和发动居民参与，其应有之义还在于挖掘出社区治理人才。因此，推动社区智慧化治理，需要强化社区治理人才培育赋能理念，发挥人才在社区智慧化治理中的保障作用，把社区规划师、社区匠人、社区志愿者、社区党员和退休干部整合进社区智慧化治理人才队伍，加强社区智慧化治理人才储备和梯队建设。

二 线上平台与线下平台的协同

社区智慧化治理注重各类治理平台的搭建。党的十九大报告强调，要提高社会治理社会化、法治化、智能化、专业化水平。为推进服务领域的智能化，以及吸引多元主体参与社区治理，覆盖面广和多层次、多类型的社区治理服务线上平台和线下平台被广泛地搭建起来。如成都市近年来利用天府市民云平台功能，积极"推动高品质公共服务线上线下集成供给"，创新基层智慧治理应用平台。第一，形成了多层级、多形式的智慧社区服务治理平台，如"社智在线"、郫都区级"社区数据库"、德源首个街道级智慧中枢平台、"智慧成华"大数据中心以及各种形式的网络党建平台、武侯区区街两级智慧治理平台、社区公共服务信息化平台、"安全防控、政企互动、政民互动"三大平台、智慧社区服务平台以及各种形式的网络党建平台等。第二，建设了多层次的线下实体服务共治平台和智慧场景，如社区党群服务中心、社区邻里中心、党建联席会议、社区代表大会、业主委员会、小区党支部、楼栋党小组等。第三，构建了社会组织参与社区发展治理的线下平台，如市级社会组织孵化园，街道、社区治理支持中心，以及社区发展基金会等。这些平台基本集社区管理、社区服务和社区治理三大功能于一身，并逐渐推动社区智慧应用场景的营造。社区智慧化管理服务信息系统利用大数据、区块链等技术有效分析社区基础数据，建立社区数据库，打通部门间数据壁垒，建构多部门信息、数据协同处理的工作平台，以此实现居民需求大数据与社区管理、社区治理与社区经济有效对接。

但是随着城市化的加快发展，如何升级、整合与协同这些平台的功能，避免信息数据的重复性处理，利用社区数据库的动态分析来提供管理服务的目标靶向，推动社区减负，提升社区治理精准度，以及实现线上平台与线下场景之间的有效对接，聚焦社区治理的痛点和难点，完善社区共建共治共享的治理服务繁荣格局，将是智慧化治理需要解决的重中之重。由于参与社区治理的多方主体有其各自的利益诉求，因此，共治平台与自治平台的协同式治理需要依赖党组织的组织化力量去搭建，逐渐明晰其各自的功能层级定位、体系架构建设以及服务内容，加强通用化平台、专业化平台与个性化平台建设。多类型技术平台的功能对接和资源整合、升级优化，以人为本的智慧社区生态圈的打造，可动态分析和响应社区居民的需求，提供更优质便民的社区生活服务，充分利用并有效整合居民常用的QQ群、微信群等网络聊天工具，并以建立智慧党建、智慧服务、社区治安、信息采集、舆情监控为契机，推动平安服务型社区的建设。

在社区发展治理的过程中，任何社区经济活动都受制于城市的空间性政策、社区的生态结构和人口结构、居住状况、发展规划，必须与之有机结合方能生存与发展。这也要求对"村改居"社区的空间治理把握好普遍性与特殊性，从社区的规模等级、人口数量、空间功能等维度，去识别不同的"村改居"差异特征，并以此为基础进行相应的类别划分和精细化的政策设计。

"空间结构化是社会关系的空间维度"①。由于"村改居"社区的社会关系本身就是社区的治理关系，因此，空间结构化也属于治理关系。这是因为空间结构不仅是社区治理关系的结果，也是治理关系的手段和方式。"作为治理工具，政府利用制度对空间进行划分、组织、规范和渗透；作为获利的对象，资本对空间进行规划、开发和消费；而技术既为政策和资本改造空间提供手段和支持，也为社会自身创造新的空间提供条件。"② 在"为了谁？通过谁？"这些关键性问题下，与以"披着科学伪装的方法"为国家资本主义服务的欧美国家空间发展策略不同，中国城乡社区治理的空间路径和策略是以群众对美好生活的向往为前提和基石的。

小　结

"村改居"社区作为一种过渡型空间，随着结构转型深化和单位制改革，必将在现有治理模式基础上进一步完善新的治理形态。为此，

---

① ［英］多琳·马西：《劳动的空间分工：社会结构与生产地理学》，梁光严译，北京师范大学出版社集团、北京师范大学出版社 2010 年版，第 118 页。
② 杨雪冬：《城市空间治理是国家治理的主要阵地》，《北京日报》2018 年 11 月 26 日第 14 版。

第九章 空间正义与以人为本:"村改居"社区的协同治理体系建

应从四方面建构空间正义与以人为本的"四位一体"的社区协同治理体系。第一,空间协同——多元空间互构与社区治理系统化。社区空间美好生活的构成是物质、精神、伦理三向度的统一,这要求未来的社区空间构建超越传统居住等功能,通过空间功能的多元复合实现居民美好生活的目标。一是虚实空间的协同,社区空间构建需要凭借"虚实结合""以虚导实"的治理策略将民众创新带回生活世界;二是生活空间与生态空间的协同,在现代城市社区建构中,生产功能逐渐剥离,更加注重生活与生态空间的建构;三是场景营造与社区治理的协同,为此要注重场景营造中功能性、包容性与共享性的属性协同,场景营造的互利性与"效率性"资源协同以及场景营造的类型协同。第二,主体协同——政府引导、市场运作、社会组织服务和社区自治。社区治理主体是基层治理中的主要实践者,主要包括政府、社区、社会组织和市场四大主体。这些主体需要在明确共同治理目标的基础上,建立不同范围、程度、方式的合作关系及与之相应的制度安排,从而实现社区治理资源的有效配置,同时需要明确各治理主体参与社区治理实践的空间与边界问题。第三,机制协同——党建引领"一核多元"的城乡社区治理创新。协同治理既要关注治理主体本身,更需要优化主体之间的联系机制。"村改居"社区在空间转型的进程中需要确保基层治理动力协同机制的创新,为此应完善党建引领的"一核多元"的社区治理创新格局,建立有效的部门领导执行协同机制,构建社区利益表达与协调沟通机制,建立供需对接、场景共营的社区治理服务机制以及建立绩效评估反馈、监督和风险防控应对三位一体的协同治理机制。第四,技术协同——线上线下融合的智慧化治理。一要注重信息技术与社会技术的协同。社区治理需要信息技术和社会技术的综合运用,其目标就是从技术上攻克组织结构的壁垒和社区治理的"粗线条化"问题,以实现跨领域、跨区域、跨部门的信息共享和有效沟通互动。因此需要通过建立城市大脑数字平台，打造社区治理的全科网格以及促进网格数字平台和网格准入机制的协同，来将政府的网络信息技术与城乡社区的网格社会技术结合起来，实现政府与社会的协同治理。二要注重线上平台和线下平台的协同。社区智慧化治理注重各类治理平台的搭建。覆盖面广和多层次、多类型的社区治理服务线上平台和线下平台被广泛地搭建起来，升级、整合与协同平台功能，利用社区数据库的动态分析来提供管理服务的目标靶向，提升社区治理精准度，实现线上平台与线下场景之间的有效对接，聚焦社区治理的痛点和难点，创建社区共建共治共享的治理服务繁荣格局将是智慧化治理需要解决的重中之重。

第十章

结语：迈向美好生活的"村改居"社区治理

第一节 结论与讨论

一 结论

社区空间不仅具有历史性的时间维度，也包含了共时性的社会维度和治理维度的双重结构。"村改居"社区作为中国城市化进程中独具特色的转型空间，是在对乡村空间解构、规划、重组、治理实践中不断生产而成的空间样态。在这一空间中生产出全新的社会关系，在不断摆脱原有生产生活方式的同时，试图重建属于自己的空间。因此，"村改居"社区的空间社会关系剧烈分化和重构的同时，也引发了基层治理的风险与挑战。

第一，空间与治理的互构是"村改居"社区的空间变革动力。

在马克思看来，空间社会性和实践活动是人类空间变迁与重组的动力，本书更强调空间的治理性作为理论基础，以空间与治理之间的逻辑关联作为研究主线和整合性分析框架，分析空间转型中涉及的六大层面的空间结构、空间运行特征及其交互性作用，以及对"村改居"社区治理和社会秩序的重塑作用。在中国农村社会朝向城市社区转型的过程中，社区空间议题包括生态空间与环境治理议题、生产空间与消防治安议题、文化空间与社区公共性议题、服务空间与社区认同议题、网格化治理与精准化服务等诸多议题。这些空间议题都深刻影响着当代中国社区的变迁与发展，也影响着中国国家治理能力现代化的实现。

从F社区的空间转型与治理过程中可以看出，社区空间与治理实践是相互形塑的。社区的生态空间、生产空间、居住空间、服务空间、文化空间、网格空间这六大空间类型都有自己的生产逻辑和运行机制，同时各空间样态在社区内又彼此联系和交叉，往往存在牵一发而动全局的影响。如生产空间的发展必然会涉及生态空间的保育，而生态空间的治理也会连带社区生态经济的开发。因此，必须在动态的空间实践中不断调试和实现各类型空间的协同治理，进而凝聚社区共识，推进社区和谐与稳定。社会主义空间生产与资本主义生产的主要区别就在于是以使用价值为基础，而不是以交换价值为基础。因此，要实现空间正义，就必须坚持社区的终极目标就是实现空间对居民的使用价值，而要破除社区发展治理的瓶颈或障碍的关键方式则是社区居民的组织化和社区主体性的生成。

第二，空间的治理性是当代中国"村改居"社区空间生产的核心特征。

当代西方空间理论的核心在于资本与空间，但社会主义空间生产的逻辑却始终围绕着发展治理与空间之间的关系展开，治理不仅赋予了空间社会性，也赋予了空间参与性内涵。因此治理是社会主义空间生产的核心。"村改居"社区是中国城市化进程中的空间产物，具有极其浓厚的治理性。"村改居"社区的空间生产本身就是基层治理实践的过程与结果。对空间的治理属性的挖掘是分析城市化进程中的转型社区的出发点。与传统的自然村落社会属性不同的是，"村改居"社区是

第十章 结语:迈向美好生活的"村改居"社区治理

地方政府有目的通过一系列行政实践和治理实践建构出来的集中安置区,是一种异质、开放、流动、多元的社会关系场域。从空间治理性的特征出发,"村改居"社区空间可分为生态空间、网格空间、文化空间、居住空间、服务空间,每一种类型的空间都有其自身的生产方式、社会关系与治理机制。

如列斐伏尔所言,资本主义的逻辑得以维持与延续的重要方式是空间占有与空间整合,当代资本主义正在从对"物的生产"的关注转向对空间的生产的关注。资本主义在不断超越和突破空间限制的过程中,将资本的逻辑渗透到社会空间生产的方方面面。[①] 而当代社会主义则从对物和空间的生产的关注转向对治理和人的社会关系的关注。社会主义在突破空间限制的过程中,正逐渐将治理的逻辑渗透到社区空间生产的各个方面,从对具体的社会关系空间都与治理的逻辑相结合,到不断变革社区的网格治理单元,避免资本对空间的占有导致人的异化,力图实现社会空间中人的价值和生活世界的回归。

当代西方的空间视角的核心是对资本主义的空间批判,但正如马克思所言,在最终到达消灭异化的共产主义社会之前,社会主义仍然存在着异化,因此,这种对空间的批判视角应该延续到对社会主义空间的阐释,尤其是涉及日常生活所依托的社区空间,如对社区文化空间的物化,对社区被分裂的网格空间的认知困境,都应该保持敏锐的批判性。事实上,"不平衡的地理发展"也是"村改居"社区的一种重要转型维度。由于这种"不平衡的地理发展",导致社区内部极易出现断裂与矛盾。因此,在社区治理的逻辑框架中,需要更好地平衡各微观空间之间的功能以及与人们日常生活体验之间的逻辑关联,避免将资源过度集中于优势空间,进而造成空间分化与隔离。

第三,迈向以人为本的协同治理体系是新时代"村改居"社区治

---

① 李春敏:《马克思的社会空间理论》,上海世纪出版集团2012年版,第282页。

理现代化的价值指向与实践路径。

尽管协同治理理论已成为国家治理体系和治理能力现代化的重要研究框架，但仍缺少对基层治理现代化场景下中国城镇化的重要转型空间——"村改居"社区的协同治理理论框架的探索，缺少将治理放在"村改居"社区这一复合性空间中进行解释性框架的建构，因此，本书从治理空间、治理主体、治理机制、治理技术四个方面构建了我国"村改居"社区空间转型和协同治理的体系框架，提出了迈向空间正义与以人为本的空间协同、主体协同、制度协同、技术协同"四位一体"的"村改居"社区协同治理体系。一是空间协同——人本空间的互构式治理。通过虚实空间的协同、生活空间与生态空间的协同、场景营造与社区治理的协同提升社区空间功能的复合性，实现居民对美好生活的向往。二是主体协同——跨越边界的多元共治。对于开放性的社区空间，需要通过政府引导与"社区本位"公共性、社会组织参与和社区自治增能、市场嵌入与社区治理资源优化，明确政府、社区、社会组织和市场协同治理的空间边界与功能定位。三是机制协同——党建引领"一核多元"的整合式治理。完善党建引领"一核多元"的社区治理创新格局，构建社区利益表达与协调沟通机制，建立供需对接与场景共营的社区治理服务机制以及"三位一体"的社区评估监督防控机制。四是技术协同——线上线下融合的智慧化治理。既要注重信息技术与社会技术的协同，也要实现线上平台与线下平台的协同，以此智慧化治理助力社区善治的实现。这四大部分互为补充，以此展示出新时代"村改居"社区协同治理的图景。

二　讨论

从目前"村改居"社区规划和治理实践来看，技术理性对生活世界过多的干预与控制，仍显示出对超快发展的时间偏好。这种时间偏好本身就是中国在全球化的浪潮中容易陷入的一种现代性焦虑。治理主体对"村改居"社区的超前规划，显示出对"村改居"社区的一种自我否定。哈贝马斯指出，现代性仍是一种自我否定的悖论：它不断追新逐异，但无论怎样的新和异，都只是放大它的范围和深化它的内涵而不会改变现代性本身的性质。①

过去的城市社区是单位制，农村是与城市相对的分割空间。"村改居"，从语义上看，主语是村，谓语是改，目标是居，从村落迈向现代城市的过程中，"村改居"社区微观的社区空间内嵌于社会整体的变迁机制之中，存在着从传统到现代的断裂、融合与再生。集体化时期，通过空间整合，将异质性的空间变成同质化的空间。随着现代化城市化的发展，单位体制的解体与衰落，"村改居"社区或转型社区的异质性则更加突出，其成分更加复杂。对于此类空间，我们需要通过更加包容的治理模式，而非急不可耐地对其进行批判和改造。实际上，异质性的空间是多元空间，差异性的空间反而能为未来的生活治理开启更多的可能性。

小小的"村改居"社区内嵌于国家与社会的整体转型过程之中。中国是一个地缘辽阔、人口众多、民族多元化的国家，不同的地区存在不同的文化，正是这种差异性，才赋予了这个国家无穷的发展动力，多元化的空间也为社区治理提供了更多的策略选择与实践经验。始终面临着一个重要命题，即如何开辟与发展中国特色社会主义道路？历史上，我们在革命时期通过空间整合实现了国家的独立自主；建设时期，我们通过总体性空间治理为实现国家的赶超战略打好基础；改革时期，市场经济的介入引发了空间分化，资本不断异化生活空间，城市空间成为多种力量角逐的场域。资本主义的空间是同质化的空间，

---

① 胡大平：《当现实走到启蒙的前面——超级现代性的哲学批评》，《哲学研究》2019年第10期。

资本得以存活的动力就是扫荡全球，运用消费来把世界同质化。这导致生活世界被资本所殖民。社区空间不但是人们生存的基础性场域，更是生活空间的最后堡垒，以协同治理的机制将资本纳入生活逻辑，做到资本服务人民而不是异化人民，进而实现对资本异化空间的反抗，进而彰显出社会主义道路的优越性。"村改居"社区作为日常生活的空间载体，在其发展治理与变迁中，一定伴随着不同程度的异化，其终极目标是恢复人的本真的生活。因此，所有的空间生产与治理都应以保持完整意义上的社区性为其目标。在差异化的社区或者多元化的社区里面，通过协同主体对居民需求的共建共治共享，赋予栖居于其中的人以人生意义，进而使通过整体化的生活意义的构建来对抗资本。

我们所处的时代是城市化进程加快的时代，也是全球治理危机与治理深度变革的时代。在城市化进程中，城乡接合部的"村改居"社区变革具有自身的逻辑，虽然社区最终会进入城市整体之中，但并不意味着要依附于城市而发展，更要防止迎合城市社区的功能与架构去机械式模仿，而无视社区发展规律。城乡接合部并不隔离于城市，它代表着中国这样的农业社会向工业、后工业社会转型的一个生动样本和场域。这类转型社区治理，为中国探索政府、市场、社会、社区四者协同治理的新型城镇化治理体系提供了一种新的改革空间，也为世界治理理念与模式提供了中国的回答。

第二节 创新与不足

一 创新之处

（一）学术思想的创新

本书旨在思考社会空间理论和治理理论的逻辑关联，探寻"村改居"社区空间治理的理论基础。第一，分析框架创新。提出"空间生

第十章 结语：迈向美好生活的"村改居"社区治理

产—治理实践"的分析框架和研究路径，有助于丰富社区研究的可操作化路径。现有社区空间分析多关注权力、资本、行动者、社会关系、阶层、秩序建构等，忽视了空间与治理的关系，遮蔽了社区演变的多重面向。少量研究虽探讨了空间与治理的关系，但空间只是作为物质场所，缺乏对社区治理变迁的空间命题的回应，忽视了空间本身的生产以及空间与权力、治理之间的复杂关系。城市化对乡村空间结构产生了巨大改变，国家与基层权力关系仍围绕着对空间的占用、分配、生产、治理这一中心展开。本书从空间和治理的关联中，探析"村改居"社区空间重组中的治理变革，拓宽社区空间分析的研究议题。本书的空间仍以物质空间为分析基础。借鉴这些抽象的空间理论，在社区实践中，则可演化为基于具象实物的空间划分。"村改居"社区作为城市化的空间载体，对更大的城市发展和社会变迁都有着极其重大的影响。需要把"村改居"社区作为一个不断分化却又充满互构关系的社会空间来考察和分析。按照空间功能及与之相应的治理实践重点和难点工作，构建生产空间、生活空间、生态空间、文化空间、服务空间、网格空间六大维度的社区空间治理架构，有利于拓宽社区空间的分析框架。第二，协同治理分析维度的创新。学界广泛认可的协同治理的内核包含了治理主体多元化、各子系统协同性、自组织间竞争合作以及共同规则制定等要素，强调在面对公共事务的时候需要有跨部门、跨业务的多元合作，在行动中，各个治理单元都需要紧密合作、资源共享、共同行动，从而达成治理目标。由此看出，协同治理信奉主体论和过程论，过于关注主体的协同性，以及社会集体行动的互动过程和结构，忽视了协同主体和组织仍是围绕着对空间的占用、分配、生产而展开治理实践的，空间并非隐而不显或只是协同主体需要改造的客体，反而在现代化的进程中越发凸显出其重要性和主体性地位。因此，本书把空间带回协同治理的理论框架体系内，扩充了协同治理概念的分析维度，并在透析社区不同形态的空间生产实践中，发现治理作用于空间，会引发空间的转型与变革，但同时空间也会因自身的发展规律和空间之间的相互塑造关系反作用于治理行动的互动过程，深刻影响治理主体的角色权重、决策制定和协同关系，并且在建构社区协同治理体系过程中，对各个要素之间的关系和互动边界都做了详细阐释。

（二）学术观点的创新

第一，空间与治理是辩证关系。空间决定治理，治理对空间具有反作用。不同形态的空间生产实践中，治理作用于空间，引发空间的转型与变革，但空间也会因自身的发展规律和空间之间的相互塑造关系反作用于治理的互动过程。治理必须与空间体系相协同，才能形成治理的"空间性"。第二，"村改居"社区本质上就是由城乡社会关系建构和治理而成的，是城市化进程中城乡社会关系的产物，是一种社会空间和治理空间。按照空间功能及与之相应的治理实践，"村改居"社区内的空间治理类型主要分为生态空间、生产空间、居住空间、文化空间、服务空间、网格空间这六大类。社区中的每类空间都有自己的生产逻辑和运行机制，但各空间之间又是相互交融、相互制约的。社区空间不仅存在不平衡发展，影响着空间中人的社会关系的形成，同时也是社会关系交互作用的结果。"村改居"社区作为政府、市场和社区居民、社会共同创造的一种空间形式，本身就是一种治理存在，关乎政党意志和生活世界的和谐统一。社区存在的意义参与意识形态和日常生活的建构，与技术理性、日常生活等紧密联系在一起，是绝对性与相对性、有限性和无限性辩证统一的，本身就是一种蕴含丰富的历史社会政治意义的治理空间。第三，"村改居"的空间治理实践是一场由自上而下的国家建制向自下而上的社会空间重构转型的过程。生态空间与生产空间、规划空间与自主空间、自然空间与人造空间等

第十章　结语：迈向美好生活的"村改居"社区治理

空间治理矛盾是"村改居"社区空间再生产断裂的集中体现。从村落向城市社区转轨过程中，城乡空间的物理融合已经完成。后续则需要完成空间体系的融合，这里的挑战在于如何实现多元化空间的分类治理与规划，优化社区居住、公共服务、基础设施的空间结构。第四，社区的集体性源于对传统的继承，它的集体性仍需要被建构在国家治理现代化和人民生活共同体的大的集体框架中，但它改变了传统儒家家庭模式和集体主义的单位体制模式，力图在集体与个体的关系中保持一种适度的平衡，赋予个体更多的自由。社区更主要是以生活为基础的一种共同体。第五，社会主义空间生产的逻辑始终围绕着发展治理与空间重构之间的关系展开。在突破空间限制的过程中，治理逻辑正渗透到社区空间生产的各个方面，避免资本对空间的占有所导致的人的异化，力图实现社会空间中人的总体性价值和生活世界的回归。人们对美好生活的向往是空间治理不断深化改革的方向。为此，从空间协同、主体协同、机制协同、技术协同四个维度建构空间正义与以人为本的"四位一体"的社区协同治理体系，为中国在探索政府、市场、社会、社区四者协同治理的新型城镇化治理体系开辟了新的道路，也为处于城镇化进程的第三世界国家发展治理实践提供了新的可能。

（三）研究方法的创新

本书在文献分析、深度访谈与参与式观察的基础上，注重历时性研究与共时性研究相结合。既有社区空间治理转型的演变态势分析，又突出了共时性的空间治理关系构成。"村改居"社区是中国乡村向城市转型的一个重要阶段，既不会迅速地消失，但也不会持久地存在，这是由中国城镇化发展历史阶段所决定的，"村改居"社区空间变革内嵌于中国特色社会主义发展道路整体之中。因此，对于"村改居"社区六大类型的空间转型考察都以系统论和历史比较为方法，将其置于国家历史变迁和国家发展战略空间内思考。

二 研究不足

通过对"村改居"社区空间治理的实证研究，探讨空间生产与治理机制的相互形塑机理与演变逻辑，反思中国城镇化的空间治理理念和价值归属，但由于"村改居"社区的转型较为复杂，对历时性资料的收集还需更加翔实和权威，共时性资料还有待深入挖掘，特别是对空间六大维度的剖析还不够全面，其中对社区在新冠疫情中的空间转型与治理还缺乏深入探究，因此，还有待后续研究对后疫情时代"村改居"社区的空间治理转型模式进行更加丰富与全面的探究。此外，个案能否充分诠释中国西部城乡接合部社区在城市化进程中所面临的空间关系变迁和社区治理的内在张力和现实困境，以及建构出的"村改居"社区的协同治理体系是否在学理上有更大的普遍意义，还有待进一步探讨，因此下一步研究中，会逐渐聚焦于更宏观层面的区域性空间转型与治理创新模式的探讨，以期使研究发现更有解释力和生命力。

参考文献

一　中文专著

《马克思恩格斯选集》第1卷,人民出版社2012年版。
《马克思恩格斯选集》第2卷,人民出版社2012年版。
《马克思恩格斯文集》第3卷,人民出版社2009年版。
《马克思恩格斯全集》第2卷,人民出版社2005年版。
《马克思恩格斯全集》第25卷,人民出版社1974年版。
《马克思恩格斯全集》第30卷,人民出版社1995年版。
《马克思恩格斯全集》第46卷,人民出版社2003年版。
《习近平谈治国理政》,外文出版社2014年版。
包亚明:《后现代性与地理学的政治》,上海教育出版社2001年版。
包亚明:《权力的眼睛》,上海人民出版社1997年版。
北晨编译:《当代文化人类学概要》,浙江人民出版社1986年版。
费孝通:《费孝通文集》第9卷,群言出版社1999年版。
费孝通:《乡土中国》,上海人民出版社2007年版。
龚维斌主编:《中国特色社会主义社会治理体制》,经济管理出版社2016年版。
顾朝林编著:《城市社会学》,东南大学出版社2000年版。
复旦大学社会发展与公共政策学院社会学系编:《复旦社会学论坛》第一辑,上海三联书店2005年版。

桂勇：《邻里空间：城市基层的行动、组织与互动》，上海书店出版社 2008 年版。

金观涛、刘青峰：《兴盛与危机：论中国社会超稳定结构》，法律出版社 2011 年版。

景天魁等：《时空社会学：理论和方法》，北京师范大学出版社 2012 年版。

李春敏：《马克思的社会空间理论研究》，上海世纪出版集团 2012 年版。

毛丹等：《村庄大转型——浙江乡村社会的发育》，浙江大学出版社 2008 年版。

沈关宝：《一场静悄悄的革命》，上海大学出版社 2007 年版。

宋丽玉：《社会工作理论：处遇模式与案例分析》，（台北）洪业文化事业有限公司 2018 年版。

汪晖、陈燕谷主编：《文化与公共性》，生活·读书·新知三联书店 1998 年版。

徐勇：《现代国家乡土社会与制度建构》，中国物资出版社 2009 年版。

许纪霖主编：《帝国、都市与现代性》，江苏人民出版社 2006 年版。

杨小微、刘卫华主编：《教育研究的理论与方法》，湖北教育出版社 1994 年版。

张静：《社会治理：组织、观念与方法》，商务印书馆 2019 年版。

张乐天：《告别理想：人民公社制度研究》，上海人民出版社 2005 年版。

郑杭生主编：《社会学概论新修》（第三版），中国人民大学出版社 2003 年版。

中共中央文献研究室编：《建国以来主要文献选编》第 2 册，中央文献出版社 1992 年版。

参考文献

[澳] 薄大伟：《单位的前世今生：中国城市的社会空间与治理》，柴彦威等译，东南大学出版社2014年版。

[丹麦] 扬·盖尔：《交往与空间》（第四版），何人可译，中国建筑工业出版社2002年版。

[德] 斐迪南·滕尼斯：《共同体与社会》，林荣远译，商务印书馆1999年版。

[德] 海德格尔：《林中路》，孙周兴译，上海译文出版社2018年版。

[德] 黑格尔：《精神现象学》（上卷），贺麟、王玖兴译，商务印书馆2022年版。

[德] 黑格尔：《美学》第1卷，朱光潜译，商务印书馆2017年版。

[德] 马丁·布伯：《我与你》，杨俊杰译，浙江人民出版社2017年版。

[德] 马克斯·韦伯：《儒教与道教》，王荣芬译，商务印书馆2003年版。

[德] 梅因：《古代法》，沈景一译，商务印书馆1959年版。

[德] 齐美尔：《桥与门——齐美尔随笔集》，涯鸿、宇声译，上海三联书店1991年版。

[德] 乌尔里希·贝克：《风险社会》，何博闻译，译林出版社2004年版。

[法] 埃米尔·涂尔干：《社会分工论》，渠东译，生活·读书·新知三联书店2000年版。

[法] 爱弥尔·涂尔干：《宗教生活的基本形式》，渠东、汲喆译，世纪出版集团、上海人民出版社2006年版。

[法] 亨利·列斐伏尔：《空间与政治》（第二版），李春译，上海人民出版社2015年版。

[法] 亨利·列斐伏尔：《日常生活批判》第2卷，叶齐茂、倪晓辉译，社会科学文献出版社2018年版。

[法] 居伊·德波：《景观社会》，张新木译，南京大学出版社 2017 年版。

[法] 莫里斯·哈布瓦赫：《论集体记忆》，毕然、郭金华译，上海世纪出版集团、上海人民出版社 2002 年版。

[美] R. E. 帕克、E. N. 伯吉斯、R. D. 麦肯齐：《城市社会学——芝加哥学派城市研究》，宋俊岭、郑也夫译，商务印书馆 2012 年版。

[美] Edward W. Soja：《后大都市：城市和区域的批判性研究》，李钧等译，上海教育出版社 2006 年版。

[美] 爱德华·W. 苏贾：《后现代地理学——重申批判社会理论中的空间》，王文斌译，商务印书馆 2004 年版。

[美] 爱德华·W. 苏贾：《寻求空间正义》，高春花、强乃社等译，社会科学文献出版社 2016 年版。

[美] 大卫·哈维：《希望的空间》，胡大平译，南京大学出版社 2006 年版。

[美] 丹尼·L. 乔金森：《参与观察法：关于人类研究的一种方法》，张小山、龙筱红译，重庆大学出版社 2015 年版。

[美] 塞缪尔·亨廷顿：《我们是谁？——美国国家特性面临的挑战》，程克雄译，新华出版社 2005 年版。

[美] 赫伯特·马尔库塞：《单向度的人——发达工业社会意识形态研究》，刘继译，上海译文出版社 2006 年版。

[美] 简·雅各布斯：《美国大城市的死与生》，金衡山译，译林出版社 2005 年版。

[美] 凯斯·R. 桑斯坦：《信息乌托邦：众人如何生产知识》，毕竞悦译，法律出版社 2008 年版。

[美] 曼纽尔·卡斯特：《网络社会的崛起》，夏铸九等译，社会科学文献出版社 2001 年版。

［美］米歇尔·J.迪尔：《后现代都市状况》，李小科等译，上海教育出版社2004年版。

［美］施坚雅：《中国农村的市场和社会结构》，史建云、徐秀丽译，中国社会科学出版社1998年版。

［美］维卡斯·梅赫塔：《街道：社会公共空间的典范》，金琼兰译，电子工业出版社2016年版。

［美］约瑟夫·列文森：《儒教中国及其现代命运》，郑大华、任菁译，中国社会科学出版社2000年版。

［美］约瑟夫·奈：《软实力》，马娟娟译，中信出版社2013年版。

［美］詹姆斯·博曼：《公共协商：多元主义、复杂性与民主》，黄相怀译，中央编译出版社2006年版。

［美］张鹂：《城市里的陌生人：中国流动人口的空间、权力与社会网络的重构》，袁长庚译，江苏人民出版社2014年版。

［日］沟口雄三：《中国的历史脉动》，乔志航、龚颖等译，生活·读书·新知三联书店2014年版。

［苏］马尔科夫：《社会生态学》，雒启珂、刘志明、张耀平译，中国环境科学出版社1989年版。

［匈］卢卡奇：《历史与阶级意识——关于马克思主义辩证法的研究》，杜章智、任立、燕宏远译，商务印书馆1992年版。

［英］安东尼·吉登斯：《历史唯物主义的当代批判：权力、财产与国家》，郭忠华译，上海译文出版社2010年版。

［英］安东尼·吉登斯：《社会的构成》，李康、李猛译，生活·读书·新知三联书店1998年版。

［英］安东尼·吉登斯：《现代性的后果》，田禾译，译林出版社2011年版。

［英］布莱恩·特纳编：《社会理论指南》（第2版），李康译，世纪出

版集团、上海人民出版社 2003 年版。

［英］大卫·哈维：《新帝国主义》，初立忠、沈晓雷译，社会科学文献出版社 2009 年版。

［英］多琳·马西：《劳动的空间分工：社会结构与生产地理学》，梁光严译，北京师范大学出版集团、北京师范大学出版社 2010 年版。

［英］弗里德利希·冯·哈耶克：《自由秩序原理》，邓正来译，生活·读书·新知三联书店 1997 年版。

［英］赫伯特·斯宾塞：《社会静力学》，张雄武译，商务印书馆 1996 年版。

［英］杰拉尔德·G. 马尔腾：《人类生态学——可持续发展的基本概念》，顾朝林、袁晓辉译，商务印书馆 2012 年版。

［英］卡尔·波兰尼：《大转型：我们时代的政治与经济起源》，冯钢、刘阳译，浙江人民出版社 2007 年版。

二　中文期刊

傅才武、李俊辰：《乡村文化空间营造：中国乡村文化治理的空间转向》，《深圳大学学报》（人文社会科学版）2022 年第 5 期。

蔡昉：《户籍制度改革与城乡社会福利制度统筹》，《经济学动态》2010 年第 12 期。

蔡昉：《从摸着石头过河谈起》，《经济》2014 年第 9 期。

蔡禾：《都市社会学研究范式之比较——人类生态学与新都市社会学》，《学术论坛》2003 年第 3 期。

蔡静诚、熊琳：《"营造"社会治理共同体——空间视角下的社区营造研究》，《社会主义研究》2020 年第 4 期。

曹锦清：《历史视角下的新农村建设——重温宋以来的乡村组织重建》，《探索与争鸣》2006 年第 10 期。

陈俊峰：《新冠肺炎疫情防控的空间策略及其带来的思考》，《学术界》2020年第2期。

陈伟、黄洪：《政府购买公共服务的"公共性拆解"风险——以新公共管理为解释框架》，《河北学刊》2019年第2期。

陈伟东、舒晓虎：《社区空间再造：政府、市场、社会的三维推力——以武汉市J社区和D社区的空间再造过程为分析对象》，《江汉论坛》2010年第10期。

陈映芳：《城市开发的正当性危机和合理性空间》，《社会学研究》2008年第3期。

崔宝琛、彭华民：《空间重构视角下"村改居"社区治理》，《甘肃社会科学》2020年第3期。

崔月琴、张扬：《"村改居"进程中农村社区"公共性"的重建及其意义》，《福建论坛》（人文社会科学版）2017年第4期。

邓万春：《时间、空间与社会理论重构的谱系》，《人文杂志》2013年第7期。

邓正来：《哈耶克关于自由的研究》，《哲学研究》2008年第10期。

狄雷、刘能：《流动人口聚居区形成过程的社会学考察——一个城市空间转型的个案研究》，《江苏行政学院学报》2013年第1期。

杜平：《如何成为枢纽？一个社会组织探索内在性自主的个案研究》，《广东社会科学》2019年第2期。

范成杰、龚继红：《空间重组与农村代际关系变迁——基于华北李村农民"上楼"的分析》，《青年研究》2015年第2期。

方琦、王伯承：《透视与内嵌：城市空间转向及其实践——理论探讨和三个案例》，《云南行政学院学报》2017年第4期。

方亚琴、夏建中：《社区、居住空间与社会资本——社会空间视角下对社区社会资本的考察》，《学习与实践》2014年第11期。

风笑天:《"落地生根"?——三峡农村移民的社会适应》,《社会学研究》2004年第5期。

冯雷:《社会空间的成立及其不同形态——人类学哲学的视角》,《哲学动态》2014年第11期。

龚天平、张军:《资本空间化与中国城乡空间关系重构——基于空间正义的视角》,《上海师范大学学报》(哲学社会科学版)2017年第2期。

谷玉良、江立华:《空间视角下农村社会关系变迁研究——以山东省枣庄市L村"村改居"为例》,《人文地理》2015年第4期。

郭明:《空间变革中"村改居"社区共同体的式微及再造》,《科学社会主义》2020年第3期。

何海兵:《城市社区体制改革的历程与困境分析——以上海为例》,《华东理工大学学报》(社会科学版)2012年第3期。

何雪松:《基层社区治理与社会工作的专业回应》,《浙江工商大学学报》2016年第4期。

何雪松:《社会理论的空间转向》,《社会》2006年第2期。

贺霞旭:《空间结构类型与街邻关系:城市社区整合的空间视角》,《社会》2019年第2期。

胡大平:《20世纪城市之"否思"及其启示》,《华东师范大学学报》(哲学社会科学版)2019年第5期。

胡大平:《当现实走到启蒙的前面——超级现代性的哲学批评》,《哲学研究》2019年第10期。

胡大平:《生活在别处——地点的褪色与城市文化焦虑》,《华中科技大学学报》(社会科学版)2018年第1期。

胡重明:《再组织化与中国社会管理创新——以浙江舟山"网格化管理、组团式服务"为例》,《公共管理学报》2013年第1期。

黄成亮:《当代中国"国家—社会"关系的辩证法——以政党行动为中

心的分析视角》,《湖北社会科学》2019 年第 4 期。

黄成亮:《近代中国国家空间治理转型的实践逻辑——兼论新时代背景下空间治理均衡机制的创新》,《兰州学刊》2020 年第 7 期。

黄晓星、郑姝莉:《作为道德秩序的空间秩序——资本、信仰与村治交融的村落规划故事》,《社会学研究》2015 年第 1 期。

黄晓星:《"上下分合轨迹":社区空间的生产——关于南苑肿瘤医院的抗争故事》,《社会学研究》2012 年第 1 期。

黄晓星:《国家基层策略行为与社区过程 基于南苑业主自治的社区故事》,《社会》2013 年第 4 期。

赖先进:《国家治理现代化场景下协同治理理论框架的构建》,《党政研究》2020 年第 3 期。

李春敏:《马克思恩格斯对城市居住空间的研究及启示》,《天津社会科学》2011 年第 3 期。

李飞、钟涨宝:《农民集中居住背景下村落熟人社会的转型研究》,《中州学刊》2013 年第 5 期。

李君甫、戚丹、柴红侠:《北京地下空间居民的社会阶层分析》,《人文杂志》2014 年第 3 期。

李棉管:《"村改居":制度变迁与路径依赖——广东省佛山市 N 区的个案研究》,《中国农村观察》2014 年第 1 期。

李宁、王芳:《农村环境治理公众参与中的社区介入:必要、可能与实现》,《天津行政学院学报》2020 年第 2 期。

李蓉蓉、段萌琦:《城镇化进程中中国新市民的身份迷失——身份认同危机的类型学研究》,《经济社会体制比较》2019 年第 3 期。

李艳丽、游楚楚:《空间转移与空间再造:拆迁安置社区治理困境及路径分析——以福建省龙岩市 S 安置小区为例的研究》,《云南行政学院学报》2018 年第 2 期。

李友梅:《基层社区组织的实际生活方式——对上海康健社区实地调查的初步认识》,《社会学研究》2002 年第 4 期。

李友梅:《治理转型深层挑战与理论构建新方向》,《社会科学》2020 年第 7 期。

李志刚、吴缚龙、卢汉龙:《当代我国大都市的社会空间分异——对上海三个社区的实证研究》,《城市规划》2004 年第 6 期。

李志刚等:《快速城市化下"转型社区"的社区转型研究》,《城市发展研究》2007 年第 5 期。

李志强:《村镇复合生态系统与社区治理：理论关联及路径探索——以浙江沿海地区村镇社区生态培育为例》,《探索》2018 年第 6 期。

林建华:《全面建设社会主义现代化国家的中国意义和世界意义》,《思想教育研究》2020 年第 12 期。

刘安:《网格化管理：城市基层社会治理体制的运行逻辑与实践特征——基于 N 市 Q 区的个案研究》,《江海学刊》2015 年第 2 期。

刘卫东:《经济地理学与空间治理》,《地理学报》2014 年第 8 期。

刘玉亭、朱晓灿、李嘉靖:《珠三角小城镇社区转型与居住空间重组策略》,《城市规划》2013 年第 6 期。

刘祖云、李烊:《理解过渡型社区认同之三维：时空、记忆及意义》,《理论探讨》2017 年第 2 期。

刘祖云、李烊:《学术研究的"三角模型"：基于"转型社区"的文献考察》,《党政研究》2017 年第 1 期。

楼健、胡大平:《淘宝村、实时城市化和新型城镇化实践》,《学术研究》2018 年第 5 期。

卢爱国、陈洪江:《空间视角下城市多民族社区互嵌式治理研究》,《内蒙古社会科学》2016 年第 6 期。

吕璟、潘知常:《再造居民——社会空间视角下拆迁安置房社区失地农民问题研究》,《南京社会科学》2018年第4期。

马世骏、王如松：《社会—经济—自然复合生态系统》,《生态学报》1984年第1期。

毛丹：《村落共同体的当代命运：四个观察维度》,《社会学研究》2010年第1期。

南锐、康琪：《社会治理精细化的理论逻辑与实践路径》,《广东行政学院学报》2018年第1期。

彭小兵、郭梦迪：《何以弥补城市社区公共环境治理责任真空？——基于重庆市LX社区公共环境治理的考察》,《天津行政学院学报》2020年第4期。

齐国生等：《城市管理的"网格化"——从政务网格到行业网格再到公务网格》,《中国行政管理》2008年第S1期。

祁文博：《网格化社会治理：理论逻辑、运行机制与风险规避》,《北京社会科学》2020年第1期。

钱玉英：《城镇化背景下的基层治理：中国的问题与出路》,《苏州大学学报》（哲学社会科学版）2008年第5期。

荣敬本：《县乡两级的政治体制改革,如何建立民主的合作新体制——新密市县乡两级人民代表大会制度运作机制的调查研究报告》,《经济社会体制比较》1997年第4期。

茹婧、杨发祥：《迈向空间正义的国家治理：基于福柯治理理论的谱系学分析》,《探索》2015年第5期。

茹婧：《集体记忆的新维度：基于旁观者社会记忆的建构视角》,《贵州师范学院学报》2016年第5期。

邵俊敏：《近代直隶地区集市的空间体系研究——兼论施坚雅的市场结构理论》,《清华大学学报》（哲学社会科学版）2020年第6期。

沈江平、金星宇：《〈论住宅问题〉的历史唯物主义空间向度考量》,

《教学与研究》2020年第10期。

石伟：《找回"米提斯"：网格化治理中的技术理性与场域耦合》，《宁夏社会科学》2020年第3期。

司敏：《"社会空间视角"：当代城市社会学研究的新视角》，《社会》2004年第5期。

孙莉莉：《身份与社会网络：城郊空间社会秩序生产的结构特征》，《学习与实践》2018年第1期。

孙涛、韩清颖：《我国城市社区"网格化管理"建设：国家治理现代化在基层的创新——以广州市越秀区为例》，《华东经济管理》2019年第5期。

孙小逸、黄荣贵：《再造可治理的邻里空间——基于空间生产视角的分析》，《公共管理学报》2014年第3期。

孙小逸：《空间的生产与城市的权利：理论、应用及其中国意义》，《公共行政评论》2015年第3期。

锁利铭：《以城乡共治破解城乡发展"非融合"》，《国家治理》2020年第21期。

唐皇凤：《新时代网格化管理的核心逻辑》，《人民论坛》2020年第20期。

陶东风：《"文艺与记忆"研究范式及其批评实践——以三个关键词为核心的考察》，《文艺研究》2011年第6期。

田培杰：《协同治理概念考辨》，《上海大学学报》（社会科学版）2014年第1期。

田毅鹏、齐苗苗：《城乡结合部"社会样态"的再探讨》，《山东社会科学》2014年第6期。

田毅鹏：《单位制与"工业主义"》，《学海》2016年第4期。

童星：《社会管理的组织创新——从"网格连心、服务为先"的"仙林模式"谈起》,《江苏行政学院学报》2012年第1期。

汪鸿波、费梅苹:《商务楼宇社区:城市社区治理的空间转向》,《学习与实践》2018年第8期。

王春程、孔燕、李广斌:《乡村公共空间演变特征及驱动机制研究》,《现代城市研究》2014年第4期。

王海荣、韩建力:《中华人民共和国成立70年以来城市空间治理的历史演进与政治逻辑》,《华中科技大学学报》(社会科学版)2019年第5期。

王汉生、刘亚秋:《社会记忆及其建构——一项关于知青集体记忆的研究》,《社会》2006年第3期。

王力平:《社会工作与基层治理的协同发展》,《甘肃社会科学》2019年第5期。

王美琴:《城市居住空间分异格局下单位制社区的走向》,《苏州大学学报》(哲学社会科学版)2010年第6期。

王雪竹:《基层社会治理:从网格化管理到网络化治理》,《理论探索》2020年第2期。

王艺璇:《空间资本差异视角下的城市居住秩序和空间区隔——基于两类社区的比较研究》,《城市问题》2020年第3期。

魏立华、阎小培:《中国经济发达地区城市非正式移民聚居区——"城中村"的形成与演进——以珠江三角洲诸城市为例》,《管理世界》2005年第8期。

魏智慧:《乡土性与现代性:集镇社区动员机制的可行性分析》,《社会科学战线》2016年第8期。

文军、黄锐:《"空间"的思想谱系与理想图景:一种开放性实践空间的建构》,《社会学研究》2012年第2期。

文军:《从单一被动到多元联动——中国城市网格化社会管理模式的构

建与完善》,《学习与探索》2012 年第 2 期。

文军:《空间正义:城市空间分配与再生产的要义——"小区拆墙政策"的空间社会学》,《武汉大学学报》(人文科学版)2016 年第 3 期。

吴帆、周镇忠、刘叶:《政府购买服务的美国经验及其对中国的借鉴意义——基于对一个公共服务个案的观察》,《公共行政评论》2016 年第 4 期。

吴理财:《文化治理的三张面孔》,《华中师范大学学报》(人文社会科学版)2014 年第 1 期。

吴晓林:《城中之城:超大社区的空间生产与治理风险》,《中国行政管理》2018 年第 9 期。

吴晓燕、赵普兵:《"过渡型社区"治理:困境与转型》,《理论探讨》2014 年第 2 期。

吴新叶、牛晨光:《易地扶贫搬迁安置社区的紧张与化解》,《华南农业大学学报》(社会科学版)2018 年第 2 期。

吴莹:《空间变革下的治理策略——"村改居"社区基层治理转型研究》,《社会学研究》2017 年第 6 期。

郗戈:《〈共产党宣言〉世界历史理论与人类命运共同体建构》,《湖南科技大学学报》(社会科学版)2018 年第 4 期。

向德平、章娟:《吉登斯时空观的现代意义》,《哲学动态》2003 年第 8 期。

项飚:《传统与新社会空间的生成——一个中国流动人口聚居区的历史》,《战略与管理》1996 年第 6 期。

肖林:《"'社区'研究"与"社区研究"——近年来我国城市社区研究述评》,《社会学研究》2011 年第 4 期。

肖瑛:《从"国家与社会"到"制度与生活":中国社会变迁研究的视

角转换》,《中国社会科学》2014年第9期。

熊光清、熊健坤:《多中心协同治理模式:一种具备操作性的治理方案》,《中国人民大学学报》2018年第3期。

熊竞等:《从"空间治理"到"区划治理":理论反思和实践路径》,《城市发展研究》2017年第11期。

徐宏宇:《转换角色与规范秩序:空间变革视角下过渡型社区治理研究》,《社会主义研究》2019年第2期。

徐琴:《"村转居"社区的治理模式》,《江海学刊》2012年第2期。

徐选国、吴柏钧:《城市基层治理的社会化机制——以深圳市Z街"网格化管理社会化服务"项目为例》,《浙江工商大学学报》2018年第2期。

徐勇:《农民理性的扩张:"中国奇迹"的创造主体分析——对既有理论的挑战及新的分析进路的提出》,《中国社会科学》2010年第1期。

许爱梅、崇维祥:《结构性嵌入:党建引领社会治理的实现机制》,《党政研究》2019年第4期。

杨安华:《政府购买服务还是回购服务?——基于2000年以来欧美国家政府回购公共服务的考察》,《公共管理学报》2014年第3期。

杨宏山、皮定均:《构建无缝隙社会管理系统——基于北京市朝阳区的实证研究》,《中国行政管理》2011年第5期。

杨敏:《"国家—社会"互构关系视角下的国家治理与基层治理——兼论治理技术手段的历史变迁及当代趋向》,《广西民族大学学报》(哲学社会科学版)2016年第2期。

杨念群:《"兰安生模式"与民国初年北京生死控制空间的转换》,《社会学研究》1999年第4期。

杨念群:《边界的重设:从清末有关"采生折割"的反教话语看中国人

空间观念的变化》,《开放时代》2001 年第 12 期。

杨念群:《防疫行为与空间政治》,《读书》2003 年第 7 期。

杨雪冬:《基层再造中的治理空间重构》,《探索与争鸣》2011 年第 7 期。

姚茂华、舒晓虎:《技术理性与治理逻辑:社区治理技术运用反思及其跨越》,《吉首大学学报》(社会科学版) 2019 年第 6 期。

叶敏、熊万胜:《"示范":中国式政策执行的一种核心机制——以 XZ 区的新农村建设过程为例》,《公共管理学报》2013 年第 10 期。

营立成:《作为社会学视角的空间:空间解释的面向与限度》,《社会学评论》2017 年第 11 期。

于飞:《多主体协同治理机制探析》,《学理论》2015 年第 1 期。

余彪:《社会空间视角下的村落变迁与社区重建——对粤北客家农村"祖厅"的考察》,《华中农业大学学报》(社会科学版) 2016 年第 5 期。

袁方成、汪婷婷:《空间正义视角下的社区治理》,《探索》2017 年第 1 期。

佐斌、何静:《论社区性格》,《华中师范大学学报》(人文社会科学版) 1998 年第 5 期。

张晨:《城市化进程中的"过渡型社区":空间生成、结构属性与演进前景》,《苏州大学学报》(哲学社会科学版) 2011 年第 6 期。

张鸿雁:《城市空间的社会与"城市文化资本"论——城市公共空间市民属性研究》,《城市问题》2005 年第 5 期。

张虎祥:《社区治理与权力秩序的重构——对上海市 KJ 社区的研究》,《社会》2005 年第 6 期。

张力、逄强、张琦:《中国贫困治理的实践历程和主要经验》,《社会治理》2021 年第 1 期。

张悟：《资本空间化与空间资本化》，《中国人民大学学报》2017 年第 1 期。

张贤明、田玉麒：《论协同治理的内涵、价值及发展趋向》，《湖北社会科学》2016 年第 1 期。

张馨：《住宅问题：历史唯物主义的空间切片》，《北京行政学院学报》2017 年第 1 期。

赵静、高鉴国：《社会空间视阈下的社区文化建设》，《南通大学学报》（社会科学版）2018 年第 2 期。

赵聚军：《跳跃式城镇化与新式城中村居住空间治理》，《国家行政学院学报》2015 年第 1 期。

折晓叶、陈婴婴：《超级村庄的基本特征及"中间"形态》，《社会学研究》1997 年第 6 期。

甄智君、梁鹏：《转型城市中的空间重构及治理重构：国外隔离社区研究综述》，《公共管理研究》2009 年第 1 期。

郑巧、肖文涛：《协同治理：服务型政府的治道逻辑》，《中国行政管理》2008 年第 7 期。

郑震：《空间：一个社会学的概念》，《社会学研究》2010 年第 5 期。

郑中玉、梁本龙：《国家的视角与被贬低的社区：村改居社区治理的新问题》，《天津行政学院学报》2021 年第 2 期。

郑中玉：《社区生产的行动与认知机制：一个自组织的视角》，《新视野》2019 年第 5 期。

周大鸣、高崇：《城乡结合部社区的研究——广州南景村 50 年的变迁》，《社会学研究》2001 年第 4 期。

周飞舟：《大兴土木：土地财政与地方政府行为》，《经济社会体制比较》2010 年第 3 期。

周黎安：《中国地方官员的晋升锦标赛模式研究》，《经济研究》2007

年第 7 期。

周孟珂：《国家与社会互构："村改居"政策"变通式落实"的实践逻辑——基于 Z 街道"村改居"的案例分析》，《浙江社会科学》2016 年第 5 期。

周如南：《都市冒险主义下的社会空间生产——凉山地区彝族人口的城市流动及其后果》，《开放时代》2013 年第 4 期。

朱健刚：《城市街区的权力变迁：强国家与强社会模式——对一个街区权力结构的分析》，《战略与管理》1997 年第 4 期。

《耕耘金土地　建设新农村　郫县金土地工程纪实》，《资源与人居环境》2007 年第 8 期。

三　中文报纸

《中共成都市委关于深入贯彻落实习近平总书记来川视察重要指示精神　加快建设美丽宜居公园城市的决定》，《成都日报》2018 年 7 月 9 日。

曹志刚：《加强和完善商品房社区治理》，《人民日报》（理论版）2017 年 6 月 15 日第 7 版。

胡颖廉：《推进协同治理的挑战》，《学习时报》2016 年 1 月 25 日第 5 版。

李颖：《未来 5 年成都将建 3043 个社区美空间》，《成都日报》2021 年 3 月 4 日第 8 版。

孙柏瑛：《从网格化管理到网络化治理》，中国纪检监察报 2020 年 9 月 10 日第 7 版。

田刚健：《构建"统一文化空间"：俄罗斯国家治理的文化维度》，《中国社会科学报》2017 年 8 月 9 日第 7 版。

谢志强：《创新社会治理：治什么　谁来治　怎么治》，《光明日报》

2016年7月13日第10版。

杨雪冬：《城市空间治理是国家治理的主要阵地》，《北京日报》2018年11月26日第14版。

詹成付：《深入理解"坚持系统观念"》，《人民日报》2020年11月12日第9版。

四 学位论文

陈薇：《空间、权力：社区研究的空间转向》，博士学位论文，华中师范大学，2008年。

田玉麒：《协同治理的运作逻辑与实践路径研究——基于中美案例的比较》，博士学位论文，吉林大学，2017年。

王海荣：《空间理论视阈下当代中国城市治理研究》，博士学位论文，吉林大学，2019年。

万博：《当代北京学区空间研究》，博士学位论文，清华大学，2018年。

徐丙奎：《权力分化与秩序重构：快速城市化背景下的社区治理研究》，博士学位论文，华东理工大学，2013年。

张霁雪：《城乡结合部的社会样态与空间实践——基于C市东村的调查研究》，博士学位论文，吉林大学，2011年。

五 网络文献

曹锦清：《怎样认识巨变中的中国》，爱思想网，2004年7月4日，http：//www.aisixiang.com/data/578-3.html。

《创新"社区提案工作机制" 金牛区全域推进"全国社区治理和服务创新实验区"建设》，金牛区人民政府网，http：//www.jinniu.gov.cn/jinniu/c107145/2020-07/23/content_36a4ba1813ec470eb2ec771a2e-930c11.shtml。

《四川省成都市郫都区：探索实践网格化服务管理，智能网格提升社会治理效能》，人民网，https：//www. sohu. com/a/356713717_ 114731。

《相约蜀绣大师邬学强——静心前行 40 年从匠人到大师》，《四川日报》（数字版），https：//epaper. scdaily. cn/shtml/scrb/20190403/214012. shtml。

《2018 中国城市家庭财富健康报告》，搜狐网，https：//www. sohu. com/a/291490586_ 373314。

《智能化、专职化网格服务提升社会治理效能》，搜狐网，2020 年 9 月 6 日，https：//www. sohu. com/na/416590422_ 120798024。

《A 镇 F 村十社农民安置小区用水问题》，问政四川，https：//ly. scol. com. cn/thread? tid =2729655&domainid =9&act = domain&page =3。

《关于加强社会治安防控体系建设的意见》，中国长安网，http：//www. chinapeace. gov. cn/chinapeace/c53207/2015－04/15/content_ 12193517. shtml。

《中共中央　国务院关于进一步加强城市规划建设管理工作的若干意见》，中国政府网，http：//www. gov. cn/zhengce/2016－02/21/content_ 5044367. htm。

《民政部　财政部关于政府购买社会工作服务的指导意见》，中华人民共和国中央人民政府网，http：//www. gov. cn/zwgk/2012－11/28/content_ 2276803. htm。

六　外文专著

David Harvey, *Social Justice and the City*, The Johns Hopkins University Press, 1973.

Edward W. Soja, *Seeking Spatial Justice*, Minneapolis：University of Minnesota Press, 2010.

Henri Lefebvre, *The Production of Space*, translate by Donald Nicholson – smith, Malden, MA: Blackwell Publishing, 1991.

John D. Donahue, Richard J. Zeckhauser, "Public – Private Collaboration", Ittichael Moran, Martin Rein, Robert E. Goodie, *The Oxford Handbook of Public Policy*, New York: Oxford Uuiversiy Press, 2006.

Rana Habibi Rana Habibi S., "Mohsen Habibi Elmira Jamei Elmira Jamei", in *Space Production in Times of Neoliberalism*, Urban Challenges in the Globalizing Middle – East Publisher: Springer, 2021.

Richard Sennett, *The Uses of Disorder: Personnal Identity and City Life*, London: Faber Press, 1996.

Walter Firey, *Land Use in Central Boston*, Westport Connecticut: Greenwood Press Publishers, 1975.

Assmann, J., Czaplicka, J., "Collective Memory and Cultural Identity", *New German Critique*, Vol. 110, No. 65, 1995.

Alannah Berson, "Liminal Social and Physical Spaces: Aspects of Identity and Socialization Patterns in a Neighborhood House", *Journal for Undergraduate Ethnography*, Vol. 8, No. 1, 2018.

Boyne G. A., "Bureaucratic Theory Meets Reality: Public Choiceand Service Contracting in U. S. Local Government", *Public Ad – ministration Review*, Vol. 88, No. 6, 1998.

Catarina Passidomo, "Community Gardening and Governance over Urban Nature in New Orleans's Lower Ninth Ward", *Urban Forestry & Urban Greening*, Vol. 1, No. 1, 2016.

Chris Ansell, "Atison Gash Research and Theory, Collaborative Governance in Theory and Practice", *Journal of Public Administration*, Vol. 180, No. 4, 2007.

Dewi Koesoemawati, "Social Cohesion of Pendalungan Community and Urban Space Integration in Jember", *International Journal of Politics Culture and Society*, Vol. 8, No. 1, 2016.

David Harvey, "From Managerialism to Entrepreneurialism: The Transformation in Urban Governance in Late Capitalism", *Human Geography*, Vol. 71, No. 1, 1989.

Emily Talen, "In Support of the Unambiguous Neighborhood: A Proposed Size Typology", *Journal of Urbanism International Research on Placemaking and Urban Sustainability*, Vol. 11, No. 2, 2018.

Jacinta Francis, Billie Giles Corti1, Lisa Wood and Matthew Knuiman, "Creating Sense of Community: The Role of Public Space", *Journal of Environmental Psychology*, Vol. 32, No. 4, 2012.

Jonathan Murdoch, Simone Abram, "Defining the Limits of Community Governance", *Journal of Rural Studies*, No. 1, 1998.

Juan Pablo Galvis, "Remaking Equality: Community Governance and the Politics of Exclusion in Bogota's Public Spaces", *International Journal of Urban and Regional Research*, Vol. 38, No. 7, 2014.

Jungk, Moon M. J., "The Double – edged Sword of Public – re – source Dependence: The Impact of Public Resources on Autonomyand, Legitimacy in Korean Cultural Nonprofit Organizations", *Policy Studies Journal*, Vol. 35, No. 2, 2007.

Kirk Emerson, Tina Nabatchi and Stephen Balogh, "An Integrative Framework for Collaborative Governance", *Journal of Public Administration Research and Theory*, Vol. 22, No. 1, 2011.

Lisa Schweitzer, Sangmin Kim, "Environmental Justice and Collaborative Governance: Building a Socio – Spatial Perspective for Facility Siting",

International Review of Public Administration, Vol. 13, No. 5, 2009.

Low, S. M., *On the Plaza: The Politics of Public Space and Culture*, Austin: University of Texas Press, 2000.

Marit Rosol, "Public Participation in Post-fordist Urban Green Space Governance: The Case of Community Gardens in Berlin", *International Journal of Urban & Regional Research*, Vol. 34, No. 3, 2010.

Mumford L., *The Highway and the City*, London: Secker & Warburg, 1964.

Yodan Rofe, "Space and Community - The Spatial Foundations of Urban Neiborhoods: An Evaluation of Three Theories of Urban form and Social Structure and Their Relevance to the Issue of Neighborhoods", *Berkeley Planning Journal*, Vol. 10, No. 1, 1995.

Zeng Weihe, "The Social Governance Community in Trans Forming Neighborhoods: A Spatial Reconstruction Perspective", *Social Sciences in China*, Vol. 41, No. 3, 2020.

附 录

社区访谈提纲

1. 请介绍改制前乡村的历史文化、经济状况、人口结构、社会交往和管理状况等。

2. 请介绍"村改居"社区的建制转型背景。

3. 请介绍征地拆迁安置过程和方式。

4. 请问村民们对征地的态度是怎样的?

5. 请问征地后,失地农民的家庭居住结构和生产生活方式发生了哪些变化?

6. 请问不同的安置方式对社区的社会交往、经济结构、居住状况以及治理方式产生了怎样的影响?

7. 请介绍改制社区的空间规划的总体布局情况。

8. 请问改制后社区的人口结构、经济结构、组织结构、文化的变化。

9. 请介绍社区各网格景观资源情况。

10. 请介绍经常参加社区活动的居民群体特征、参与动机及社区归属感程度。

11. 请问社区的主要经济结构是怎样的?

12. 请问烂木料加工厂的建厂情况,对村社的集体收益有怎样的影响，后来为何被拆除？

13. 请介绍现有的棉花加工厂和服装作坊集中的区域、占地面积、生产状况及社区治理重难点。

14. 请问与隔壁的这些淘宝村相比，F社区加工行业鼎盛时期的行业规模、务工人口结构是怎样的？因环境安全整顿，这些加工业的发展状况发生了怎样的变化？

15. 请介绍社区"三合一"场所形成的时间和缘由。当初对环境的影响是什么？为什么需要整治拆除？

16. 请问"三合一"场所整治时是否遇到阻挠，为何进展快速？

17. "三合一"的帽子为何必须摘掉？如何规范这些加工行业？

18. 请介绍在街道"三合一"场所专项整治工作中，社区"三合一"场所的整改情况和成效。

19. 请介绍社区各网格环境卫生治理难度。

20. 请介绍社区生态环境治理的特色机制及其成效。

21. 请问社区生态环境治理的方式和困境是什么？

22. 请问社区独有的生态优势对社区的发展治理的优势和影响是什么？

23. 请问街道对生态社区是定位的，社区是如何从生态入手来构建对社区未来发展的展望的？

24. 请介绍"村改居"社区的治安情况。

25. 请问疫情后社区经济的主要来源是什么？

26. 请介绍蜀绣商业街的发展状况和规划情况。

27. 请问绿道经济的规划是否落实，对未来社区经济有何影响？

28. 请问蜀绣为何会成为社区未来的发展重点？

29. 请问如何实现蜀绣产业与社区文化的融合？

30. 请问针对蜀绣的文化定位，社区为蜀绣商家提供了哪些方面的服务？

31. 请问蜀绣一条街的打造过程是怎样的，谁投资、谁规划、谁经营，为何要重新规划，规划的核心理念和空间布局状况是怎样的？

32. 请问蜀绣大师等社区合伙人的入驻对社区提供了哪些支持？

33. 请介绍街道办事处关于蜀绣文化产业三年（2018—2020）攻坚行动方案对社区发展治理的重大影响。

34. 请介绍社区未来的蜀绣文化产业主题功能区建设情况。

35. 请问社区实体文化空间的营造是否建构了社区居民的集体记忆？

36. 请问蜀绣文化产业运作如何通过社区文化空间的形塑与再现来获得社区的认同与共鸣？

37. 请问在文化空间的运作中，是政府权力、社区，还是文化权力发挥了主要作用？各公共空间由谁来管理、规划与运营？空间何以可持续？

38. 请介绍社区文化精神的建设情况。

39. 请问社区不同形态的公共文化空间是否有与其自身特点相匹配的文化生产方式？

40. 请问社区蜀绣文化生产能力与文化传播效能如何？

41. 请介绍社区自组织的类型、培育方式、发展情况。

42. 请谈谈邻里生活馆和公共能量馆这些公共空间的亲民化改造对社区公共性的影响。

43. 请问社区公共文化空间的构建过程中，起主导作用的是谁？

44. 请问2020年街道启动主题社区建设工作，街道规划对本社区发展治理的利弊有哪些？

45. 请介绍社区网格化管理推行的背景及进展状况。

46. 请问网格划定的依据是什么？

47. 请问各网格空间的主要人口结构、主要特质是怎样的？

48. 请问各网格空间的主要治理重点是什么？

49. 请介绍网格员选取的标准、工作流程、主要职责、培训内容、考核监督机制。

50. 请问社区网格员的管理方式，网格员与社区之间的协同关系如何？

51. 请问信息的上报是否有选择？

52. 请问社区网格化管理最主要的特色是什么？基础信息是否能进行动态采集、审查、录入、更新，确保信息完整、准确、鲜活？

53. 请问网格化管理是否能实现各部门与网格化服务管理信息平台互动互联，增强各部门之间的联系与合作？

54. 请问你知道社区网格吗？你们属于第几网格？

55. 请问在精细划分的社区网格中，居民的多元化需求是否能得到很好的满足与回应？

56. 请谈谈社区网格化管理的成效。

57. 请问社区如何实现现有的社区网格化管理向网格化治理的转型？